이순신의 바다

이순신의 바다

그 바다는 무엇을 삼켰나

황현필

역바연

일러두기

1. 이 책은 《난중일기》, 《이충무공전서》, 《이충무공행록》, 《징비록》 등과 여러 논문들을 참고하여 집필하였습니다.

2. 이순신에 대한 여러 가지 기록, 그리고 전투 일자와 경로 및 전개 과정, 각 해전의 사상자 수는 다양한 관점이 있음을 인정합니다.

3. 이순신의 승수는 해석에 따라 45승이 될 수도 있고, 60승이 넘을 수 있습니다. 그러나 이 책에서는 가장 일반적으로 알려진 23승의 전개 과정을 묘사했음을 말씀드립니다.

4. 본문 중 '왜군'과 '일본군'을 혼용해 사용했습니다. '함대'와 '함선', '전함'과 '전투선'의 용어 역시 상황에 따라 사용하였음을 알려드립니다.

5. 날짜는 음력 기준이며, 지명은 당시의 표기법을 따랐습니다(예시 : 창선도→창신도).

서문

　대한민국에 이순신 연구자만 5,000여 명이나 된다고 합니다. 역사 전공 여부를 떠나, 이순신에게 매료되어, 이순신의 행적을 좇고 흔적을 찾아 이순신을 연구하는 분들이 생각보다 많습니다.

　그 많은 연구자들의 성과가 모여 후학들이 편하게 이순신을 접할 수 있게 되었으니 이순신을 먼저 연구하신 선배 역사가들에게 진심으로 감사드립니다.

　그러나 이순신을 주인공으로 한 유명 소설은 많이 있지만 이순신의 생애와 전투 및 승리 상황을 짜임새 있게 설명하고 손에 땀을 쥐게 만들 정도로 생동감 넘치는 역사서는 없었습니다.

　이순신을 제대로 알려야겠다고 생각했습니다.
　누구보다 대단한 인물이 우리 역사 속에 있었음을 알게 하고 또 우리가 그의 후손이라는 것에 대한 자랑스러움을 느끼게 하고 싶었습니다. 역사서이지만 독자들의 마음을 뭉클하게 하고 눈시울이 붉어지기를 바라는 마음으로 썼습니다.

쉽지 않은 작업이었지만 이순신 역사서는 이 책 이전과 이후로 나뉠 것이라 자부합니다.

마냥 이순신을 찬양하기만 하는 부담스러운 문장들은 자제하였습니다. 장군 이순신이 아닌 사람 이순신에 대해 시니컬하게 쓴 역사서입니다. 그래서 호칭도 이순신으로 통일하였습니다.

충무공 이순신의 나라와 백성을 사랑하는 마음이 여러분의 가슴 깊은 곳에 있는 애국심과 만나게 되어 큰 감동을 불러일으킬 거라 믿습니다.

책의 풍성함이 가능해지도록 지도와 자료 등을 지원해준 현충사 관리소.
역사적 사실과 고증에 도움을 준 역사바로잡기연구소와 조교 선생님들.
디자인을 품격있게 만들어주신 이승욱 디자이너님.
입체그림과 지도를 멋있게 그려준 권동현 작가님.
고맙습니다.

마지막으로
62만 구독자님들과 우리 역바연의 태백광노님들께도 뜨거운 고마움을 표합니다.

2021년 12월
황현필

차례

출생과 어린 시절
관직 생활과 전쟁 준비

一

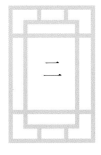

임진왜란 | 1592～1593

二

휴전 | 1593 ~ 1596

三

四

정유재란 | 1597~1598

五

죽음 그 이후 그리고 평가

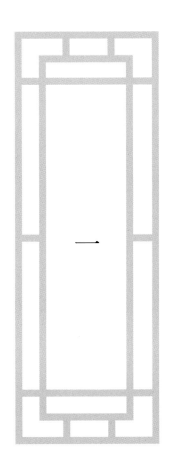

출생과 어린 시절
관직 생활과 전쟁 준비

석 자 칼로 하늘에 맹세하니

산하가 벌벌 떨고

한번 휘둘러 쓸어버리니

산하가 피로 물든다.

출생과 어린 시절

이순신은 덕수 이씨이다. 덕수 이씨의 시조는 고려시대 무장이었던 중랑장 이돈수이다. 이순신의 5대조 이변은 홍문관 대제학을 지냈고, 증조부 이거는 암행어사를 지냈다.

선조가 류성룡에게 물었다.

"이순신은 집안이 어떻게 되는가?"

류성룡이 답하길

"성종 때 관직에 있던 이거의 증손입니다."

그러자 선조가 바로 알아들었다고 한다.

이순신의 조부 이백록과 아버지 이정은 관직 생활을 하지 않았다. 이백록은 국상國喪 중에 아들 이정을 결혼시키고 잔치를 했다는 이유로 곤장을 맞았다는 기록이 있다. 조부 이백록과 아버지 이정이 관직 생활을 못했다고 해서 이순신 집안을 몰락 양반 가문으로 보기는 어렵다.

이순신의 아버지 이정은 초계 변씨와 결혼했는데 변 씨는 지방 현감의 딸이었다. 즉 이순신의 외할아버지가 지방의 사또였다. 이순신은 금수저까지는 아니어도 웬만한 양반 집안의 은수저로 태어난 셈이었다.

덕수 이씨 가계도

시조	이돈수

5대조	이변

증조부	이거

조부	이백록

부	이정

이희신	이요신	이순신	이우신

이회	이열	이면	이훈(서자)	이신(서자)

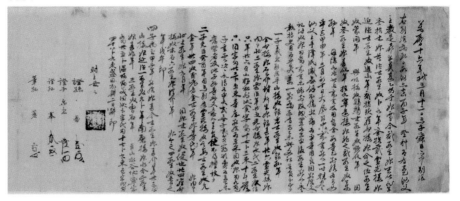

〈초계 변씨 별급문기〉
이순신의 어머니 초계 변씨가 이순신과 그 형제들에게
재산을 나누어준 것을 기록한 문서이다.
이를 통해서도 이순신이 재산 있는 양반집의 자제였음을 알 수 있다.

　　이정과 부인 변 씨 사이에는 아들 사형제가 있었다. 이정은 아들 4명의
이름을 중국의 선인인 복희씨, 요임금, 순임금, 우임금으로부터 차례로
따왔다. 그리하여 첫째가 희신, 둘째가 요신, 셋째가 순신, 넷째가 우신이
었다.

　　이순신은 1545년 3월 8일 지금의 서울 중구 인현동 부근인 건천동에
서 태어났다. 당시 한양의 건천동은 군사훈련장인 훈련원 부근이다 보니,
어린 시절 이순신은 전쟁 놀이를 즐겨 하였다. 그리고 이순신은 항상 대
장 역할을 맡았다.

　　하루는 이순신이 동네 길가에 진을 쳐놓고 군대 놀이를 하고 있었는데,
동네 어른이 그 진을 무시하고 걸어 들어왔다. 그러자 분노한 이순신은
활 시위를 그 어른의 눈에 조준한 채 따져 물었다.

　　"여기 진 쳐놓은 게 보이지 않나요? 어째서 함부로 들어오는 겁니까?"

서울 중구 초동에 위치한 이순신 생가터 표지석(생가터는 인현동)

이때부터 동네 어른들은 이순신이 보통 녀석이 아니라는 것을 알고 피해 다녔다고 한다.

한번은 이순신이 참외가 먹고 싶었는지 참외밭 주인에게 참외를 달라고 부탁했더니 밭 주인이 고개를 저어버린 모양이다. 화가 난 이순신은 집에서 말을 타고 와 참외밭을 오가며 밭을 엉망으로 만들어버렸다.

집에 말이 있었다는 것을 통해 이순신의 집안이 살 만한 형편이었음을 알 수 있다. 어쨌거나 남이 피땀 흘려 일군 참외밭에서 말을 타고 달렸으니 부모님이 어떻게든 합의하고 피해를 보상해줬을 터다.

이순신이 태어나고 어린 시절을 보낸 동네인 한양 건천동에는 세 살 형이었던 류성룡이 함께 살고 있었다.

〈이순신 십경도〉 1경 어린 시절

　류성룡은 선조에게 이순신에 대해 이렇게 말한 바가 있다.

　"신의 집이 이순신과 같은 동네에 있기 때문에 이순신의 사람됨을 알고 있습니다."

　그런데 최근에는 이순신보다 다섯 살 많은 원균 역시 같은 동네에 살았다는 주장도 있다. 꼬마들 나이 때 다섯 살 차이는 제법 큰 나이차다 보니 동네 형 원균과 어린 이순신이 함께 어울렸는지는 알 수 없다. 다만 역사 속 아이러니한 인연으로 남은 두 인물이 어린 시절 한 동네에서 자랐다는 것이 조금은 신기하다.

　한양의 건천동에서 태어나 어린 시절을 보낸 이순신은 청소년기에 외가가 있었던 충남 아산으로 이사하였다. 이순신이 정확히 언제 아산으로 내려갔는지 알 수는 없지만 집안의 가세가 기울거나 몰락해서 낙향한 것이 아니다. 조선 전기까지도 처가살이를 많이 했기에 이순신의 아버지 이정이 처가 쪽으로 이주한 것으로 보인다.

이순신은 21세에 같은 아산에 살고 있었던 보성 군수를 지낸 방진의 딸과 혼인하였다. 이순신보다 두 살 어렸던 부인 방 씨는 무남독녀로 재산을 모두 물려받을 수 있는 상황이었으니, 이순신 입장에서는 나름 장가를 잘 간 셈이었다. 이순신은 방 씨와 사이에서 아들 셋과 딸 하나를 두게 된다.

무과에 합격하다

형을 따라 문과를 준비하던 이순신은 결혼 1년 후인 22세부터 무과를 준비했다. 무관 출신이던 장인 방진이 이순신이 무예를 연마하는 데 많은 영향을 끼친 것으로 보인다.

6년이 지난 28세에는 처음으로 무과 별시에 도전하였다. 그런데 시험 중 이순신의 말이 넘어지고 말았다. 이 광경을 본 대부분의 사람은 말에 깔린 이순신이 죽거나 크게 다쳤을 거라고 생각했다.

그러나 이순신은 다리를 절뚝이며 일어나 버드나무 근처로 가더니 나

〈이순신 십경도〉 2경 청년 시절

무줄기를 끊어 자신의 다친 허벅지를 묶었다. 그러고는 다시 말에 올라 무과 시험을 끝까지 치렀다. 포기하지 않았던 그의 의지는 많은 박수를 받았지만 이순신은 낙방하였다.

낙방의 아픔을 딛고 이순신은 다시 무과를 준비했다. 그리고 4년 후인 1576년 치러진 식년 무과에 합격을 하였다.

식년시는 3년마다 치르는 최고의 과거시험으로 무과는 전국에서 28명을 선발했다. 1576년 당시 식년 무과에는 동점자가 있어 29명이 선발되었고 이순신은 병과 4등(전체 12등)의 준수한 성적으로 합격하였다. 이순신의 나이 32세였다. 당시 무과 합격자의 평균 나이가 34세였으니 아주 늦은 나이는 아니었다.

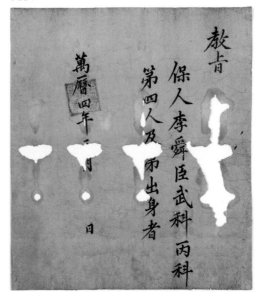

이순신 무과 합격 교지

　　조선의 무과 급제자들을 일반 사람들과 같은 선 상에 놓고 비교하는 무지를 범해서는 안 된다. 조선의 무과 합격자들은 말을 타고 칼을 쓰고 활을 다루는 등 제대로 된 정규 무인 코스를 수년간 밟은 프로급 무사들이었다. 그리고 엄청난 경쟁률을 뚫어낸 무인들이었다.

　　이순신 역시 젊은 시절 대단한 괴력의 소유자였다. 과거에 합격하고 선산에 인사드리러 가는 산길에 망부석이 쓰러져 있어 노비 몇 명이 달라붙어서 들어보려 했지만 옴짝달싹도 안 하던 것을, 이순신 혼자 번쩍 들었다는 일화도 있다.

　　이순신은 특히 활 쏘기에 뛰어났다. 이순신의 기록들만을 통해 본다면 이순신보다 활을 잘 쏘는 이는 없었다.

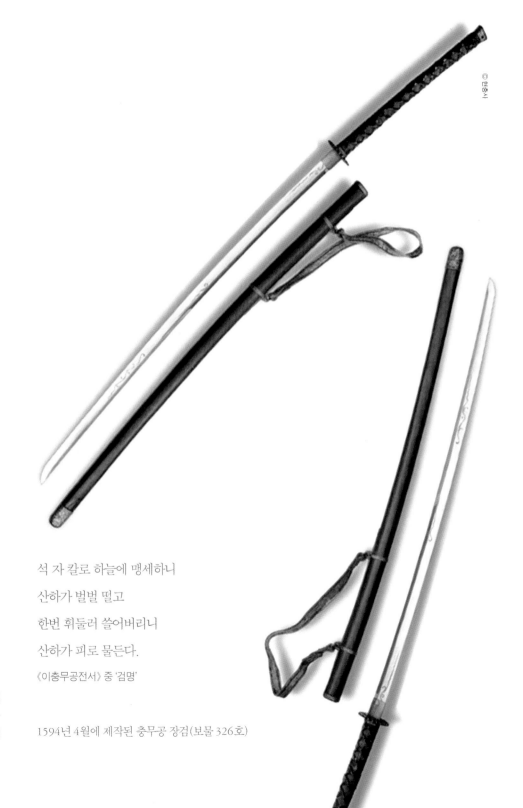

석 자 칼로 하늘에 맹세하니
산하가 벌벌 떨고
한번 휘둘러 쓸어버리니
산하가 피로 물든다.
《이충무공전서》 중 '검명'

1594년 4월에 제작된 충무공 장검(보물 326호)

관직 생활

이순신의 무관으로서의 공식적인 경력은 1576년 2월 식년 무과에 급제하면서 시작됐다. 임진왜란을 16년 앞둔 시점이었다.

32세에 발령받은 첫 임지는 함경도 동구비보('삼수갑산'의 삼수라는 고을)였고 직책은 말단 관리격인 권관(종9품)이었다. 당시의 함경도 감사 이후백이 활 쏘기 대회를 열었는데, 활 쏘기 능력이 상당했던 이순신은 이후백에게 칭찬을 받기도 하였다.

이순신은 함경도 권관 생활 3년 후 자신의 출생지인 한양 건천동으로 발령을 받았다. 인사과에 속한 훈련원 봉사직(종8품)이었다. 그런데 무관 인사권을 가진 병조정랑(정5품)이었던 서익이 이순신에게 인사 압력을 넣었다.

"아무개라고 아는가. 일도 잘하고 사람도 좋고, 요번에 7품 관리에 올리고 싶은데 알아서 처리 좀 잘 해주게."

이순신은 서익의 인사 청탁을 당당히 거부했다. 서익은 하급 관리 이순신에게 상당한 모멸감을 느꼈고 이 일은 관료들 사이에 소문이 났다. 그리고 이 소문이 병조판서 김귀영의 귀에까지 들어갔다. 이순신의 대쪽 같은 성품을 알아본 병조판서 김귀영이 자신의 서녀를 이순신의 둘째부인

이순신 관직 변천

이순신은 32세에 무과에 급제하였고 54세에 노량해전에서 전사하였다. 23년의 군인 생활 동안, 이순신은 세 차례 파직을 당하고 두 차례 백의종군을 경험했다.

1	1576년(32세)	동구비보 권관(종9품)
2	1579년(35세)	훈련원 봉사(종8품)
3	1579년(35세)	충청 병사 군관
4	1580년(36세)	고흥 발포 만호(종4품), 파직
5	1582년(38세)	훈련원 봉사(종8품)
6	1583년(39세)	건원보 권관(종8품), 부친상(3년상)
7	1586년(42세)	사복시 주부(종6품)→경흥 조산보 만호(종4품)
8	1587년(43세)	녹둔도 둔전관 겸직, 파직과 백의종군
9	1589년(45세)	전라도 관찰사 군관 겸 조방장(종4품)→정읍 현감, 태인 현감 겸직(종6품)
10	1591년(47세)	진도 군수(종4품)→신안군 가리포 수군첨절제사(종3품)→ 전라좌수사(정3품)
11	1593년(49세)	삼도수군통제사(종2품)
12	1597년(53세)	파직과 백의종군
13	1597년(53세)	삼도수군통제사 복직(정3품)

으로 주겠다고 나섰다. 요컨대 현직 국방부 장관이 위관급 장교에게 자신의 딸을 혼인시키려 든 셈이었다.

'정2품의 병조판서가 종8품의 훈련원 봉사에게 뭐가 아쉬워서 딸을 주려고 하지?'라고 생각할 수도 있지만 이건 품계로만 계산할 상황은 아니었다. 8품이건 9품이건 모두 과거에 합격한, 지금으로 치면 최고의 국가고시에 합격한 인재였다. 병조판서 김귀영은 이순신의 떡잎을 알아보고 먼저 손을 내밀었던 것이다.

그러나 이순신은 이렇게 답했다.

"벼슬길에 갓 나온 제가 어찌 권세가의 집에 발을 들여놓을 수가 있겠습니까."

혼담은 단박에 어그러졌다.

이순신은 35세 나이에 충청 병사 군관으로 발령받았다. 언제 어느 자리건 이순신은 관직에 있는 자로서 늘 청렴하고 결백했다.

'이순신의 방에는 베개와 이불, 옷가지 말고는 아무것도 없었다', '몇 달간 군관 생활 중 급료로 받은 곡식들을 동네 주민들에게 전부 나누어주었다'는 기록이 전해진다.

이순신은 관직에 들어선 지 4년째가 되던 36세에 전라도 고흥 발포 만호직(종4품)으로 발령받았다. 만호직은 오늘날 연대장급인 대령에 해당하는 계급이었다. 이순신이 훗날 전라좌수사에 임명되었을 때 산하의 5관 5포(5관-순천, 낙안, 보성, 광양, 흥양. 5포-사도, 여도, 녹도, 발포, 방답)를 거느리게 되는데, 이때의 고흥 발포 만호 생활 덕분에 훗날 전라좌수영의 돌아가는 여러 상황들을 용이하게 파악할 수 있었다.

고흥에서 만호로 근무하던 시절, 하루는 자신의 직속 상관인 전라좌수사 성박이 뜻밖의 명령을 내렸다.

"고흥 관아의 오동나무가 잘 자랐더군. 그 나무로 거문고를 만드려 하니 오동나무를 좀 베어 오도록 시키게."

나름 고상한 음악 취미가 있는 전라좌수사 성박이었고, 그 당시 시대 분위기상 충분히 내릴 수 있는 명령이었으나, 하필 고흥 만호가 이순신이었다.

"관아에 있는 것이라면 오동나무는 물론 풀 한 포기도 국가의 재산입니다. 그 명은 받들기가 힘듭니다."

전라좌수사 성박은 어처구니가 없었다. 이때부터 이순신은 선배들에게 성격이 괴팍한 부하 장교로 찍혀버렸다. 사연을 전해 들은 전라도 관찰사(감사) 손식은 자신의 관할에서 위계질서 없이 행동하는 이순신을 괘씸하게 생각했다.

"이순신이 뭐 하는 작자이기에 그리도 안하무인인가?"

전라감사 손식이 손수 고흥까지 가서 이순신을 만났고, 상관으로서 이순신에게 어려운 질문을 던지며 따끔하게 혼낼 구석을 찾았다. 그러나 손식이 질문하는 것마다 이순신은 청산유수로 답을 했다. 병서면 병서, 진이면 진, 병법이면 병법, 무관으로서 완벽하게 이론적으로 무장되어 있던 이순신을 보며 전라감사 손식은 마음속으로 이순신을 크게 인정하게 되었다.

오동나무로 이순신과 시비가 붙었던 전라좌수사 성박이 떠나고 후임으로 이용이 전라좌수사가 되었다. 이순신의 건방진 행태에 대해 들은 바가 있는 이용은 이순신을 골탕 먹일 작정으로 자신의 관할 5포 지역을 불시 점검하였다. 그러던 차에 마침 이순신의 고흥 발포 지역에 병사 결원이 3명 정도 생겼음이 밝혀졌다. 옳다구나 싶은 이용이 이순신을 문책하며 당장 이를 중앙 조정에 보고하겠다고 엄포를 놓았다.

그러나 이순신은 이용이 생각한 것 이상으로 용의주도한 인물이었다. 오히려 이순신이 태연하게 따졌다.

"5포 가운데 사도, 여도, 녹도, 방답 등 4곳은 이곳 발포보다 훨씬 더 결원이 많은 것으로 압니다. 결원이 있다지만 제 관할인 발포가 가장 양호한데도 수사께서는 어찌 이 지역의 책임만을 묻고자 한단 말입니까."

전라좌수사 이용은 뜨끔하며 중앙에 보고하는 일을 포기하였다. 대신 이순신에게 가장 낮은 평점을 주려고 했다. 하지만 여러 관리들 사이에서 이순신의 고흥 발포가 병력도 많이 확보되어 있고 훈련도 잘 되어 있는 등 전시 대비가 완벽하다는 소문이 자자했다. 훗날 의병장으로 유명한 조헌이 당시 서기관이었고 그가 이순신을 옹호하는 상황이니, 전라좌수사 이용이라고 해도 이순신에게 낮은 점수를 주기는 어려웠다.

이순신에게 호의적이지 않았던 전라좌수사 이용조차도 시간이 지나면서 이순신의 성품과 능력을 인정하게 되었다. 그리고 훗날 이순신이 어려움에 처했을 때 도움의 손길을 내밀어주었다.

이순신에게 인사 청탁을 했다가 무안을 당한 병조정랑 서익이 순찰사가 되어 고흥 발포에서 만호 생활을 하고 있는 이순신 앞에 다시 나타났다. 그리고 서익은 온갖 이유를 모두 갖다붙여 끝내 고흥 발포 만호 이순신을 파직시켰다. 이순신의 첫 파직이었다. 파직 후 고향에 돌아와 있던 이순신은 1년여 만에 다시 훈련원 봉사직(종8품)으로 복직되었다. 대령급에서 파직당했고 다시 중위급으로 복직된 것이다.

'성질 고약한 서익이 사사로운 앙심을 품고 이순신이라는 이를 좌천시켰다.'

소문은 돌고 돌아 한양까지 퍼졌다. 이 소문을 들은 이조판서 율곡 이이는 귀가 솔깃해졌다. 자신과 같은 덕수 이씨 가운데 그토록 인성이 대

율곡 이이(1536~1584)

쪽 같은 이가 있었다니, 한번 만나고 싶었다. 그리하여 이이는 류성룡에게 중재를 부탁했다.

나이로 따지면 이이가 이순신보다 아홉 살 많았고 항렬로는 이순신이 이이의 삼촌뻘이었다. 어쨌거나 같은 집안의 명망 있는 이조판서가 먼저 만나자고 의사를 전해 온 것이었다. 그러나 이순신은 잘나가는 나이 많은 조카를 만나려 하지 않았다.

"제가 이렇게 좌천당한 상황에서 인사권을 가지고 있는 이조판서를 만나는 것은 적절치 않아 보입니다."

뜻밖의 반응에 류성룡이 재차 설득하고 뜻을 전했지만 이순신은 완고했다. 류성룡도 결국은 고개를 절레절레 흔들며 돌아섰다.

이순신의 남달리 강직하고 올곧은 성품은 요즘 기준으로 볼 때 사회성이 없다고 할 수 있을 정도였다.

서애 류성룡(1542~1607)

지금으로 치면 국방부 장관인 병조판서 유전이 우연히 활터에서 이순신이 활 쏘는 모습을 보았다. 이순신의 활 실력을 구경하던 유전에게 이순신이 차고 있던 화살통이 눈에 들어왔던 모양이다.

"그 화살통 참 좋아 보이는구만. 나한테 선물로 줄 수 없겠는가?"

그러자 이순신은 이렇게 대답했다.

"대감께 이깟 화살통 드리는 것은 어렵지 않습니다. 하지만 이 화살통 하나 때문에 대감이 부하의 화살통이나 받는 사람이라는 오해를 살까 두렵고, 저는 화살통이나 바쳐서 출세하려는 인물로 오해를 받을까 두렵습니다."

이 말을 들은 병조판서 유전은 아차 싶어 입을 다물고 말았다.

일반 사람들의 상식을 뛰어넘는 이순신이었다. 승진의 길이 보이지 않는 것도 당연한 일이었다.

한때 이순신을 미워했던 전라좌수사 이용은 함경도 남병사로 전출 가면서 좌천되어 있었던 이순신을 자신의 군관으로 데리고 갔다. 어느 시대이건 무관의 삶은 그러했을 것이다. 따뜻한 남쪽 고흥에서 왜구를 막기 위해 수군 장교 생활을 했던 이순신은, 이제 조선에서 가장 추운 함경도에서 여진족을 막기 위한 무관의 역할을 수행해야 했다. 이순신은 이용의 밑에서 군관 생활 몇 달 후 함경도 건원보 권관(종8품)으로 전출되었다. 이곳은 여진족의 침략이 잦은 곳이었다.

이순신의 야전 지휘관으로서의 능력은 이때부터 본격적으로 드러났다. 여진족이 공격을 시작하자 후방에 아군을 매복시킨 후 유인 작전을 전개하여 크게 성공하였다. 이 과정에서 여진족 장수 우을기내를 생포했다. 상을 받아야 마땅한 일이나 함경도 북병사 김우서가 시기하였다.

"내 허락을 받지 않고 군대를 움직였다."

이순신은 적장을 생포하고도 아무런 상을 받지 못하였다.

얼마 후 이순신은 아버지 이정의 사망 소식을 들었다. 부고를 들은 이순신은 선산이 있는 충청도 아산으로 향했다. 밤낮을 쉬지 않고 정신 나간 사람처럼 아산으로 향하는 이순신의 모습에 주변 사람들 모두 안타까움을 금치 못했다. 당시 함경도 순찰사였던 정언신이 특별 지시를 내렸다.

"이순신에게 어서 상복을 입혀라. 그리고 이순신이 식음을 전폐하지 못하도록 하라."

아산에 도착한 이순신은 눈물 속에 아버지 3년상을 모셨다.

42세가 된 이순신은 사복시 주부(종6품)로 다시 관직 생활을 시작했다. 궁궐 내의 말을 키우는 자리였다.

주변 사람들이 수군거렸다.

"이순신이 말이나 키울 사람인가?"

그럼에도 이순신은 주어진 임무를 훌륭하게 수행해냈다.

녹둔도전투

　두만강 하구에 서울 여의도의 2배쯤 되는 녹둔도라는 섬이 있었다. 지금은 육지화되어 연해주에 속한 러시아 영토이다. 그러나 조선시대에는 엄연한 우리의 영토였다.

　고종 때인 1880년대, 간도(두만강 이북)가 우리 땅임을 밝히기 위해 조선의 관리 여럿이 관련 지역에 파견되었다. 이때 간도를 전부 둘러보고 온 서북경략사 어윤중이 1884년 고종에게 이렇게 보고했다.

　"녹둔도에는 800명이 넘는 주민들이 살고 있는데, 그 모든 주민이 다 조선인입니다."

　이에 고종은 러시아에 녹둔도 반환을 요구했으나 물론 러시아는 콧방귀도 뀌지 않았다.

　녹둔도는 어쩌다가 러시아 땅이 되었을까?

　1860년 제2차 아편전쟁에서 청나라가 영국과 프랑스 연합군에 처참하게 패배했다. 이때 러시아가 전쟁에 개입해서 청나라와 영국, 프랑스 사이를 화해시켜주며 베이징조약을 체결시켰다. 그 결과, 영국과 프랑스는 청나라로부터 엄청난 이권을 얻어갔고 화해를 주선한 러시아도 청나라에 그 대가를 요구했다. 그리하여 러시아는 청으로부터 연해주를 할양받았고 이 과정에 녹둔도까지 빼앗아간 것이다.

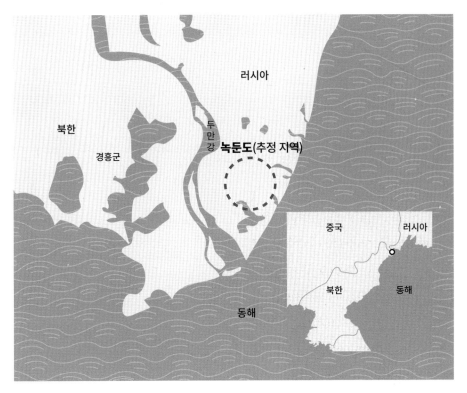

녹둔도 추정 위치

　한성에서 말을 돌보던 사복시 주부 이순신은 여진족 토벌과 우을기내 생포의 공을 뒤늦게 인정받아 함경도 경흥의 조산보 만호(종4품)로 승진했다.

　경흥에서 두만강을 넘으면 녹둔도가 있었고 여기서 다시 두만강을 넘으면 여진족의 시전부락이 있었다. 당시 녹둔도는 대단히 비옥한 땅이었다. 추운 함경도에서 벼농사가 가능할 정도였으니, 당시 녹둔도는 함경도 군인들의 군량미를 확보하기 위해서도 아주 중요한 곳이었다. 이런 이유로 조선 조정에서는 조산보 만호 이순신에게 다음과 같은 명령을 내렸다.

　"두만강 너머 녹둔도까지 책임지고 둔전을 경작하라."

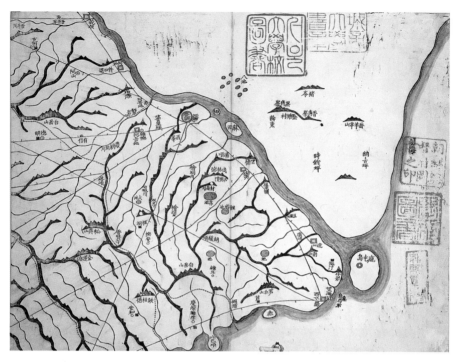

〈대동여지도〉에서 보이는 녹둔도

　　군사들이 자신들의 군량미를 확보하기 위해 직접 농사짓는 토지가 둔전이었다. 이순신은 조산보 만호로서 업무도 보아야 했고, 녹둔도에서 농사짓는 백성들을 여진족으로부터 지켜야 했기에 업무가 배가 된 셈이었다. 이순신은 녹둔도 중앙에 목책을 만들어놓고 경계를 세워 농사짓는 백성들을 보호하도록 하였다.

　　1587년 8월, 100여 명 정도의 여진족이 말을 타고 강을 건너와 녹둔도를 공격해 왔다. 당시 녹둔도를 지키는 조선군 병력은 수십 명에 불과했고, 목책 안에는 이순신을 비롯해 10여 명의 조선 병사들이 방어선을 구축하고 있었다. 녹둔도에서 분탕질하려는 여진족에게나, 녹둔도를 지키

〈북관유적도첩〉
녹둔도전투에 관한 수책거적도이다.

는 수비관 이순신에게나 목책은 무엇보다 중요한 전략적 요충지였다. 활을 잘 다루었던 이순신은 목책에 의지해 수없이 활시위를 당겨 많은 적을 쓰러뜨렸다. 여진족 추장 마니응개도 이때 참루를 뛰어넘어 들어오다가 사살되었다.

〈이순신 십경도〉3경 녹둔도 전투

　그런데 수적인 차이가 너무 컸다. 여진족들은 목책 근처의 조선 병사 10여 명을 죽이고 농사짓던 백성 160여 명과 말 15필을 자기 부족으로 끌고 갔다. 우리 측의 큰 손실이었다. 전투에서 밀렸던 이순신은 부하들과 함께 여진족을 뒤쫓았다. 그 과정에 여진족 3명을 죽였고 60여 명의 조선 백성을 구해내서 돌아왔다.

　녹둔도전투 이후 이순신은 상당한 곤경에 처했다. 함경도 병마사 이일은 경흥 부사 이경록과 조산보 만호 이순신이 녹둔도에서 패했다는 보고를 조정에 올렸다. 그로 인해 이순신은 감옥에 갇혔다.

　곤장을 맞기 위해 형장으로 끌려가기 직전, 평소 이순신을 흠모하던 군관이 이순신에게 술을 내어주며 말을 붙였다.

　"이 술을 드시면 고통이 덜할 겁니다."

© 국립중앙박물관

나선 이충무공 승전대비 비각
영조 때 세워진 비각으로 일제강점기에 촬영된 사진이다.

"아니네. 어찌 내가 술의 힘을 빌리겠는가."

그러자 군관이 다시 말했다.

"목이 타실 터인데 물이라도 드시지 않고요."

"고맙지만 되었네. 전혀 목이 마르지 않네."

이순신은 이일 앞에 꿇어 앉혀졌으나 당당하게 이일을 마주하였다. 함
경도 병마사 이일은 고자세로 경흥 부사 이경록과 조산보 만호 이순신을
다그쳤다. 어서 패전했음을 인정하고 처벌받으라는 종용이었다.

이순신은 항변했다.

"병력이 부족하니 군사를 증원해 달라고 여러 번 요청했으나 들어주지

않았음을 기억하오. 그 공문이 바로 나에게 있소이다. 조정에서 만일 이런 사실을 안다면 죄가 나에게 있다 하지 않을 것이오. 또 내가 힘껏 싸워서 녹둔도를 지켰고, 바로 추격하여 잡혀간 백성들을 여러 명 구출해 왔거늘, 이것을 패배로 치는 것이 옳단 말이오?"

병력 차이가 큰 나머지 역부족으로 밀리긴 했지만 이순신은 녹둔도를 지켜냈다. 또한 이순신이 여진족을 쫓아가서 죽이고 잡혀가던 우리 백성들을 일부나마 구출해 온 일은 분명 사실이었다. 함경도 병마사 이일로서도 함부로 벌을 주기 어려운 상황이었다. 이 내용이 조정에 알려졌고, 사실을 파악한 임금 선조는 이렇게 결론 내렸다.

"이순신은 전쟁에서 패배한 사람과는 차이가 있다. 병사에게 장형을 집행한 이후 백의종군으로 공을 세우게 하라."

이순신의 첫 번째 백의종군이었다.

백의종군이 이른바 이등병 강등을 의미하지는 않는다. 직위는 해제되었지만 전장에서는 나름대로 무관 대접을 받으며 명예를 회복할 기회가 주어지는 것이었다.

이후 이순신은 백의종군 상태로 여진 공격에 참여하였다.

1588년 1월, 이일과 이경록, 이순신 등은 2,500여 명의 병력을 이끌고 여진족 기지를 공격하였다. 끌려갔던 인질들, 빼앗겼던 말과 소 등을 구출해 온 것은 물론 상당히 많은 여진족을 죽이고 시전부락의 200여 가구를 불태웠다. 엄청난 승전이었다. 덕분에 이일은 임진왜란 당시 신립과 더불어 조선의 투톱 장수 소리를 들을 수 있게 되었다.

전라좌수사로 임명되다

병조판서까지 지낸 정언신은 이순신을 아껴주었던 인물이었다. 이순신이 부친상을 당했을 때 이순신의 건강을 염려하고 챙겼던 이가 당시 함경도 순찰사 정언신이었다. 훗날 정언신은 정여립 모반 사건(1589)에 연루되어 옥에 갇혔다. 정언신이 정여립과 9촌 간이라는 이유에서였다. 왕조시대에 모반은 가장 극악한 범죄로 여겨졌다. 임금이었던 선조가 정여립 모반 사건 관련자들을 얼마나 처참하게 죽였는지 살펴보면 알 수 있는 사실이다.

그런데 정여립 일당, 즉 반역의 일당으로 몰려 파면당한 정언신을, 이순신은 당당하게 면회를 가겠다고 나섰다. 주변 사람들이 손사래 치며 말렸지만 이순신은 당당하게 정언신을 면회 갔다.

정언신을 면회하는데 감옥의 간수들이 근무는 태만하면서 술을 마시고 노닥거리는 모습이 이순신의 눈에 띄었다. 이순신은 조용히 정언신만 면회하고 돌아가기는커녕 오히려 간수들에게 호통을 쳤다.

"일국의 정승이었던 분이 옥에 갇혀 있는데, 그래도 예의가 있지. 그 앞에서 술을 마시고 놀고 있어서야 되겠는가!"

이순신은 45세 때 전라도 감사 이광의 군관 겸 조방장(종4품)으로 발령받았다. 같은 해 정읍 현감(종6품)으로 부임하면서 태인 현감을 겸하게 되었다. 종4품에서 종6품으로 품계는 내려왔지만 최전방 생활로 고생만 하던 이순신은 처음으로 후방에서 사또 생활을 하게 되었다.

이순신이 변방으로 돌아다니는 사이, 이순신의 아버지 이정을 비롯해 큰형인 희신과 둘째형인 요신이 세상을 떠나 살림조차 막막해진 이순신의 집안을 생각하며 류성룡이 조치한 배려였다.

이순신은 정읍 현감으로 가면서 자신의 가족뿐 아니라 지아비를 여읜 어머니와 형수님들, 아비를 잃은 조카들과 함께 갔다. 너무 많은 식솔을 데려간다는 비난이 일자 이순신은 오히려 큰소리를 쳤다.

"내가 차라리 남솔(처자를 많이 데려가는 것)의 죄를 지을지언정 의지할 데 없는 어린 것들을 차마 버리지 못하겠습니다."

이순신이 너무도 당당하게 오갈 곳 없는 형수와 조카들을 챙기겠다고 하자 모두들 입을 다물었다. 잠깐이기는 했지만 이 정읍 현감 시절 이순신은 후방에서 모처럼 가족과 오붓한 시간을 보낼 수 있었다.

그러나 세상은 이순신을 그냥 두지 않았다.

조선은 전국시대의 혼란을 통일로 마무리 지은 일본을 경계하면서 나름의 전쟁 준비를 하고 있었다. 전쟁에 대비하려면 물자도 물자이지만 인재가 더욱 중요했다. 나라 안의 뛰어난 장수들을 적재적소에 기용하여 혹여나 있을지 모르는 일본의 침략에 대비해야 했다. 일본의 침략 예상 경로에 따라 성을 보수하였고, 주요 무관들을 적재적소에 배치하였다.

이런 분위기 속에서 류성룡과 조정 대신들의 추천을 받아 이순신에게도 전라우수영의 수군절도사(정3품)로 승진 기회가 왔다. 그러나 사간원(임금에게 간언하는 정치기구)에서 탈락시켰다.

"종6품 정읍 현감에서 정3품 전라우수사로 승진은 불가합니다."

실상은 남인이었던 류성룡의 인사 추천을 반대당인 서인들이 막아선 것이었다. 젊은 시절 이미 종4품 만호직을 2번이나 역임했었던 이순신으로서는 억울할 만했다.

그러나 류성룡 역시 이순신을 요직에 앉히는 것을 포기하지 않았다. 그는 먼저 정읍 현감(종6품)이던 이순신을 진도 군수(종4품)로 발령냈다. 그리고 일주일 만에 신안 가리포진 첨사(종3품)로 다시 발령을 냈다. 그러고는 이순신이 가리포진으로 떠나기도 전에 전라좌수사(정3품)로 임명했다. 사간원에서 딴지를 걸 새가 없게끔 류성룡이 이순신에게 연속 발령을 내린 것이었다.

이순신은 정읍 현감직을 내려놓고 진도 군수직을 수행하기 위해 출발했다가 도중에 가리포진 첨사 발령 소식을 들었다. 가리포로 향하던 이순신은 다시 전라좌수사로 임명되었다는 소식을 듣고 신안의 가리포가 아닌 전라좌수영 본영이 있는 여수로 향했다. 임진왜란이 발발하기 1년 전인 1591년, 이순신은 전라좌수영 수군절도사(수사 정3품)가 되었다.

이순신의 전쟁 준비

왕은 남쪽을 바라보며 정사를 펼친다. 왕의 시선을 기준으로 오른쪽이 전라도, 왼쪽이 경상도다. 전라우도에 우수영이 있었고 전라좌도에 좌수영

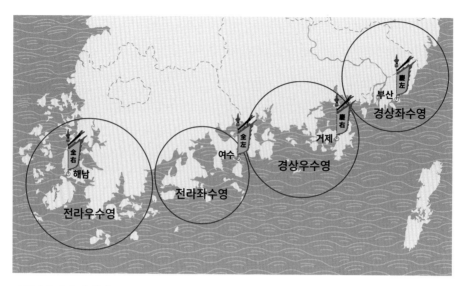

조선시대 각 수영 위치

이 있었다. 경상좌도에 속한 곳이 경상좌수영이요, 경상우도 쪽이 경상우수영이다. 남해 바다를 지키는 4곳의 수영 중에서 관할지가 가장 적고 이로 인해 병력과 물자를 확보하기가 가장 어려운 곳은 전라좌수영이었다.

각 수영 관할지 비교

구분	전라우수영	전라좌수영	경상우수영	경상좌수영
수사	이억기	이순신	원균	박홍
본영	해남	여수	거제	동래
관할	12관 15포	5관 5포	8관 16포	18관 16포

이억기의 전라우수영은 12관 15포다. 관할 고을이 12곳 있고 포구와 항만 기지가 15곳 있었다. 원균이 맡은 경상우수영은 8관 16포, 박홍의 경

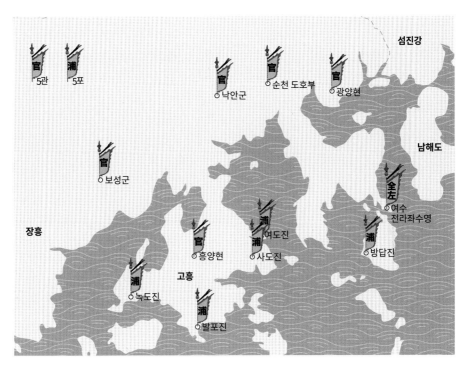

전라좌수영 관할 5관 5포

상좌수영은 18관 16포다. 그런데 전라좌수영은 5관 5포였다.

전라좌수영 5관(육지행정구역)

지역	현재 지명	지휘관
순천도호부	여수, 순천	부사 권준(종3품)
광양현	광양	현감 어영담(종6품)
낙안군	보성, 순천	군수 신호(종4품)
보성군	보성	군수 김득광(종4품)
흥양현	고흥	현감 배흥립(종6품)

전라좌수영 5포(수군행정구역)

지역	현재 지명	지휘관
방답진	여수	첨사 이순신(종3품)
사도진		첨사 김완(종3품)
여도진	고흥	만호 김인영(종4품)
녹도진		만호 정운(종4품)
발포진		만호 황정록(종4품)

전라좌수영 제독들

지역	현재 지명	지휘관
전라좌수영	여수	조방장 정걸(종4품)
		우후 이몽구(정4품)
		군관 송희립(종8품), 군관 나대용(종6품)
		이언량, 이기남(거북선 돌격대장)

    살림살이가 가장 빈약한 전라좌수영이 당시 보유한 판옥선은 24척 가량이었다. 그렇다면 그 2~3배 규모의 경상우수영과 경상좌수영은 각각 50~60척 이상의 판옥선을 보유하고 있어야만 했다.

    그러나 훗날, 임진왜란이 발발했을 때 충분한 수군 전력을 보유하고도 바다에서 교전 한 번 없이 적을 상륙시켰으니, 경상우수사 원균과 경상좌수사 박홍은 조선의 수군 제독으로서 역사의 비판을 피하기 힘들다.

    실제로 이순신은 바다에서 싸워보지도 않고 왜군의 상륙을 허용해버린 원균과 박홍의 행태에 상당히 분노했다.

"지난날 부산과 동래의 여러 장수가 만약 전선과 노를 잘 정비하여 바다 가득 진을 치고 있다가, 적들이 경상도로 기어오르지 못하게 했더라면 나라를 욕되게 하는 환란이 이렇게까지 되지는 않았을 것입니다."

이순신이 전라좌수사로 발령받은 것은 47세였던 1591년이었다.《난중일기》를 쓰기 전이어서 1591년 당시에 이순신이 전라좌수영 5관 5포를 어떻게 관리하고 전쟁에 대비했는지 자세히 알지 못한다. 그러나《난중일기》를 통해 일기가 쓰여진 임진년부터는 이순신의 전쟁 준비 상태에 대한 확인이 가능하다.

1592년 2월에 이순신은 자신의 관할인 5관 5포를 직접 순시했다. 녹도진을 순찰해보니 녹도 만호 정운이 생각했던 것 이상으로 준비를 잘하고 있었다. 기분이 좋아진 이순신은 정운을 칭찬했고,《증손전수방략》(중국 병법서를 류성룡이 재정리한 책)을 펼쳐놓고 서로 논의하였다. 그리고 기분 좋게 술을 마셨다.

그러나 훈련과 물자 등 전쟁 준비 상태가 미비한 곳은 지휘관과 관련자들을 불러 크게 꾸중하고 훈계하였으며, 그 고을에서는 물 한 잔도 입에 대지 않고 나왔다. 그리고 행정과 관리가 허술하고 군령을 어긴 경우에는 엄하게 징벌하고 곤장을 쳤다.

전라좌수사 이순신은 머지않아 일본이 침략해 오리라는 것을 확신하고 있었다. 이순신의 전쟁 준비 상황을 꼼꼼히 살펴보자.

첫째, 이순신은 스스로 군사권을 책임지는 최고 지방관이자 사령관으로서 행정력에 최선을 다했다. 관할지 5관 5포의 병력 충원 상태를 끊임없이 점검했다. 장병 사열을 진행하고 각종 전투 장비를 검열하는 등 전쟁

여수 진남관
임진왜란 당시에는 진해루가 있었으나 정유재란으로 소실되었고
1598년 삼도수군통제사가 된 이시언이 75칸의 객사를 만들어 지금의 진남관이 되었다.

준비를 매우 철저히 하고 있었다. 각 군영의 전쟁 물자와 군량미 역시 철두철미하게 계산되고 있었다.

또한 적함이 전라좌수영의 본영인 여수를 공격할 때를 대비하고 있었다. 여수 앞바다에는 쇠사슬을 설치하였고, 육지에는 해자를 만들었다. 여수의 북봉 언덕의 봉화 시설을 정비하는 일도 게을리하지 않았다.

이순신은 이러한 전쟁 준비를 혼자 하지 않았다. 휘하 장수들의 의견을 경청하였고 함께 전략을 짜는 일에 고심하였다. 하급 병사들도 얼마든지 의견을 말할 수 있었다. 여수의 진남관은 항상 열띤 토론이 열리는 장이었다.

신기전

1448년 세종 30년에 제작되어
군사적 목적의 로켓 추진 화살로써 이용되었다.
임진왜란 당시 조선의 바다에서
신호탄 역할과 더불어 전투 시에도
상당한 위력을 발휘하였다.

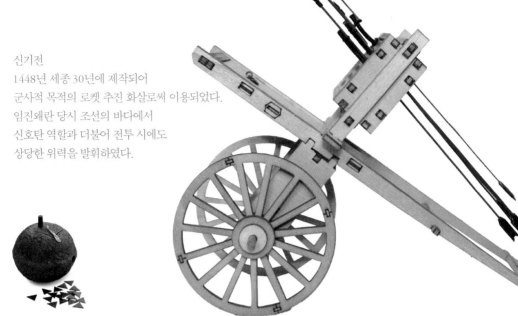

비격진천뢰

임진왜란 때 화포장 이장손이 창제한 포탄의 일종이다.
겉은 무쇠로 둥근 박과 같지만 속에는 쇳조각과 화약이 들어 있다.
화약에서 나온 화승의 길이를 늘이고 줄임에 따라 폭파 시간을 조정할 수 있었다.
임진왜란 당시 경주성 탈환 전투(1592. 9)에서 박진이 처음으로 활용하였고
이후 수군에서도 널리 사용되었다.

승자총통

왜군의 조총에 대응하는 조선군의 개인 화기이다.
총신이 짧고 사거리와 정확도가 일본의 조총에 비해 부족했다.

장병겸

전함에 기어오르는 적을 걸어 베거나 물에 떠다니는 적군을 건져내는 용도로 사용된 무기이다.
길이는 14척 2촌(426cm)으로 《이충무공전서》에 나와 있다.

전라좌수영의 5관 5포가 이처럼 만반의 준비를 하고 있었다. 임진왜란이 터지자 바로 옆이었던 경상우수영의 지방관들과 백성들이 뿔뿔이 흩어진 반면 이순신의 전라좌수영의 5관 5포에서는 단 한 명의 지방관 이탈도 없었거니와 피난 가는 백성조차 없었다.

둘째, 바다에서 싸워야 하니 전투선이 제대로 갖추어져 있어야 했다.

원래 조선의 주력선은 맹선猛船이었지만 을묘왜변(1555) 때 왜구들과의 전투 경험을 통해 판옥선板屋船(기둥을 세운 뒤 사면을 가려 마룻대를 얹고 지붕을 덮어 2층 구조로 만든 배)으로 개선되었다.

이순신은 전라좌수사로 임명되면서 가장 먼저 조선의 주력선인 판옥선의 건조를 독려하였다. 그러나 이게 말이 쉽지 현실은 녹록지 않았다.

원래 수군은 험한 역役이라 하여 일반 군역보다도 훨씬 어려워하였다. 육군의 정군에게는 2명의 보인(정군의 군역 경비를 부담하는 자)이 딸리는데 수군은 3명의 보인이 딸렸다. 오죽하면 수군을 칠반천역(일곱 가지 힘든 직역)으로 분류하였을까? 그런 수군에게 함선 건조의 역(노동) 부담까지 지운다는 것은 현장의 장수로서 리더십이 없으면 쉽지 않은 일이었다.

그럼에도 인적자원과 물적자원이 가장 부족했던 5관 5포의 전라좌수영이 다른 수영에 비해 판옥선의 수가 적지 않았음은 정말 대단한 것이었다. 이에 더해 판옥선의 보조선이자 유격 담당 함선이었던 협선의 건조 역시 소홀하지 않았다.

셋째, 원거리 공격력을 강화하기 위해 판옥선에 함포를 장착했다. 세종 때 처음 만들어지고 명종과 선조 때를 거치며 더욱 개선된 총통들을 이순신이 새롭게 주조하였다. 이 함포를 활용하기 위해 많은 포탄을 제조했고 화약과 염초를 마련해야 했다. 그리고 훈련 시에도 실제 함포 사격을 통해

 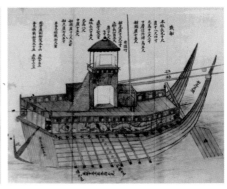

맹선(좌)과 판옥선(우)

조선의 배들은 원래 맹선이었다.

맹선은 1555년 을묘왜변 때까지 사용된 가장 기본적인 형태의 군함이었다.

그런데 일본 전함의 갑판이 더 높아서, 그 위치에서 내려다보고 조총이나 활을 쏠 경우

속수무책으로 당하기 쉬웠다. 또한 일본의 등선육박전술을 막아야 했다.

이에 따라 우리 함선의 갑판 높이를 더 높여서 전투에 적합하도록 만든 것이

당시 조선의 주력선인 판옥선이다.

판옥선 모델링

판옥선의 포수들이 정확도와 사정거리에 대한 감각을 익히도록 했다. 이순신은 높은 언덕에서 녹도 만호 정운과 함께 대포 쏘는 것을 구경하곤 했다.

넷째, 튼튼하지만 무거운 판옥선이 바다 위에서 이순신의 마음처럼 움직여주려면 노를 젓는 노군(격군)들을 훈련시켜야 하였다. 이순신은 키가 작고 가슴팍이 두꺼운 격군을 선발했고 실전처럼 훈련시켰다. 전라좌수영의 격군들은 명령에 따라 일사불란하게 움직이게 되었고 바다 위에서 수십 대의 판옥선으로 진을 변형시킬 수 있는 능력을 갖추게 되었다.

실전에서나 훈련에서나, 정신적으로나 육체적으로나 가장 힘든 역할이 격군이었음을 이순신은 알았다. 격군 중에는 노비도 많았다. 이순신은 이름조차 없었던 노비 출신 격군들의 이름을 지어주었다. 이는 전쟁 중 공을 세우거나 사망했을 경우를 대비한 섬세한 행정이었다. 군역의 의무를 지지 않아도 되었던 노비들이 격군으로 끌려왔으나 이순신은 그들을 군인 이상의 중요 자원으로 여겼고 본영의 격군들만을 모아 잔치를 치러주기도 하였다. 이순신은 아군이 사망했을 경우, 전투가 끝나면 그 사망자의 시신을 배에 실어 고향에 보내주었고 장례를 치러주었다. 격군이라고 예외는 없었다.

다섯째, 전라좌수영의 수군들에게 맹훈련을 시켰다. 특히 갑판 위 사수(궁병)들에게 활 쏘기 훈련을 많이 시켰다. 실전에서 활을 잘 쏘기 위해서는 활을 쏘는 코어 근육이 발달해야 하고 활을 잡는 팔과 시위를 당기는 손목의 힘을 길러야 한다. 그리고 많은 화살을 쏘면서 화살을 잡는 손가락에 굳은 살이 박혀야만 했다.

《난중일기》를 보면 전라좌수영의 병사들은 처절한 활 쏘기 연습을 진행하고 있었다. 전쟁이 일어나기 석 달 전인 1592년 1월부터 3월 사이에

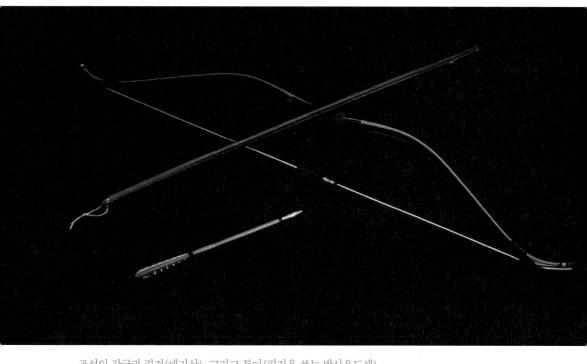

조선의 각궁과 편전(애기살), 그리고 통아(편전을 쏘는 발사유도체)

전라좌수영의 관내에서는 무려 30회의 활 쏘기 대회가 열리고 있었다. 3일에 한 번씩 활 쏘기 대회를 통해 치열한 경쟁을 유발했고 전라좌수영의 사수들은 명사수로 거듭나고 있었다.

또한 바다에서 해전을 전개하기 위해서는 수군들이 물에 대한 공포감을 극복해야 했다. 실제로 병사들이 전투 중 느끼는 공포감은 바다에 있을 때 훨씬 컸다. 죽으면 시신도 찾기 힘든 전투를 바다 위 전함에서 수행해야 했기에 당연한 일이었다.

수군들은 파도치는 바다에서 헤엄쳐 살아날 수 있는 능력을 갖추어야 했다. 그렇게 되기 위해 전라좌수영의 수군들은 끊임없이 바다에 뛰어들어야 했다.

그렇지 않아도 힘든 수군 생활을 군율이 엄격했던 이순신의 밑에서 버텨냈다는 것만으로 당시 전라좌수영의 수군들은 지금으로 치면 해병대 수준의 용맹함과 전투력을 보유하고 있었던 것이다.

거북선을 만들다

이렇게 전쟁을 예측하고 만반의 준비를 하고 있었던 이순신이지만 그래도 불안감은 있었다. 훈련만으로 극복할 수 없는 전투 경험의 유무와 백병전白兵戰(무기를 가지고 적과 직접 몸으로 맞붙어서 싸우는 전투)에서의 압도적인 실력 차이는 이순신으로서도 어찌할 도리가 없었다.

이순신은 조선 수군 5명이 일본의 소년 무사 한 명을 당해내지 못한다는 것을 알고 있었다. 그렇기에 전투 중 일본군이 판옥선을 기어올라 백병전이 전개되는 최악의 상황은 어떻게든 피해야만 했다.

'어떻게 하면 일본군이 판옥선의 갑판에 올라오지 못하게 할까? 판옥선에 지붕을 씌우자.'

그 크기는 판옥선만하며, 위를 판자로 덮고, 판자 위에는 십자 모양의 좁은 길이 있어 사람들이 지나다닐 수 있게 하며, 그 나머지는 모두 칼

〈이순신 십경도〉4경 거북선을 만들다

과 송곳을 꽂아서 사방으로 발 디딜 곳이 없도록 했다. 앞에는 용의 머리
를 만들어 붙이고, 그 입은 총구멍이 되며, 뒤는 거북의 꼬리처럼 되었
는데 꼬리 아래에도 총구멍이 있고, 좌우로 각각 6개의 총구멍이 있다.
《이충무공행록》

　거북선의 창안 원리는 간단했다. 조선의 주력선인 판옥선에 덮개 즉 지
붕을 씌워 일본군의 등선을 막겠다는 것이었다. 여기서 한 단계 더 나아
가 적군이 지붕에 올라타지 못하도록 표면에 쇠못을 박고 칼을 꽂았다.
또한 일본군의 화공에 대비하여 거북선의 지붕에 철갑을 둘렀다.
　거북선이 철갑선이라는 주장도 있지만 이에 동의할 수 없다. 철갑선은
노를 저어 빠르게 움직일 수 없다. 그래서 거북선의 몸체 전체가 철갑이
기는 어렵지만 거북선의 지붕만큼은 충분히 철갑을 두를 수 있었으리라

조선시대 철갑 성문

생각한다. 당시 성문의 방어력을 극대화하고 화공에 대비하기 위해 철갑을 둘렀던 것을 통해 이를 유추해볼 수 있다.

혹자는 지붕마저 나무였고 전투 중 화공에 대비하기 위해 물을 뿌리고 젖은 볏짚을 둘렀다고 하지만 젖은 나무건 볏짚이건 여름 바다 한복판에서는 1시간이면 완벽히 마른다.

그렇지 않아도 무거운 판옥선에 지붕을 씌웠으니 거북선이 빠르기는 쉽지 않았을 것이다. 그러나 그만큼 튼튼했고 거북선 내 포수와 사수들에 대한 보호가 가능하였다. 이론적으로는 수상 돌격대로써의 역할이 가능했다. 그러나 함선의 갑판 전체에 지붕을 두른다는 게 말처럼 쉬운 일이 아니다. 함선의 이동속도와 회전력, 그리고 함포의 진동을 견뎌내는 균형감 등은 실험을 거쳐야 했다.

충무공 종가에 전해 내려오는 거북선 그림

거북선 예상 모형

신이 일찍이 왜적이 쳐들어올 것을 염려하여 특별히 거북선이란 것을 만들었
는데, 앞에는 용머리를 설치하여 그 입으로 대포를 쏘고, 등에는 쇠못을 꽂았
으며, 안에서는 밖을 내다볼 수 있었으나 밖에서는 안을 볼 수 없게 했습니다.
그래서 비록 수백 척의 적선 속이라 하더라도 돌진해 들어가서 대포를 쏠 수
있게 했습니다.

〈당포파왜병장〉

거북선과 판옥선이 건조되었던 전라좌수영 여수 선소船所

　도대체 거북선은 누가 창안했을까? 부하 나대용이 고안하고 기술력을 동원하여 만들었을까? 아니면 조선 태종 때부터 있었던 비거도선의 설계도를 보고 이순신이 설계하고 건조 명령을 내렸을까?

　이런 전투선을 건조하겠다는 창의적인 생각과 실천은 멋진 도전 정신이었다. 그리고 이런 배가 실전에 사용되었다는 것 또한 어찌 보면 소설 같은 이야기다. 누가 건의했고 어떤 기술자가 설계하고 만들었는지 궁금하다. 그러나 그 건의를 수용하여 건조 명령을 내리고, 실제 만들어내고, 여러 훈련을 거쳐 실전에 투입시켰던 주인공은 이순신이었다.

거북선은 전라좌수영 본영에서 1척, 순천부에서 1척, 방답진에서 1척씩 모두 3척이 건조되었다. 거북선의 탑승 인원은 150여 명이었던 것으로 추정된다.

거북선 탑승자들의 역할과 인원

역할	인원
귀선돌격장(함장)	1명
좌우포도장(군사경찰)	각 1명
장령(참모)	6명
선직(보수)	2명
무상(군악)	2명
타공(조타)	2명
요수(돛 담당)	2명
정수(닻 담당)	2명
화포장(화포 책임자)	8명
화포수(화포의 포수)	24명
사부(궁병과 병기)	14명
격군(노군)	90명
총합	150여 명

거북선의 형태에 대해서는 완전히 단언하기 힘들다. 앞에 달려 있는 거북선 머리에서는 대포가 쏘아졌을 것으로 예상하지만 용머리 안에서 유황을 태워 용이 연기를 뿜는 것처럼 보여 적에게 공포감을 유도했다는 주장도 있다.

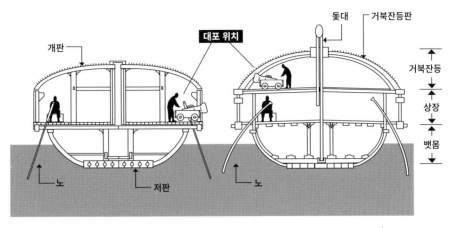

거북선의 2층 구조설(좌)과 3층 구조설(우)

　거북선의 구조에 대해서도 의견이 분분하다. 오랫동안 2층설과 3층설
이 대립했다. 2층설은 포와 노가 같은 공간에 있다는 주장이고, 3층설은
포를 쏘는 층과 노를 젓는 층이 다르다는 주장이다. 거북선이 적진을 돌
파하면서 동시에 포를 쏘았던 것으로 보아, 최근에는 3층설이 굳어지는
추세이다.

　여하튼 이 세상에는 존재하지 않을 것 같은 전투선인 거북선이 실제로
만들어졌고, 1592년 4월 12일에는 거북선의 진수식도 완전히 끝마쳤다.
그리고 아이러니하게도 바로 다음 날인 1592년 4월 13일 일본군은 조선
을 침략했다.

조선의 화포

천자총통, 지자총통, 현자총통, 황자총통

천자총통은 대장군전을 넣어 발사할 수 있는 사정거리 1,200보의 가장 큰 화포다.

천자총통과 지자총통 등 당시 조선의 화포 수준은 거의 세계적이었다. 고려 말 진포전투에서
승리를 거둔 최무선은 화약을 제조하기 위해 화통도감을 따로 만들었다.

과학이 가장 발전했던 15세기, 세종대왕은 많은 화포를 제작하였고, 《총통등록》이란 책을 통
해 화포 제작 기술과 화포 사용법 등을 기록해놓았다. 각 포들은 크기에 따라 천자문의 순서대
로 천·지·현·황 등의 이름이 붙여졌다. 명종 때는 조금 더 개량된 형태의 천자총통과 지자총

황자총통은 가장 작은 소형 화포로 사정거리는 1,100보이다.

통이 만들어졌고, 임진왜란을 준비하며 선조 때 만들어진 현자총통은 화약 낭비가 적어 널리 사용되었다. 1,000보면 대략 1,000m이니, 조총 사정거리 50m의 20배의 사정거리를 가지는 조선의 화포였다.

이러한 조선의 화포들은 튼튼한 판옥선의 갑판 위에서 함포로서 더 큰 위력을 발휘하였다.

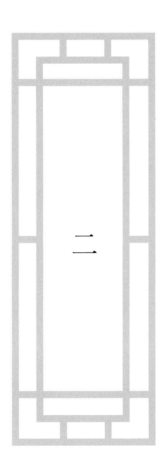

임진왜란 | 1592 ~ 1593

원컨대 한 번 죽음으로써
나라의 부끄러움을 만 분의 일이나마
씻으려 하옵거니와,
성공과 실패에 대해서는
신이 미리 헤아릴 바가 아닙니다.

전쟁의 발발

    일본은 무로마치 막부의 말기인 15세기 후반부터 16세기까지 100여 년 동안 전국의 다이묘들이 패권을 다투는 전국시대였다. 이 시기 일부 다이 묘들은 해적집단이 되어 조선을 침략해 약탈을 자행했다. 그리고 을묘왜 변(1555)으로 조선과 일본의 국교는 단절되어 있었다.

    일본은 오다 노부나가에 의해 전국시대 통일의 기초가 닦였다. 그러나 오다 노부나가는 부하의 배반으로 죽게 되었고, 그의 가신이었던 도요토 미 히데요시가 전국 통일의 주인공이 되었다.

    전국시대를 통일한 히데요시는 전선을 일본 밖으로 확대하고 싶었다. 내전이 끝난 후 실업자로 전락할 젊은 무사들에게 새로운 일자리인 전장 이 필요했기 때문이다. 또 자신을 따르는 가신들에게 전투 경험을 쌓게 함과 동시에 힘을 키워주고 싶었다.

    한편 자신에게 마음으로 순종하지 않는 불만 세력을 외부와의 전쟁을 통해 규합하려는 목적도 있었다. 그러나 역시 전쟁을 결심하게 된 가장 큰 이유는 전국시대를 통일하여 결집된 힘을 과신하는 자신감이었다.

    도요토미 히데요시는 조선에 사신을 보냈다.

일본의 혼란한 전국시대를 통일한 인물이자
조선을 침략하여 임진왜란이라는 참혹한 전쟁을 일으킨 장본인이다.

'가도입명假道入明.'

명나라를 공격할 테니 길을 빌려 달라는 일본의 부탁을 조선이 들어줄리 만무했다. 조선의 입장에서는 오랜 분열기를 끝내고 통일이 된 일본의상황을 파악해야 했다. 우선 정식 사절단인 통신사를 일본에 보냈다. 통신사 정사로 황윤길, 부사로 김성일이 일본에 건너갔다.

당시 조선은 붕당 간 대립이 시작되고 있었다. 일본을 다녀온 직후 서인이었던 황윤길은 일본을 경계하고 전쟁에 대비할 것을 주장한 반면, 동인이었던 김성일은 이렇게 말했다.

"도요토미 히데요시는 생긴 게 쥐새끼처럼 생겼는데 뭐가 두렵단 말입니까?"

붕당 간의 대립은 있었지만 조선도 나름 전쟁에 대한 대비를 하고 있었다. 일본의 침략 경로를 계산하여 성벽을 보수하였고 무기들을 손질하였다. 뛰어난 무장들을 적소에 배치하기 위해 노력했고 그 일환으로 이순신이 전라좌수영의 수사가 되기도 하였다. 그러나 당시 조선의 조정과 일선의 장수들은 큰 착각을 하고 있었다. 일본의 침략이 있더라도 과거 왜구의 노략질 수준의 침략으로 상정하는 실수를 저지르고 있었고 통일된 일본의 전력에 대해 무지했다.

조선과 일본 사이에서 중계무역을 통해 많은 이익을 보던 대마도주가 전쟁에 대해 경고하며 조총까지 보여줬으나 조선은 콧방귀만을 뀌고 있었다. 하기야 그럴 만도 했던 것이 섬나라 일본이 지금껏 대륙을 넘본 적도 없었고, 설령 일본이 침략해 온들 대국인 명나라가 그냥 있지는 않을 것이라는 사대주의적 심리도 작용하고 있었다. 그러나 시대 상황의 속박에서 벗어난 인물이 있기 마련이고 조선에서는 이순신이 그러했다.

정발(1553～1592)

포르투갈 선교사 프로이스는 '부산진의 조선인들은
거의 전사할 때까지 싸웠고, 국왕에 대한 충성심이 대단히 높은
훌륭한 병사들이었다'는 기록을 남겼다.
이를 통해 정발과 부산성의 병사들이 최후까지 항전했음을 알 수 있다.
정발은 검정 갑옷을 즐겨 입어 흑의장군이라 불리었다.

1592년 4월 13일(양력 5월 23일), 선조 25년 임진왜란이 발발하였다.
일본 제1군 고니시 유키나가가 18,700명을 이끌고 부산에 상륙했다. 다
대포성에서 윤흥신이 하루를 버텼으나 전사하였다. 부산성에서 정발이,
동래성에서 송상현이 분전하였으나 성은 함락당했다. 곧이어 경상도 내
륙은 칼이 두부를 찔러 들어가듯 무참히 난자당했다.

이순신은 임진왜란 발발 이틀 후인 4월 15일, 경상우수사 원균의 구원
요청을 통해 전쟁이 일어났음을 알았다. 원균의 구원 요청을 받은 이순신
은 고심했다.

전라좌수영보다 전력이 더 충분하였던 원균의 경상우수영이 제대로
된 싸움 한 번 못하고, 병력이 증발해버린 것이 놀라웠다. 부산을 침략하

부산성을 점령한 왜군이 동래성에 도착하여 '싸울 테면 싸우고 싸우지 못하겠으면
길을 비켜 달라'고 하자 '죽기는 쉬우나 길을 비키기는 어렵다'며 저항하였다.
동래성이 함락되자 조복을 입고 한양을 향해 절을 한 후 성주의 자리에 앉아
의연하게 죽음을 맞이하였다. 고니시 유키나가는 송상헌의 용기에 감탄하여 예를 갖추어
장례를 치러주었다.

며 들어온 일본군을 경상좌수영과 경상우수영이 막지 못했을 뿐만 아니
라 이들이 붕괴되었다는 것은 이제 자신이 사령관으로 있는 전라좌수영
이 조선 바다의 최전방이 되었다는 것을 뜻했다.

　이순신 입장에서는 자신의 전라좌수영을 지켜내는 일도 중요했고, 경
상우수영을 돕는 일도 외면할 수 없었다. 그리하여 출정 여부를 조정에
물었다.
　임금의 대답이 왔다.
　"원균과 손잡고 적을 물리치면 내가 참으로 기쁘겠다. 다만 상황에 따
라서 판단하고 최종 결정은 전라좌수사인 이순신이 하라."

전투 개시 여부에 대한 결정권을 갖게 된 이순신은 더욱 고민에 빠졌다. 경상우수영의 보고 내용은 시시각각 바뀌었다.

'100여 척의 적선이 침략하였습니다.'

'적선 350척이 부산포 쪽 육지에 도착했습니다.'

맞서 싸워야 할 일본 함대의 규모가 수백 척이 넘는 것도 문제지만 적선의 정확한 숫자조차 파악되지 않은 것은 더욱 큰 문제였다.

당시 전라좌수영의 판옥선은 고작 24척이었다. 여기에 판옥선보다 조금 작은 협선이 수십 척 있을 따름이었다. 고심 끝에 이순신은 전라우수사 이억기에게 사람을 보내 4월 30일까지 여수에서 합류하자는 전갈을 보냈다. 그러나 4월 30일이 되어도 전라우수사 이억기는 여수에 도착하지 않았다.

달이 바뀌어 5월이 되었다. 전라좌수영 내에는 전투 개시에 대한 강경론과 온건론의 대립이 뜨거웠다.

"당장 경상도 바다로 출정해서 일본군을 섬멸합시다!"

"전라좌수영을 지키는 일도 중요한 일이니 성급하게 굴어선 안 됩니다!"

물길이 낯선 경상도 바다로 출정을 강행했다가 패할 경우, 혹은 전투 와중에 다른 길목을 통해 전라좌수영 본영인 여수가 공격당할 경우 등 최악의 상황까지 생각하며 이순신은 고심했다.

이때 녹도 만호 정운이 분개하며 소리쳤다.

"경상도 바다는 우리 바다가 아니란 말입니까?"

마침내 전라좌수사 이순신이 결정을 내렸다.

"경상도 바다로 간다. 출정을 준비하라!"

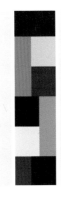

옥포해전

이순신은 출정에 앞서 선조에게 자신의 임전결의를 밝혔다.

원컨대 한 번 죽음으로써 나라의 부끄러움을 만 분의 일이나마 씻으려 하옵거니와, 성공과 실패에 대해서는 신이 미리 헤아릴 바가 아닙니다.

5월 4일 새벽 이순신의 함대는 출정을 준비하였다. 전라좌수영 관할 지인 여수, 순천, 고흥, 광양 등지의 백성들이 새벽 여수항에 모여들었다. 침략자들에 맞서 미지의 바다로 출항해야 하는 아버지와 남편 그리고 아들을 배웅하기 위해서였다.

"여보 조심하세요. 꼭 살아 돌아오세요."

"걱정 마시게. 내가 바다에 빠져도 임자 있는 곳까지 헤엄쳐 올 것인게."

"아들아, 니 없으면 엄니 못 살아야. 알제?"

"엄니, 걱정 붙들어 매세요. 살아 돌아와서 장가도 가고 엄니한테 손주 안겨드릴게요."

삽시간에 전라좌수영은 울음바다가 되고 말았다.

살아 돌아와 만날 수 있을지 기약이 없는 출정이었다. 아버지를 떠나보 내는 어린 아들과 딸이 울어댔다. 남편을 떠나보내며 젊은 아낙네가 입술을

여수항

깨물었다. 아들을 떠나보내는 늙은 어머니들은 대성통곡을 했다. 이순신과

함께 출정하는 5,000여 명의 병사들 모두 흐느껴 울지 않는 이가 없었다.

　그러나 국가 수호의 임무 앞에 사적인 감정은 작은 것이었다. 사랑하는

이들과 눈물로 이별한 이순신과 전라좌수영의 수군들. 수신호에 맞추어

배 밑바닥 격군들이 내는 우렁찬 기합 소리와 함께 전라좌수영의 전함들

은 여수항을 박차고 앞으로 나아가기 시작했다.

　이때 이들은 이 출항이 위대한 해전사의 출발점이었음을 알았을까?

　여수 바다를 떠난 전라좌수영의 함대는 몇 시간 만에 남해의 미조항에

도착했다. 여수항을 출발하기 전 이순신은 남해 현령에게 전라좌수영의

출정을 알렸고 합류를 권하였다. 이순신은 전라좌수사이고 남해 현령은

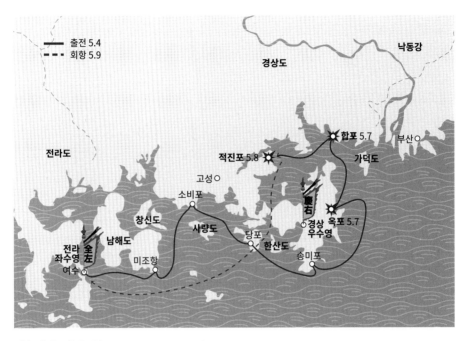

이순신의 1차 출정(1592.5.4~1592.5.8)

경상우수영 소속이기에 명령권이 없었던 이순신은 합류를 권고할 뿐이었다.

그런데 전라좌수영이 경상도 남해에 도착해보니 남해도에서는 뜻밖의 상황이 연출되고 있었다. 우리 수군을 믿고 피난민이 발생하지 않은 전라좌수영과는 반대로, 남해도의 주민은 모두 피난을 가버린 상태였다. 남해현령마저 어디로 도망을 갔는지 알 길이 없었다.

그럼에도 이순신의 전라좌수영은 남해도를 박차고 묵묵히 더 동쪽으로 나아갔다.

남해를 지나 소비포에 배를 대고 하룻밤을 배 위에서 보냈다. 낮에는 항해했으니 밤에는 필히 쉬어야 했다. 배 밑바닥에서 노를 젓는 격군들이 그만큼 힘겨운 하루를 보냈기 때문이다.

하루를 쉬며 병사들이 먹을 만큼의 물과 음식 등을 정확히 계산해서 배에 싣는 것도 중요한 문제였다. 부족해서도 안 되지만, 그렇다고 무턱대고 많은 음식과 물을 실었다간 그만큼 격군들이 더 힘들어질 수 있었다. 병사들을 적절히 먹고 쉬게 해주는 것은 전쟁터에 나가는 장수에게 매우 중요한 싸움의 기술 중 하나였고 해전에서는 더욱 그러하였다.

다음 날인 5월 5일 이순신의 함대는 당포에 이르렀다. 그리고 원균의 경상우수영과 조우하였다. 그러나 충격적이게도 원균은 거짓말처럼 단 1척의 판옥선만을 이끌고 나타났다. 더군다나 원균의 판옥선에는 함포조차 실려 있지 않았다.

원균은 경상좌수사 박홍이 육지로 도망갔다는 소리를 듣고는 자신감을 잃었다. 그래서 박홍처럼 자신도 육지로 도망가려는 생각을 했다. 원균은 중요한 군수품인 조선의 판옥선을 적에게 넘겨줘서는 안 된다고 판단했는지 판옥선들을 바다에 수장시켰다. 그리고 육지로 도망가려 했으나 옥포 만호 이운룡의 만류로 이순신에게 도움을 청한 터였다.

왜적이 바다를 건너오자 경상우수사 원균은 대적할 형편이 못 된다는 것을 알고 전선과 무기들을 모조리 바다에 가라앉히고 수군 1만여 명을 흩어버린 다음, 단지 옥포 만호 이운룡, 영등포 만호 우치적과 함께 남해현 앞바다에 머물러 있다가 육지에 올라 적을 피하려고 하였다.
《선조수정실록 1592년 5월》

원균이 경상우수영의 모든 판옥선을 수장시킨 것은 아니었다. 자신이 타고 도망 다녀야 할 1척의 판옥선은 남겼다. 그러나 그 판옥선의 갑판 위

경상우수사 원균은 경상우수영 소속의 판옥선을 자침하고
육지로 도망가려다 이순신에게 도움을 청했다.
이후 이순신의 전라좌수영과 연합하여 많은 전투를 함께 치른다.
그러나 원균의 전력은 이순신의 전라좌수영에게 큰 도움이 되지 못하였다.

이운룡은 도망가려는 원균에게 이렇게 말했다.
"영감, 중요한 소임을 맡은 장수가 이래서는 안 되는 것 아니오.
경상도 해협을 모두 내어주면 나라가 위험하니 전라도 수군에 원군을 요청해
싸웁시다."

에는 함포조차 없었다. 해상 기동에 유리하도록 무거운 함포를 싣지 않고 도망 다니다 이순신의 전라좌수영을 만난 것이다.

이순신과 전라좌수영 입장에서는 부양할 가족만 늘어나는 셈이었다. 그나마 전라좌수영의 이순신이 왔다는 소식이 돌면서 경상우수영의 8관과 16포 여기저기 숨어 있던 원균의 부하들이 나타나기는 했다. 그래서 경상우수영 소속의 판옥선은 총 4척이 되었다. 이렇게 전라좌수영 판옥선 24척과 경상우수영 4척까지 28척이 만나서 5월 6일, 당포항을 나섰다.

이순신과 원균의 함대는 조심스럽게 움직이며 거제도 송미포(다대리로 추정)에서 다시 하룻밤을 보냈다. 그리고 5월 7일 새벽 송미포에서 거제도 연안을 끼며 긴장된 상태로 서서히 함대를 움직였다.

이순신은 남해 다도해 연안을 지나치면서 크고 작은 섬마다 빠뜨리지 않고 척후병을 보냈다. 그리고 작고 빠른 포작선(고기잡이 배)들은 사방으로 흩어져 바다 위 적들의 동태를 살폈다. 그러기를 한참, 거제도의 옥포 앞바다에서 신기전이 날아올랐다.

거제도의 옥포만에서 일본 함대를 발견한 조선의 포작선들이 신기전을 쏘아 올린 것이다. 옥포만에는 일본 전투선 50여 척 가량이 정박해 있었고 섬 여기저기에는 연기가 피어오르고 있었다. 거제도에 상륙한 일본군들이 방화와 약탈을 일삼는 중이었다.

조선 함대의 지휘 체계가 신속히 가동됐다. 이순신의 명령에 따라 조선의 함대는 적선 가까이 소리 죽여 다가갔다. 약탈하느라 정신이 없던 일본군은 조선 수군의 존재를 무시하는 듯 바다를 향한 어떠한 경계 조치도 없었다.

도도 다카토라는 임진왜란 당시에 도요토미 히데요시와
직접 서신을 주고받을 정도의 심복이었다.
훗날 도쿠가와 이에야스를 따르면서 에도 막부의 최고 권력을 손아귀에 넣었던
인물로 지금도 일본에서는 도도 다카토라의 동상을 꽤 많이 만날 수 있다.

긴장된 상황에서 이순신은 전 수군을 엄중히 타일렀다.

"망령되이 움직이지 말고 산같이 정중하라 勿令妄動 靜重如山."

옥포에 정박해 있는 일본 함대의 총사령관은 도도 다카토라였다. 도도
다카토라가 옥포에서 함대를 정박시키고 노략질을 하고 있을 때, 슬그머
니 뒤를 밟은 우리 포작선들이 그들을 찾아낸 것이었다. 일본군들은 화들
짝 놀랐다. 조선 침략 후 조선의 전함을 1척도 제대로 구경하지 못했었다.
아니 구경했다손 치더라도 도망가기 바쁜 조선의 전함만을 보았고 그래
서 조선 수군은 괴멸되었다고 생각하고 있었다. 그런데 갑자기 조선의 주
력선인 판옥선과 협선, 그리고 포작선까지 100여 척의 함대가 자신들을
향해 다가오니, 일본군 입장에서는 어안이 벙벙하였다.

육지에서 노략질에 바쁘던 일본군들이 부랴부랴 자신들의 전투선에

옥포 해전지인 옥포만에는 현재 조선소가 자리잡고 있다.

올라탔다. 전투 태세는 늦었지만 일본군들은 조선 수군을 보고도 두려움을 느끼는 기색이 없었다. 자신들에게는 신무기 조총이 있었고, 조총 소리만 듣고도 도망갈 조선군들이 뻔히 예상되었다. 백병전이 전개된다 하더라도 조선군들이 자신들의 상대가 되지 않음을 알고 있었다.

적선에 기어올라 칼부림을 벌여 상대의 배를 불태우는 등선육박전술이 일본 해전의 역사였고, 동북아 바다를 장악했던 일본군의 해전 전투 방식이었다.

자신들의 전함에 올라탄 일본군들은 자신감에 가득 찬 얼굴로 전투 태세에 돌입했다. 일부는 조총을 겨누고 또 일부는 일본도를 꼬나쥐고 조선의 함대가 가까이 다가오기를 기다리며 승냥이처럼 노려봤다.

옥포만에서 징소리가 크게 울려 퍼졌다. 그 징소리에 맞추어 일본군을 향해 다가오던 조선의 전함들이 일시에 멈추었다. 그리고 나서는 조용히 뱃머리를 90도 돌려 배의 옆구리를 드러냈다. 무언가 명령을 내린 듯 대장선으로 보이는 배에서 깃발이 올라갔다. 일본군들은 대체 조선군이 뭘 하자는 것인가 하며 쳐다볼 뿐이었다.

"쾅!"

그때 천지를 울리는 굉음 소리가 들렸다. 그리고 하늘을 검게 물들이며 무언가가 일본의 전함들을 향해 날아오고 있었다.

일본도를 꼬나들고 한껏 집중하여 백병전을 준비하던 일본군들은 혼비백산했다. 조총의 사정거리 바깥에서 총알 수백 배 크기의 포탄이 자신들의 머리 위로 날아들었으니 이런 날벼락이 없었다. 주변의 동료들이 포탄을 맞아 머리가 으깨지고 뼈가 골절되어 쓰러졌다. 포탄을 피하면 포탄이 배의 갑판을 뚫고 밑바닥까지 구멍을 내어 바닷물이 차오르는 기가 막힌 상황이었다.

여기저기서 공포에 질린 탄성과 신음 소리, 살려 달라는 절규, 총을 쏠 수도 없고 허공에 대고 칼질을 할 수도 없는, 일본군 입장에서는 아비규환 그 자체였다. 그저 하늘을 바라보며 쏟아지는 포탄을 피하기에 바빴고 배에 차오르는 바닷물을 퍼내기에 급급하였다.

일본군들이 한 번도 경험하지 못한 형태의 공격. 이것이 바로 세계 해전사에서 처음 선보인 일시집중타였다.

반면 조선의 수군은 평상시 훈련하듯 침착하였다. 격군들은 죽을 듯이 노를 저었다가 명령에 따라 배를 멈추었고, 또 명령에 따라 뱃머리를 90도 돌렸을 뿐이었다. 갑판 위에서는 역시 훈련했던 것처럼 판옥선에 장착된 함포에 포탄과 화약을 넣고 심지에 불을 붙이기를 반복하였을 뿐이었다.

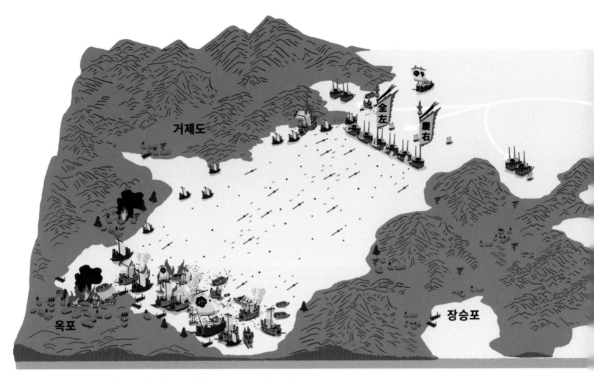

● 옥포해전 | **全左**이순신, **慶右**원균 ⇨⇦ ● 도도 다카토라

승기를 잡았다고 판단한 이순신은 호령했다.

"특공선단 앞으로!"

그러자 협선들이 빠른 속도로 궤멸 직전의 일본군을 향해 전진했다.

일본 함대에 가까이 접근한 협선들은 불화살을 날렸다. 조선군들의 불화살 융단폭격을 맞은 일본군들은 온몸에 불이 엉겨붙은 채 비명을 지르며 바다에 뛰어들었고, 허우적대며 죽어갔다.

아직 가라앉지 않은 일본의 전함들은 옥포만을 빠져나가기 위한 필사의 탈출을 시도하였다. 도도 다카토라는 20여 척의 함선과 함께 연안을 끼고 도망하였다.

이순신은 도망치는 적을 쫓기보다 눈앞에 있는 적선을 1척이라도 더 부수고 싶었다. 그렇게 옥포 앞바다에서는 일본의 전함 26척이 불타거나 수장되었다.

조선 수군의 임진왜란 첫 승리였다. 서로 얼싸안은 병사들이 승리의 함성을 외쳤고 이 함성은 어두운 구름이 깔렸던 조선의 바다에 맑고 파란 하늘이 드러나는 신호탄이었다.

옥포해전(1승, 1592. 5. 7)

	조선군	일본군
사령관	**全左** 이순신 **慶右** 원균	● 도도 다카토라
함대 및 병력	판옥선 28척	전함 50척
피해 및 사상자	1명 부상	전함 26척 침몰, 4,080명 사망

합포해전과 적진포해전

이순신과 전라좌수영이 옥포에서 거둔 승리는 임진왜란 발발 이후 첫 승리라고 해도 과언이 아니었다. 이순신은 승리에 들뜬 병사들의 마음을

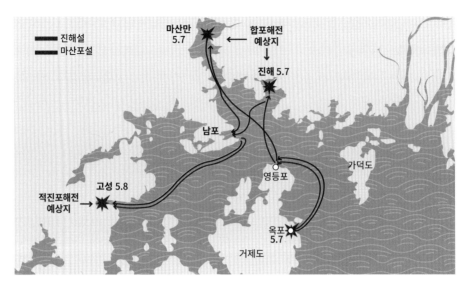

합포해전과 적진포해전 예상지

가라앉힌 후 휴식을 위해 함대를 거제도 영등포 쪽으로 이동시켰다. 그런
데 또 다시 바다에서 신기전이 쏘아 올려졌다. 척후병으로 앞서간 포작선
이 일본의 전함들을 발견하고 보낸 신호였다.

옥포에서 싸운 뒤 지쳐 있는 병사들이었지만 눈앞의 적을 놓칠 수는 없
었다. 격군들을 독려해가며 다시금 함선의 속도를 올렸다. 잠시 후 확인
된 바, 합포(진해 학개 혹은 마산만 근방) 근방에서 일본 함선 5척이 우왕좌
왕하는 중이었다. 조선 함대에 막혀 도망갈 데가 없으니 육지로 도망치려
는 참이었다.

이순신은 옥포에서와 같은 진을 치게 한 뒤 추상 같은 공격 신호를 내
렸다. 이에 판옥선의 옆구리에서 포가 불을 뿜었다. 일본군들은 배를 버
리고 육지로 올라가 나무 뒤에 몸을 숨기고 조총을 쏘는 것 외에는 아무
것도 할 수 없었다.

이순신은 일본군이 버리고 간 전함 5척을 모두 불태웠다. 이순신의 전

라좌수영은 출정 후 첫 전투를 치른 5월 7일 하루 동안 옥포와 합포에서 모두 승리를 거두었다.

합포해전(2승, 1592. 5. 7)

	조선군	일본군
사령관	**全左** 이순신 **慶右** 원균	불명
함대 및 병력	판옥선 28척	전함 5척
피해 및 사상자	없음	전함 5척 전파, 490여 명 사망

이순신은 합포에서 나와 남포로 향했다. 조선의 함대들은 날이 어두워지면 전략적으로 안전한 해안에 배를 대고 배 안에서 잠을 청했다. 그리고 새벽 일찍 날이 밝기 전에 움직이곤 했다. 그래서 일본군이 조선 함대의 위치를 잡아내기가 쉽지 않았다.

다음 날인 5월 8일, 남포항을 떠난 조선 함대가 지금의 고성 쪽 적진포에서 다시 한번 일본 함선 13척을 만났다. 일본군들은 이곳에서도 역시 함선들을 포구에 한 줄로 매어둔 채 마을에 올라가 약탈을 자행하고 있었다. 전열이 정비되기 어려웠던 일본군은 조선 함대를 보고는 싸울 엄두를 내지 못하고 배를 버려둔 채 산으로 도망쳤다.

조선 수군은 일본군이 버려둔 전함 11척을 쉽게 불태울 수 있었다. 연이틀 옥포와 합포, 적진포에서 모두 40척이 넘는 일본의 전함들을 불태우거나 침몰시켰다. 이 과정에서 전라좌수영 수군들은 큰 자신감을 가지게 되었고, 이는 이후 이어지는 전투들에 매우 긍정적인 요소로 작용했다.

적진포해전(3승, 1592. 5. 8)

	조선군	일본군
사령관	**全左** 이순신 **慶右** 원균	불명
함대 및 병력	판옥선 28척	전함 13척
피해 및 사상자	없음	전함 11척 침몰, 2,840명 사망

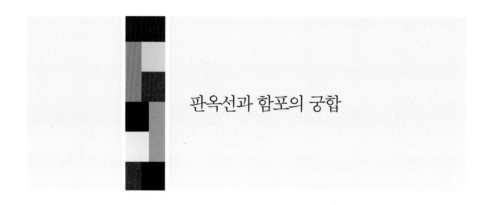

판옥선과 함포의 궁합

　　임진왜란 초창기 해전마다 승전을 거둔 이유가 있었다. 이순신의 전략과 전술, 잘 훈련된 전라좌수영의 수군들과 격군들의 존재 역시 승리의 큰 요인이었지만, 무엇보다도 당시 조선의 해군력과 함포 능력은 일본의 해적집단인 왜구와의 전투 상성에서 우위를 점할 수 있도록 잘 준비되어 있었다. 특히 주력 전함들의 차이는 상성 관계에 있어 결정적인 요소로 작용했다.

　　조선군의 주력 전함인 판옥선과 일본군의 주력 전함인 안택선, 세키부네 등을 비교해보자.

판옥선과 안택선 비교

	판옥선	안택선, 세키부네
목재와 특징	소나무(무거움, 나무못)	삼나무(가벼움, 쇠못)
단면도		
구조	평저선(바닥이 둥근 형태)	첨저선(바닥이 뾰족한 형태)
장점	제자리 선회 가능	빠른 항해속도
단점	느린 항해속도	선회력이 크게 떨어짐

　판옥선은 소나무로 만들어져 튼튼했다. 판옥선을 만들 때 사용된 나무못은 쇠못과 달리 부식의 염려가 없고 외부의 충격에도 쉽게 풀리지 않으며 본체를 단단히 고정시켜주었다. 판옥선은 다른 나라를 침략하는 원거리 항해에는 적합하지 않지만 조석 간만의 차가 크고 파도가 센 조선의 바다를 수호하는 데 초점을 두고 만들어진 함선이었다.

　배가 무겁다 보니 판옥선의 격군들은 고생스러웠고 일본의 함선들과 속도전을 하기에도 무리가 있었다. 그러나 '튼튼하다'는 장점이 이 모든 단점을 불식시키고도 남았다.

　이러한 우수한 내구성 덕택에 판옥선은 갑판 위에 무거운 포대들을 배치하고 장거리 함포들을 발포해도 선체에 큰 무리가 없었다. 그리하여 조선의 뛰어난 함포들인 천자총통, 지자총통, 현자총통, 황자총통 등이 마음껏 발사될 수 있었다. 판옥선이 함포 사격에 금상첨화였던 또 하나의

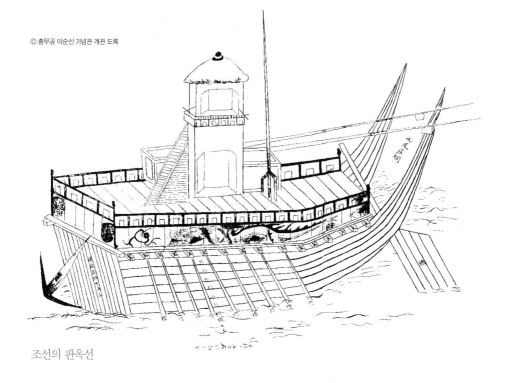

조선의 판옥선

큰 이유는 바닥이 둥근 평저선이었다는 것이다. 평저선은 물살을 헤치는 능력이 약해 속도를 내기 불리했지만, 함선이 회전할 때 물살에 걸리는 부분이 적어 360도 회전이 가능하였다.

함포 사격이 시작되면 함포의 포신은 뜨거워진다. 그 포신이 식는 동안에 조선의 판옥선들은 함포를 좌현에서 쏘고, 정면에서 쏘고, 다시 우현에서 쏠 수 있었다. 튼튼함을 바탕으로 장거리 함포 사격을 정확하게 할 수 있고, 제자리 선회가 가능하여 순식간에 적의 함대에 많은 포탄을 쏠 수 있는 최적의 전함이 판옥선이었다.

일본의 주력선은 안택선과 세키부네였다. 안택선은 주로 사령선 역할을 했는데 배 위에 가옥이 있어 사령관들이 첩과 함께 생활을 하기도 하였다. 안택선의 크기는 판옥선보다 컸고 세키부네는 판옥선보다 작았다.

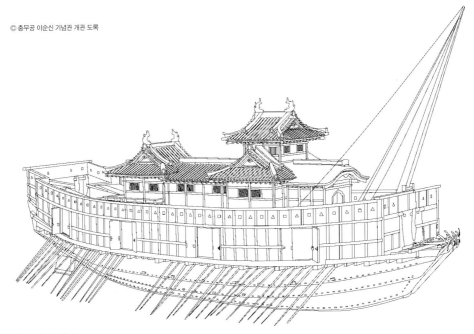

일본의 안택선

　안택선과 세키부네는 모두 삼나무로 만들어져 함선의 전체 무게가 가벼웠고, 함선의 바닥이 첨저선으로 뾰족했기에 파도를 헤치는 능력이 뛰어나 속도가 빨랐다. 가볍고 빨랐기에 장거리 항해가 가능하였고 일본의 왜구들은 이러한 전함들로 조선과 명나라, 동남아시아까지 항해하는 데 거리낌이 없었다.

　당시 일본은 '칼의 나라'라는 위용을 떨치고 있었다. 전국시대 100년의 전쟁을 겪은 일본군의 백병전은 어느 국가와 비교해도 압도적인 수준이었다. 해전 역시 상대의 함선에 올라타 백병전을 하는 등선육박전술을 기본으로 삼았다. 그러다 보니 해전에서 함포의 역할은 크지 않았다. 더구나 가벼운 삼나무로 만든 함선들은 갑판이 함포의 진동을 이겨내지 못해서 함포를 배의 돛 줄에 묶어 여러 명이 잡고 쏘아야 했다. 그 함포 역시 자체

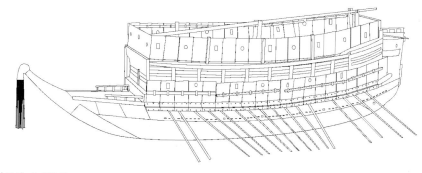

일본의 세키부네

제작하지 못했고 포르투갈로부터 수입한 함포였다. 당연히 포의 사정거리도 짧았고 정확도는 떨어질 수밖에 없었다. 시간당 쏠 수 있는 포탄의 수역시 조선에게 압도적으로 밀렸다.

임진왜란에서 함포 사정거리의 격차를 경험한 일본군은 당연히 접근전을 전개하려 했다. 그러나 이순신이 움직일 때마다 탐망선들이 거미줄마냥 일본 함대의 움직임을 꿰뚫고 있어서, 일본군이 조선의 함대를 포위한다거나 전투 양상을 백병전으로 이끌어내지 못했다. 또한 일본군을 향해 먼저 헤집고 들어오는 거북선은 백병전으로 어찌할 수 있는 배가 아니었다.

더구나 함선 제작 시 쇠못을 사용한 일본의 함선들은 튼튼한 조선의 함선과 부딪칠 경우 쇠못과 나무 사이에 공간이 생겨 쇠못이 빠지기도 했다. 또 바닷물에 쇠못이 녹슬기도 하는 등 취약한 면이 있었다.

이순신은 지피지기했던 것이다. 그는 병력과 전함의 수가 일본에 비해절대 열세였음을 미리 계산했고, 모든 전투마다 조선군의 피해를 최소화

안벽선에 장착된 일본의 함포

하면서 승리를 해냈다. 1592년 임진왜란이 시작되고 1597년 파직당할 때까지 이순신은 조선의 주력선인 판옥선을 단 1척도 잃지 않았다.

이런 설명을 하면 누군가가 꼭 이렇게 말을 한다.

"이순신이 강한 게 아니라 조선 수군이 강했던 것 아니야?"

바보 천치 같은 소리다.

당시 일본은 바다의 나라였고 세계 최고의 해군을 보유하고 있었다.

조선의 수군이 강했다면 왜 경상좌수사 박홍과 경상우수사 원균은 싸워볼 엄두도 내지 않고 판옥선들을 자침시킨 후 도망가거나, 도망가려고 했는가?

조선 수군이 상성 상 일본 수군을 앞서는 모든 것들은 이순신의 철저한 준비의 결과물이었다. 아무리 판옥선이 있었다 한들, 그 판옥선을 자유자재로 움직여줄 격군과, 정확한 함포를 쏘기 위해 손발을 맞추며 움직이는

© 충무공 이순신 기념관 개관 도록

1. 총통 내부를 청소하고
   약혈에 심지를 넣는다.

2. 부리로 화약을 넣고
   종이를 덮는다.

3. 격목을 집어넣는다.

포수들, 판옥선에 기어오르는 일본군을 활로 명중시킬 수 있는 우수한 사수들이 없었다면 불가능한 일이었다. 이런 점이 전라좌수영과 다른 수영의 차이였다.

그리고 함포의 정확도를 위한 꾸준한 함포 사격 훈련, 많은 연습과 실전에 사용할 포탄의 제작, 그 포탄을 쏘기 위해 필요한 염초 확보와 화약의 제작, 이 모든 것들은 이순신이 전라좌수사가 되고 1년 동안 묵묵히 준비했기에 가능했던 것이다.

분명히 말하지만 임진왜란 발발 전 이순신이 전라좌수사가 아니라 경상좌수사나 경상우수사였다면 일본군은 조선땅을 상륙하기도 전에 바다에서 참패하고 일본 열도로 물러났을 것이다. 혹여 일부 부대가 상륙했다 치더라도, 전진 기지를 확보하지 못했을 것이고, 육지에 상륙한 일본 육군은 사기 저하와 보급품 부족으로 조선땅에서 빨치산처럼 살아가다 고사되었을 것이다.

그랬다면 임진왜란(1592~1598)은 우리에게 임진왜변(1592) 정도로 기억되었을 것이다.

경상좌수사 박홍과 경상우수사 원균은 부끄러워해야 마땅하다.

4. 부리로 화살이나 철환을
   넣는다.

5. 심지에 불을 붙여 발사한다.

이순신의 잠 못 드는 밤

옥포와 합포, 적진포에서 승리한 이순신의 전라좌수영은 원균의 부대
와 헤어져 뱃머리를 여수 쪽으로 돌렸다. 남해 미조항에서 잠깐 배를 멈
추고 식사를 한 다음 다시 전라좌수영의 본영인 여수를 향해 나아갔다.

늦은 밤 어둠 속에서 여수 항구의 희미한 불빛이 보였다. 1차 출정의
숨은 영웅들이었던 전라좌수영의 수군들은 모두 소리 없이 울고 있었다.
생사 기약 없는 첫 출정 후 꿈만 같은 승리를 거두고 가족이 있는 고향땅
으로 돌아왔으니 눈물 나는 것은 당연한 일이었다.

피붙이를 먼 바다 전장으로 떠나보낸 육지의 가족들 역시 집으로 돌아
가지 못한 채 몇 날 며칠 여수항에서 망부석이 되어 바다만을 바라보고
있었다.

진남제
여수에서는 해마다 5월 8일이면 이순신과 전라좌수영 수군들이
1차 출정에서 승리하고 돌아온 날을 기념하는 행사를 치른다.

　　암흑 같은 바다 저 멀리서 조선 함대의 불빛과 함께 승리의 군악소리가
육지 쪽에 전해지자 여수항의 장병 가족들은 펄쩍펄쩍 뛰며 기쁨의 함성
을 외쳤다.

　　"판옥선이 돌아온다."

　　"우리 판옥선이 이기고 돌아왔다."

　　전함에 탄 조선군들 역시 큰 함성을 질렀다. 돌아올 기약 없던 사지에
서 무사히 돌아온 병사들과 그의 가족들이 마침내 서로를 부둥켜안고 소
리 내어 울었다.

　　여수항에서 군과 민이 생환에 대한 기쁨의 눈물을 흘리고 있을 때 이순
신은 다른 의미의 눈물을 흘리고 있었다. 상주에서 이일이 패했고, 탄금

임진왜란이 일어났던 1592년 당시 조선의 최고 무관이었다.
여진족을 기마병으로 물리쳤던 신립은 충주 탄금대에서 기마전으로 배수의 진을
쳤으나 조총으로 무장한 고니시 부대에게 완패하고 말았다.
조선은 신립에게 후방의 병력까지 몰아준 상황이었다.
탄금대전투 패배는 험지인 조령(문경새재)을 쉽게 내어주고 강 앞의 모래벌판에서 싸워
패한 전투로 조선 입장에서는 진한 아쉬움을 남겼다.
조령에서 게릴라전을 전개하였더라면 최소한 고니시군의 한양 입성을
늦추는 시간을 벌 수 있었다.
그러나 이미 다른 길로 일본군 제2군 가토 기요마사의 부대가 전진하고 있었기에
조선의 수도 한양이 점령되는 것은 시간 문제였다.

대에서 신립이 패하면서 한양을 적에게 빼앗겼고, 임금이 파천했다는 소
식을 적진포해전 직후 들었던 것이다.

　여수항으로 돌아오는 길에 이순신은 대장선인 기함의 지휘대에서 눈
물을 흘렸다. 함께 소식을 들은 부장들 역시 임금의 파천 소식에 눈물을
쏟았다.

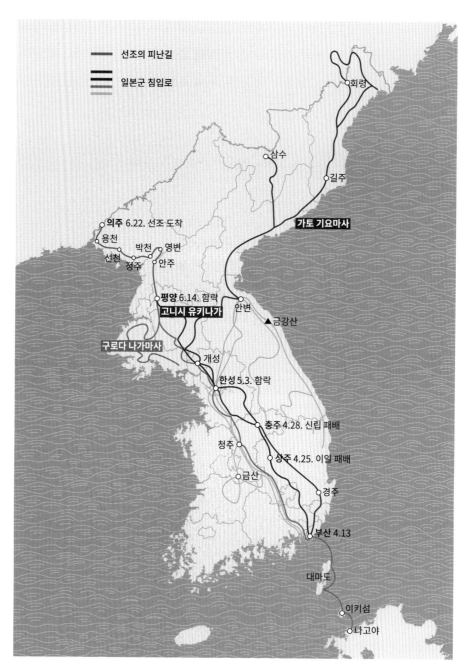

선조의 피난길

일본군 침입로

의주 6.22. 선조 도착
용천
박천 영변
선천 정주 안주

평양 6.14. 함락
고니시 유키나가
안변
▲금강산

구로다 나가마사

삼수
길주
회령

가토 기요마사

개성

한성 5.3. 함락

충주 4.28. 신립 패배

청주
금산

상주 4.25. 이일 패배

경주

부산 4.13

대마도

이키섬
나고야

일본군의 북상과 선조의 피난

여수항에 도착한 이순신은 장수들에게 일렀다.

"판옥선을 비롯한 배들을 정비하라. 그리고 바다 어귀에서 사변에 대비하라."

이순신은 일본군이 복수전을 전개하기 위해 여수를 공격할 수 있음을 장수들에게 주지시켰다.

진을 파한 후 이순신도 관사에서 잠을 청했다. 첫 전투에서 승리하고 돌아왔지만 갖은 상념에 잠을 이룰 수 없었다. 육지의 전장 소식들은 실로 참담하였다. 특히 한양을 벌써 내어주었단 소리는 믿기 어려웠다. 임금도 어디로 몸을 피했는지 알 길이 없었다. 그러다 당장 내일이 될지도 모를 새로운 전투에 대한 걱정이 이순신을 짓눌렀다.

적의 총체적 규모는 어떠하단 말인가? 일본 수군의 총공격을 과연 전라좌수영만의 힘으로 감당해낼 수 있단 말인가? 전라우수영의 이억기는 왜 소식이 없단 말인가? 다음 전투에서 출전할 예정인 거북선은 과연 제역할을 해낼 것인가?

엄중한 전시 상황이었고, 나라와 민족의 운명이 백척간두에 달린 와중이었다. 첫 출정에서 돌아온 이순신이 맞이한 밤은 마음 편히 잠들 수 없는 고뇌의 시간들이었다.

그 고뇌의 시간들 속에 이순신은 전라좌수영의 수군이 더욱 강해져야 한다는 결론을 내렸다. 이런 결론에 다다르자 이순신은 곧바로 해상 훈련을 전개하였다. 거북선까지 포함한 실전 상황을 방불케 하는 훈련이었다. 어느 누구도 불만을 표시하거나 힘들다고 투덜대지 않았다. 강한 훈련만이 자신들의 살길임을 전라좌수영 수군들 스스로 잘 알고 있었던 것이다.

마음이 안정되자 이순신은 옥포해전을 포함한 1차 출정의 승리 소식을 조정에 알렸다.

삼가 적을 무찌른 일로 아뢰나이다. 7일 새벽 다 같이 출발하여 정오에 옥포 앞바다에 이르니, 척후장 김완과 김인영 등이 신기전을 쏘아 올려 변고를 알리므로 적선이 있는 줄 알고 다시금 여러 장수들에게 신칙하기를 '망령되이 움직이지 말고 산같이 정중하라'고 지시한 후….

〈옥포파왜병장〉

〈옥포파왜병장〉을 써 올린 이후 이순신의 품계가 올라갔다. 함께 장계를 올리자며 슬그머니 숟가락을 얹으려 했던 원균은 이것이 불만이었다. 이후 원균은 싸움터마다 쫓아다니며 죽은 적병의 수급을 베는 일에 유독 집중했다. 그러나 이순신은 휘하 장교와 병졸들에게 이렇게 명했다.

"너희는 적의 수급을 베기 위해 노력하지 마라. 적의 배를 1척이라도 더 부수고 적군을 한 명이라도 더 죽이기 위해 노력하라. 너희들의 공로는 내가 다 보고 알고 있노라."

도요토미 히데요시의 분노

옥포해전의 소식이 일본으로도 전해졌다. 일본의 태합 도요토미 히데요시는 불같이 화를 냈다. 당시 일본은 '바다의 나라'라고 불리었다. 동북아시아에서 가장 강한 해군을 가지고 있다고 자부하는 일본이었고, 또 그것은 어느 정도 사실이기도 했다. 하찮게 여겼던 조선 수군에게 자신들이 해전에서 패배했다는 사실을 받아들이기 어려웠다.

도요토미 히데요시는 분노를 삼키며 명령을 내렸다.

"조선 해군의 실체와 행각, 해전의 상황들을 빠짐없이 보고하라."

얼마 뒤 다음과 같은 내용이 도요토미 히데요시에게 보고되었다.

'적은 전라도 지역에 근거를 둔 조선 수군인 듯합니다.'

'나타나고 사라지는 것이 눈 깜짝할 사이에 이루어졌기 때문에 그 행방과 병력, 적장에 관한 것은 자세히 알 수 없습니다.'

'100여 척이나 되는 적선이 한꺼번에 달려들었다는데, 이것이 적이 보유한 모든 병력인지 아니면 일부인지는 아직 확인할 길이 없습니다.'

'옥포에서는 수천의 사상자가 생겼고 거의 모든 전선이 해전 중 파괴되거나 전소되었습니다.'

나타나고 사라지는 것이 눈 깜짝할 사이에 이루어졌다는 것은 이순신의 전라좌수영 함대가 그만큼 첩보전을 잘 수행했다는 의미였다. 심지어 이들은 아직 이순신의 이름조차 파악하지 못하고 있었다. 100여 척이나 되는 적선이라지만 판옥선이 24척이요, 협선과 고기 잡는 배인 포작선까지 다 합쳐야 100척 정도 될 터였다. 보고하는 입장에서는 이렇게라도 부풀려야만 했을 것이다. 일본 측의 기록에도 옥포해전의 사상자가 수천에 이르렀다고 되어 있었다.

이러한 보고를 접한 도요토미 히데요시는 분노하며 길길이 뛰었다. 그의 곁을 지키고 있던 구로다 간베에나 도쿠가와 이에야스 같은 참모들이 머리를 조아리고 어찌할 바를 몰라 했다.

구로다 간베에(1546~1604)

일본군 제3군 사령관인 구로다 나가마사의 아버지로
도요토미 휘하의 최고 지략가이다.

우키타 히데이에((1572~1655)

임진왜란 당시 총사령관으로 한양 주둔군을 총 지휘했다.
도요토미 히데요시의 양자이다.

도요토미 히데요시는 명령을 내렸다.

다음 사항들을 우키타 사령부에게 전하라.

첫째, 지체 말고 조선 왕을 사로잡을 것.

둘째, 속히 전라도를 속지로 삼아 원정군의 식량을 현지에서 조달할 것.

셋째, 남해안 일대를 거점화하고 성을 쌓을 것.

넷째, 남아 있는 조선 수군을 찾아내 철저히 섬멸할 것.

다섯째, 서해안 돌파를 서두를 것.

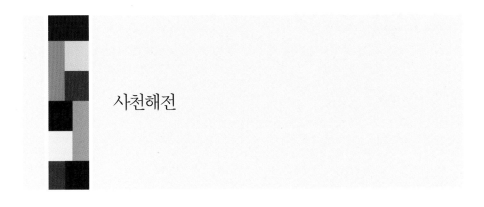

사천해전

1차 출정 승리 이후 이순신은 고민과 번뇌로 잠 못 이루고 뜬눈으로 며칠 밤을 보냈다. 패배를 맛본 일본군이 악에 받쳐서 공격의 수위를 높일 게 분명했다. 여수와 가까운 경상우도 쪽에 일본군이 자주 출몰한다는 소리가 이순신에게 들려왔다. 전라좌수영의 본영인 여수를 비워두고 또 다시 경상도로 출정해야 할지 고민이었다. 1차 출정의 승리를 계속해서 이어가기 위해서 전라좌수영의 힘만으로는 불안했다. 이순신은 전라우수영의 이억기에게 다시 사람을 보냈다.

드디어 전라우수사 이억기에게서 답장이 왔다.

'6월 3일까지 전라좌수영에 당도할 것입니다.'

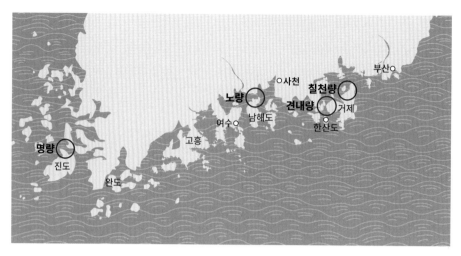

임진왜란 주요 전장이 되는 해협

　　전라우수영의 병력이 여수로 합류하기 전인 5월 27일. 경상우수사 원균이 급히 사람을 보냈다.

　　'10여 척의 왜선이 사천 쪽에 나타나 노량 해협까지 후퇴하였으니 속히 지원 바랍니다.'

　　우려하던 상황이 현실이 되었다. 원균이 도망쳐 온 노량 해협은 거의 전라좌수영의 앞바다나 다름없었다. 왜선이 출몰했다는 사천 역시 바로 근방이었다. 전라좌수영으로서도 위기를 느끼지 않을 수 없었다.

　　그렇다고 원균의 지원 요청에 섣불리 출정할 수도 없는 상황이었다. 전라좌수영의 병력이 노량 앞바다로 출정했을 때, 일본군이 남해도 바깥으로 돌아서 빈집이 된 여수를 공격할 수도 있었다. 그럼에도 출정을 결심한 이순신은 노익장 정걸에게 여수의 수비를 맡겼다.

　　이순신은 정걸에게 거북선 1대와 몇 척의 판옥선을 맡기며 정중히 부탁하였다.

정걸(1514~1597)

　"만에 하나라도 우리가 출정한 후 적이 우회하여 여수로 들이닥치면 장군께서는 저희에게 소식을 전한 후 최대한 시간을 끌며 버텨주십시오. 어떠한 상황에서도 저희는 돌아와 여수를 지키겠습니다. 그리고 이억기의 전라우수영의 군이 이곳 여수에 도착하거든 저희가 출정한 경상도 바다에서 합류할 수 있도록 장군께서 전라우수사 이억기를 잘 설득해주셔야 합니다."

　임진왜란 당시 정걸은 70대 후반 고령의 장수였다. 이순신보다 30여 년 군대 선배로 전라좌수사와 경상우수사를 이미 역임했던 인물이었다. 또한 정걸은 조선의 주력 전함인 판옥선의 설계자였다.

당시 직책만 전라좌수영의 조방장일 뿐 실제 이순신의 고문 역할을 해주고 있는 셈이었다. 이 거물급 고참을 진중에 모셔놓고 전쟁에 대비하고 있었으니, 정걸을 부른 이순신도 대단하거니와 도와 달라는 새까만 후배의 요청을 받아들인 정걸 역시 대단한 인물이었다.

이순신은 진심으로 정걸을 존경했다. 이순신이 정걸을 위해 이런 장계를 조정에 올렸다.

"정걸 장군은 여든의 나이에도 나랏일에 힘을 바치려고 아직도 진중에 머무르고 계십니다. 이분에게 은사가 내려진다면 군사들의 마음이 필시 감동할 것입니다."

이순신은 삼도수군통제사가 된 이후 정걸을 충청 수사로 천거하였다. 노익장 정걸은 충청도 수군을 이끌고 한강으로 들어가 권율에게 화살을 보급하여 행주대첩 승리에 큰 기여를 하기도 하였다.

정걸이 관직에서 은퇴하고 고향인 고흥으로 내려갈 때 선조는 노장에 대한 예우로 유생들을 딸려 내려보냈다. 정걸의 아들 정연은 영광 군수직을 지내다가 정유재란 때 전사하였고, 정걸의 손자 정홍록 역시 아버지의 원수를 갚겠다며 전장에 나가 전사하였다.

이순신은 정걸과 몇 척의 판옥선을 여수에 남긴 채 5월 29일 2차 출정을 하였다. 그리고 원균이 목 빠지게 기다리고 있을 노량 해협 쪽으로 나아갔다.

1차 출정 당시에는 판옥선이 24척이었지만 2차 출정 때는 오히려 판옥선이 1척 줄어 23척이었다. 판옥선 23척에 거북선 2척이 더 있었던 것인지 거북선까지 포함해서 23척인지 정확히 파악되지 않는다.

2차 출정에 나선 이들의 명단을 보면, 중위장에 순천 부사 권준(당시 전라좌수영의 2인자에 해당하는 인물로 문관 출신이지만 용맹함을 보였고 이순신이

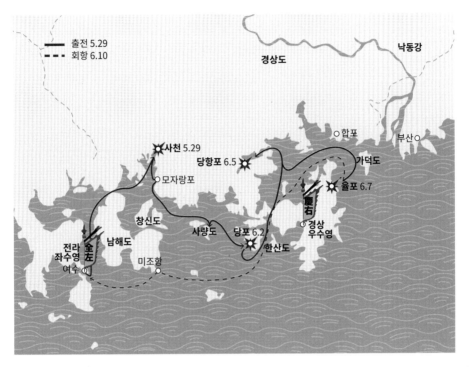

이순신의 2차 출정(1592. 5. 29 ~ 1592. 6. 10)

많이 의지했던 인물), 중부장에 광양 현감 어영담(전라도와 경상도 물길을 가장 잘 알았던 노장으로 훗날 2차 당항포해전의 영웅), 후부장에 흥양 현감 배흥립, 좌부장에 신호, 우부장에 김득광, 좌척후장에 녹도 만호 정운(이순신이 크게 의지했을 정도로 용맹한 인물), 우척후장에 사도 첨사 김완, 좌별도장에 우후 이몽구, 그리고 이순신의 군관들인 변존서, 나대용(거북선을 만든 것으로 추측되는 인물), 송희립(이순신 옆에서 그림자 역할을 했던 군관) 등이 있었다.

전라좌수영의 함대가 노량 해협에 다다르자 목을 빼고 기다리고 있던 원균이 판옥선 3척을 이끌고 합류하였다. 전라좌수영과 경상우수영의 연합 함대는 쉴 새도 없이 일본 함대가 주둔해 있다는 사천을 향해 나아갔다.

　사천 앞바다까지 진격했을 때 척후선을 통해 사천의 좁은 바다 안쪽에 일본 전함 13척이 정박해 있다는 보고가 들어왔다. 13척 중 1척은 경비를 섰고, 나머지 12대가 뭍에 정박해 있는 형세였다. 그리고 육지에서는 도요토미 히데요시의 명령을 받들어 왜성을 만드는 중이었다. 만약 사천포를 거점으로 왜성이 축조된다면 일본군들은 사천의 왜성을 전라도와 서해 진출을 위한 전초 기지로 삼을 수 있었다. 더군다나 사천포는 진주성과의 거리가 불과 15km 남짓이었고, 전라좌수영의 본영인 여수와도 가까웠다. 만약 사천에 왜성이 축조되면 여수는 적의 1일 공격권 가시거리에 들어가게 되었다. 이순신으로서는 이곳 사천에 왜성이 만들어지는 것을 두 눈 뜨고 볼 수 없는 일이었다.

　조선의 판옥선들은 사천 바다 깊숙이 진을 치고 있는 일본의 함대를 향해 점점 가까이 접근해갔다. 사천 앞바다는 암초가 많은 지역이었다. 그래서 판옥선이나 거북선 같은 무게가 나가는 배들이 작전을 전개하기 쉽지 않았다.

　이순신은 적을 유인할 생각으로 아군의 함대 뱃머리를 돌려 도망가듯 돌아 나왔다. 그러자 왜선 12척이 조선의 함대를 쫓아오기 시작하더니, 이내 다시 멈추었다. 일본군 함대는 꼼짝도 하지 않았다. 일본군은 사천에 왜성을 축조하면서 근처의 바다를 충분히 조사하였고, 판옥선이 쉽사리 공격해 들어오기 어렵다는 것을 간파하고 있었다. 그리하여 조선과 일본의 함대는 자혜리와 주문리 사이 바다에서 오랜 시간 대치하였다.

　어느 정도 시간이 지났다. 조류 방향이 바뀌어 사천 해협 쪽으로 밀물이 들어가기 시작했다. 이순신은 이 찰나를 놓치지 않았다.

　"거북선이 먼저 공격하라."

거북선 돌격대장 이언량과 이기남은 전속력으로 적진을 향해 나아갔다.

일본군은 옥포 등에서 자국의 수군이 조선 수군에게 패배했음을 알고 신중을 기하고 있었다. 특히 조선의 주력선인 판옥선의 함포 사격이 위력적이었음을 알고 있었다. 그래서 조선 함대의 함포 사정거리를 계산하고 그 사정거리를 벗어난 암초가 많은 사천 해안에서 조선 수군과 대치를 하고 있었던 것이다. 그러던 중 밀물이 들어오자 조선 수군의 움직임이 보였다. 그런데 고작 2척의 전함만이 가까이 접근해 올 뿐이었다. 일본군 입장에서는 가소로웠다.

거북선은 적의 함대에 점점 더 가까이 접근했고 끝내 적의 조총 사정거리 50m 안으로 파고들었다. 일본군으로서는 당연히 처음 보는 배였다. 멀리서 볼 때 판옥선 위에 시커먼 거적때기를 뒤집어씌운 것처럼 보였다.
'거적 안에 조선의 칼 좀 쓴다는 무사들이 숨어 있겠군.'
'이리 가까이 접근하다니, 설마 우리와 백병전을 전개하겠다는 것인가.'
이윽고 일본군의 조총이 불을 뿜기 시작했다. 아울러 일본의 수군들은 당장이라도 거북선으로 뛰어넘어가 일본도를 휘두를 채비를 서둘렀다. 그런데 이상한 일이 벌어졌다. 거적 위로 조총을 발사하였는데 조총의 총탄이 팅, 팅, 불꽃을 튀며 튕겨 나가는 것이었다. 이번에는 배 하부 쪽을 향해 조총을 겨누고 발사했다. 역시 틱, 틱, 뭔가 꽂히는 소리만이 들렸다.
당시 일본 조총의 총알은 5cm 두께의 나무를 통과하지 못했다. 반면에 거북선의 갑판은 무쇠요, 거북선의 측면은 목판이었지만 두께는 15cm가 넘었다.

거북선의 괴이한 모습이 일본군의 눈에 들어왔다. 곧이어 그 이상한 배

● 사천해전 | 全左이순신, 慶右원균 ⇨⇐ ⊜ 구루시마 미치유키

의 용머리에서 대포가 쑥 나오더니 불을 뿜었다. 근거리에서 함포에 맞은 왜선 하나가 순식간에 박살났다. 거북선 2대가 계속 돌진하며 겹겹이 포진한 왜선들의 옆구리를 거세게 들이받았다. 거북선의 몸체 공격에 왜선의 선체 일부가 여지없이 부서져나갔다. 거북선의 크고 강한 노와 부딪힌 일본 세키부네의 노들이 힘없이 부러졌다. 세키부네의 노는 한 사람이 저었고, 거북선의 노는 대여섯 명의 격군이 달라붙어 저었으니 크기와 무게, 강도의 차이가 분명했다.

거북선 2대가 적진을 반으로 헤집고 가르면서 거침없이 전진했다. 아울러 쉬지 않고 포를 발사했다.

'쾅! 쾅!'

곡사포가 아닌 직사포였다.

사천 바다 위의 일본 함대에선 삽시간에 난리가 났다. 부딪치는 대로 일본의 전함들만이 타격을 입었고 포를 쏘는 속도 역시 이 괴물 같은 배를 따라잡을 수 없었다. 자신의 용맹만을 믿었던 성질 급한 일본군들은 칼을 꼬나쥐고 거북선 위로 몸을 날렸다. 그런데 거북선의 등 위에 뛰어내리자마자 거적 아래 도사리고 있던 20cm의 쇠못이 그들을 맞이했다. 길고 뾰족한 쇠못에 발등을 찔리고, 배와 목과 엉덩이와 사타구니를 찔린 일본군들이 비명을 질러댔다. 피를 질질 흘리며 살려 달라고 아우성을 치는 일본군들을 매단 채 거북선은 멈추지 않고 적의 진형을 휘저으며 돌아다녔다. 거북선에서는 계속해서 직사포가 발사되고 있었다.

거북선이 세계 해전사를 새롭게 쓰고 있는 순간이었다.

거북선 2척에 탑승해 있었던 300여 명의 돌격대원들은 추려 뽑은 가장 용맹한 특공대였다. 거북선에 탑승하면 하늘과 바다를 볼 수 없었다. 오직 조타수만이 방향을 잡고 돌격대장의 신호에 운명을 맡긴 채 자신의 일을 수행해야만 했다.

전투 시 거북선의 실내는 아수라장이었을 것이다. 자욱한 먼지와 함께 어두웠을 것이고 바닷물은 계속해서 새어 들어왔을 것이다. 실내에서 쏘는 포의 소리와 진동은 갑판 위에서 함포를 쏘는 판옥선과 비할 바는 아니었다. 전투원들의 귀는 먹먹함을 넘어 아무 소리도 들리지 않았을 것이다. 적선과 부딪치면서 생기는 진동으로 몸이 붕 뜨고 온몸을 여기저기 찍혀가며 피를 흘린 채 노를 젓고 포를 쏘았을 것이다. 공포감이 치열함으로 바뀌고 노를 젓는 틈 사이로 어렴풋이 보이는 바다에 떠다니는 일본군들의 시체와 먹먹해진 귓속을 뚫고 들려오는 살려 달라는 일본군의 아우성에, 알 수 없는 뜨거운 것이 솟구치는 것을 느끼며 무적의 전사가 되었을 것이다.

거북선을 바라보며 외관의 멋스러움만 생각하지 말고 거북선에 탑승해서 전투를 치렀을 선조들의 처절함도 생각했으면 좋겠다.

거북선이 어떤 역할을 할지 손에 땀을 쥐며 지켜보던 이순신이 전군 총공격 명령을 내렸다. 이순신의 기함에는 진격을 알리는 초요기가 올라갔고, 진격의 형태는 장사진이었다. 판옥선들이 한 줄로 선 채 뱀처럼 길게 나아가면서 사방의 적선들을 부수었다. 조총의 사정거리 안에서 근접전이 전개되었지만, 일본군들은 침몰 직전의 전함에서 조총의 심지에 불을 붙일 만큼 이성적일 수 없었다. 상당수 일본군들이 온몸에 활이 박혀 고슴도치가 된 채 바다에 빠지고 있었다.

이순신의 기함 역시 근접전을 전개하다가 이순신과 군관 나대용이 불의의 총상을 입었다.

13척의 일본 전함 중 12척이 불타거나 격침되었다. 이순신은 1척의 적선이 아직 남았음에도 전군 후퇴 명령을 내렸고 뱃머리를 돌려 사천 해협을 빠져나왔다. 1척의 적선을 살려둔 것은 이순신 나름의 계산이었다.

왜선을 모조리 격침시킬 경우 살아남은 일본군들은 육지로 도망할 것이었다. 그렇게 육지로 도망간 일본의 패잔병들은 우리 백성들을 상대로 노략질을 일삼을 것이 뻔했다. 이순신은 급박한 전투 상황에도 자신의 전공보다 근처 백성들의 안위를 먼저 생각했다.

또 왜선 한두 척을 살려놓으면 일본군 패잔병이 그 배를 타고 부산이나 일본으로 도망칠 궁리를 할 것이고, 그때 그 배를 잡으면 되는 것이었다.

일사불란하게 철수한 조선의 함대는 사천 해협 끝 모자랑포에서 하룻밤 눈을 붙였다. 새벽이 되자 과연 전날 살려둔 1척의 세키부네를 위시해 작은 배 몇 척이 패잔병들을 가득 싣고 돌아 나왔다.

단 한 명의 패잔병이라도 섬멸하기 위해 새벽부터 대기하고 있던 조선 수군에게 이순신의 가차 없는 공격 신호가 떨어졌다. 우리 수군의 함성 소리가 사천 전역에 울려 퍼졌다. 살아 돌아갈 수 있겠다는 기대감으로 조용히 사천을 빠져나오던 일본군들은 좌절감을 느끼며 배에서 뛰어내려 사천 앞바다에 뛰어들었다. 조선 수군과 전투를 하느니 헤엄을 쳐 가까운 육지로 도망가려 한 것이었다. 헤엄 실력이 미진한 일본군들은 그대로 바다 밑으로 가라앉았고, 물질을 곧잘 했다 한들 헤엄치다 등에 화살이 꽂혀 바다 깊숙이 가라앉았다. 혹은 꼬챙이에 걸려 조선군의 배에 끌려 올라가 목이 베어지기도 하였다.

사천해전은 이순신과 전라좌수영의 2차 출정 후 첫 승리이기도 했지만 거북선이 처음 투입된 전투였다. 또한 거북선의 위력이 확인된 전투이기도 했다. 이순신 자신과 군관 나대용이 조총에 부상을 입긴 했지만, 그럼에도 불구하고 이순신은 이런 기록을 남겼다.

'거북선의 성공적인 등장에 마음이 몹시 들떴다.'

사천해전(4승, 1592. 5. 29)

	조선군	일본군
사령관	**全左** 이순신 **慶右** 원균	⊜ 구루시마 미치유키
함대 및 병력	판옥선 26척, 거북선 2척	전함 13척
피해 및 사상자	이순신, 나대용 등 3명 부상	전함 13척 전파, 2,600명 사망

사량도에서 휴식

　사천해전에서 완벽하게 승리한 이순신과 전라좌수영의 수군들은 근방의 사량도라는 섬에서 며칠 휴식을 취했다. 1차 출정의 경우, 1592년 5월 4일 여수를 떠나 5월 8일 여수항에 돌아올 때까지 4일 밤을 바다에서 지새워야 했다. 이순신은 육지에서 야영을 하는 대신 배 위에서 병사들을 재웠다. 자칫 탈영병이 생길까 우려해서였다.

　임진왜란이 발발한 이후 모든 전투에서 패배했다는 소문을 듣고 생긴 아군의 공포감을 극복해내는 것은 쉬운 일이 아니었다. 실제로 전쟁을 앞두고 겁에 질려 탈영을 시도했던 포졸 황옥현을, 이순신의 명으로 목 베었던 것이 이 무렵의 일이었다.

　그러나 전라좌수영의 2차 출정 때는 많은 것이 달라져 있었다. 전투에서 연승한 덕분인지 조선 수군들의 사기가 1차 출정 때에 비해 높아져 있었다. 이제는 탈영에 대한 고민으로 출렁이는 배 위에서 숙박을 하지 않아도 될 정도였다. 그리하여 이순신도 사량도에 배를 대고 사수와 격군들이 육지에서 편히 쉬도록 지시한 것이다.

　조선의 수군들을 본 사량도의 주민들이 너도나도 쏟아져 나와 눈물로 반겼다. 사연인즉, 경상우수영 관할 사량도 사람들은 여태 전쟁에 대한

사랑도

두려움으로 사는 게 사는 것 같지 않은 나날을 보내는 중이었다. 자신을
지켜주어야 할 경상우수영의 수군들은 어디로 사라졌는지 보이지도 않았
다. 전쟁이 일어났다는데 여기저기서 패했다는 소식들만 들려왔다. 낮에
는 농사를 짓고 밤에는 교대로 보초를 서며 스스로를 보호하느라 몸고생
마음고생이 심했다. 그런 상황에서 위풍당당한 조선 함대 수십 척을 보았
으니 뛸 듯이 기뻐할 수밖에 없었던 사랑도의 백성들이었다.

마을 사람들이 저마다 아끼지 않고 음식을 내오고 술을 내오며 전라좌
수영의 수군들을 대접했다. 그런데 조선군들의 표정이 그다지 밝지 않았
다. 이유인즉 전라좌수영의 수군절도사 이순신이 오늘 사천전투에서 총
상을 당했고, 상처가 덧나 행여나 잘못되지나 않을까 싶은 마음에, 밥을
먹고 술을 마시면서도 조선군들의 표정이 어두웠던 것이다.

몸에 박힌 총탄을 제거하기 위해 이순신은 어깨 살을 도려내었다.《삼국지》의 관우가 독화살 맞은 상처를 화타에게 치료받을 때 다른 손을 움직여 태연하게 바둑을 두었다는 이야기처럼, 이순신 역시 총탄 제거 수술을 받는 와중에도 태연함을 잃지 않았다.

오히려 어깨 수술 후 밤에 사량도를 순시하며 휴식 중인 장병들을 격려했다. 벌써 전장의 영웅이 되어가는 이순신이 어깨를 두들겨주었을 때 장병들은 격한 감격을 느꼈을 것이다.

그러나 사천해전에서 입은 부상은 1년 이상 이순신을 괴롭혔다. 어깨 수술을 받은 1년 후 류성룡에게 안부를 묻는 편지를 통해 이순신의 부상 정도를 알 수 있다.

접전할 때에 스스로 조심하지 못하여 적의 총알에 맞아 비록 죽을 지경에 이르지는 않았으나 어깨뼈를 깊이 상한 데다 또 언제나 갑옷을 입고 있으므로 상한 구멍이 헐어서 진물이 늘 흐르기 때문에 밤낮 없이 뽕나무 잿물과 바닷물로 씻고 있지만 아직 쾌차하지 못하여 미안합니다. 나랏일이 매우 다급하게 되었는데 병이 이와 같아서 북쪽을 바라보며 길이 통탄할 따름입니다.

'류성룡에게 보낸 편지' 중에서

당포해전

사천에서 승리를 거둔 후 사량도에서 꿀맛 같은 휴식을 취하고 있었던 조선 수군에게 당포 쪽에 상당수의 적선이 정박해 있다는 소식이 들려왔다. 사량도 바다에서 당포까지, 지금 같으면 쾌속선을 타고 20분이면 다다를 거리지만 당시는 노를 저어 가면 2시간이 넘게 걸리는 거리였다.

전군 출정 명령이 내려졌다.

척후선들이 보고하기를, 당포에 21척의 적선이 정박해 있다는 것이다. 이 후미진 곳에 일본군 전함이 정박해 있다는 것은 근처에서 한창 약탈을 자행하고 있다는 것이고, 그 전함들은 육지에서 약탈하고 돌아온 일본군들을 부산 본영까지 실어주어야 하는 함선들이었다.

이순신은 당포로 한방에 직접 치고 들어가는 모험을 하지 않았다. 일단 곤리도 아래쪽으로 우회하여, 적에게 들키지 않게 조심히 돌아 들어갔다. 그 와중에 연화리 연명항에 몇 척의 판옥선을 매복시켜놓았다. 본진이 전격적으로 연안을 타고 당포를 향해 접근하던 중 다시 판옥선 몇 척을 매복시키라는 지시가 또 내려졌다. 전 함대가 무작정 당포로 돌격했다가 혹시나 적이 등 뒤에서 공격해 올 경우, 앞뒤로 공격당할 수 있기에, 매사에 위험 요소를 면밀히 파악하고 철저히 대비하는 이순신이었다.

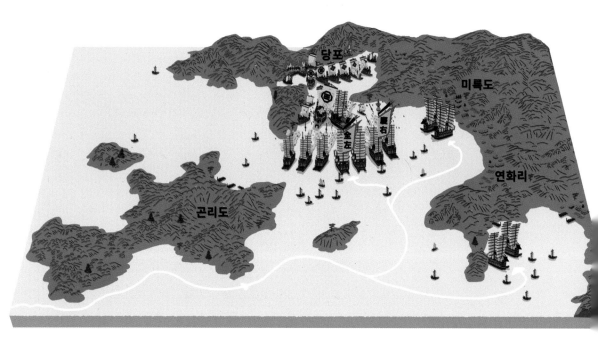

● 당포해전 | 坐左이순신, 慶右원균 ⇨⇦ ❉ 가메이 고레노리, ◉ 구루시마 미치유키

마침내 당포항에 모여든 적선들이 시야에 들어왔다.

당포에서는 사천해전과 달리 적들을 유인하거나 밀물이 들어오는 시간을 기다리는 등의 과정이 과감히 생략됐다. 사천 해협과는 달리 수심이 깊고 암초가 거의 없는 당포는 육중한 판옥선이 움직이기에 최상의 조건이었다. 이번에도 거북선 2척이 속도를 내어 당포 앞바다의 적선 속으로 밀고 들어갔다.

당시 일본 대장선인 안택선의 높은 누각에는 꽤 높은 사령관인 듯한 인물이 부채질을 하며 앉아 있었다. 상당수 병력은 육지로 출격하여 노략질을 일삼고 있는 상황에서 상대의 전투선이 접근하는데도 미동도 없이 물끄러미 바라만 보고 있었다.

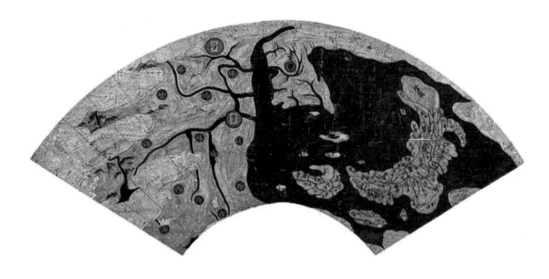

가메이 고레노리의 금부채
이순신이 당포해전에서 전리품으로 확보했고 조선 탁지부에 보관되었다가
일제강점기에 일본으로 건너간 것으로 보인다.

  조선의 수군을 얕보았을까? 아니면 백병전에 그만큼 자신이 있었던 것
일까? 거북선이 가까이 다가와도 조총만을 쏠 뿐이었다. 물론 조총을 쏘
아도 아무런 반응이 없었던 거북선에 놀라는 그 순간 거북선은 벌써 안택
선의 옆구리를 들이받고 있었다.

  태연자약하던 적장은 충파의 충격으로 안택선의 누각에서 뱃머리로
떨어졌다. 직후 휘청거리며 일어났지만 거북선 뒤를 따라오던 순천 부사
권준이 활을 쏘아 적장을 완전히 쓰러뜨렸다. 대장이 죽자 일본군은 육지
로 도망가거나 바다로 뛰어들 뿐 자신들의 대장선인 안택선을 지키려는
어떠한 의지도 보이지 않았다. 판옥선의 조선 수군들이 오히려 안택선에
뛰어들어가 쓰러져 있었던 적장의 목을 베었다.

  일본 적장이 살해된 안택선에서 전리품으로 금부채가 발견되었다. 적장

이 죽기 전에 흔들던 부채였다. 그 부채는 도요토미 히데요시가 가메이 고레노리에게 준 것으로 다음과 같은 글귀가 새겨져 있었다.

'그대가 조선에 가서 공을 세운다면 훗날 오키나와의 왕으로 삼겠노라.'

그런데 가메이 고레노리는 임진왜란이 끝난 후 일본에 돌아가 여생을 마쳤다는 이야기가 있다. 그렇다면 당포해전에서 죽은 적장은 가메이 고레노리가 아닐 수도 있었다. 안택선을 보유하며 그렇게 거드름을 피웠다면 상당한 위치에 있었던 적장일 터인데, 당포해전에서 순천 부사 권준의 활에 맞아 죽고 목이 잘렸던 일본군 장수는 누구였을까?

최근 학계에서는 그가 구루시마 미치유키(도쿠이 미치유키)였을 것이라고 해석한다. 그의 동생이 훗날 명량에서 이순신과 대적하게 되는 구루시마 미치후사였다.

조선은 관료제 국가였다. 전쟁터에서 총사령관이 전사할 경우, 휘하 장졸들의 사기가 저하되는 것은 어쩔 수 없는 일이겠지만, 총사령관 밑의 부장이 총사령관 역할을 대신해서 전쟁을 극복해나가곤 했다. 그러나 일본은 봉건제 사회였고, 군대는 영주와 같은 고향 사람들로 구성되었다. 자신의 주인인 영주(다이묘)가 죽어버리면, 그 다이묘만을 믿고 참전한 왜군들은 중심축을 잃고 우왕좌왕할 수밖에 없었다. 그렇다고 다른 다이묘 밑에 가서 눈칫밥을 얻어먹으며 전쟁을 수행하기도 어려웠다. 그래서 일본군은 자신의 주군인 다이묘가 죽으면 전장에서 고아가 된 것이나 다름없었다.

당포해전의 상황이 그러했다. 적장인 구루시마 미치유키의 목이 잘리자 일본군은 더 이상 싸울 의지를 잃어버렸다. 울부짖으면서 도망가기에 정신이 없었다.

이순신으로서도 잠시 고민이 되었다. 육지로 따라가서 저 패잔병을 섬멸할 것인가? 그러나 백병전에 뛰어난 일본의 패잔병들이 살기 위해 발악했을 때 우리 군이 받을 피해를 생각하면 육지에서 일본군을 추격하는 일은 쉽지 않았다. 마침 후방에서 일본 함대들이 움직이고 있다는 소식이 들려왔다. 이순신은 일단 당포에 정박한 왜선 21척을 모조리 침몰시킨 것으로 만족하고 새로운 적을 향해 뱃머리를 돌렸다.

훗날 들려온 이야기지만 당포에서 많은 왜군이 육지로 도망쳤으나 이상하게도 우려했던 노략질 등은 거의 없었다고 한다. 살아남은 패잔병들은 죽은 동료의 머리를 모아서 불을 지르고 후회하면서 미친 듯이 울부짖었다고 한다. 자신의 주군과 함께 조선에 원정을 온 가족과 친구의 죽음에 약탈할 마음 따위는 생기지 않았던 모양이다.

당시 일본 측 기록에 이런 내용이 있다.
'조선 수군으로부터 패배를 맛본 아군이 크게 당황하였고 위축되었다.'

하긴 당시로는 미사일이나 다름없는 조선 함대의 장거리 함포들과 피령전(황자총통으로 발사하는 대형 화살), 신기전 등을 보았으니 그럴 만했다. 더구나 유래를 찾아보기 힘든 생김새의 거북선까지 보았다면 당황스러움은 더욱 컸을 것이다. 당시 동북아 바다는 물론 동남아까지 거리낌 없이 항해를 하고 다니며 약탈을 일삼는 등 해전에 자부심이 있었던 일본 수군과 해적들의 충격은 상당했다.

조선 수군과의 해전을 경험한 뒤로 일본군들은 죽은 전우의 복수는커녕 본국으로 어서 빨리 도망치고만 싶은 마음이었다. 그래서 일본의 패잔병들 가운데는 깊은 산 속에 숨어 지내다가 배를 만들고 항해하여 일본까지 도망치는 이들도 많았다. 자기 나라로 돌아간 뒤에도 도망자 소리를 듣고 싶지 않아 평생을 숨어살았던 일본군도 많았다고 한다.

당포해전(5승, 1592. 6. 2)

	조선군	일본군
사령관	全左 이순신 慶右 원균	❖ 가메이 고레노리 ⊜ 구루시마 미치유키(사망)
함대 및 병력	판옥선 26척, 거북선 2척	전함 21척
피해 및 사상자	불명	전함 21척 전파, 2,820명 사망

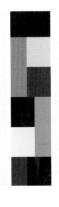

조우

　이순신과 전라좌수영의 수군들은 6월 2일 당포에서 승리한 이후, 고성의 고둔포라는 곳에 가서 하룻밤을 머물기로 하였다. 이순신은 병사들을 배에서 내려 편하게 휴식을 취하도록 배려했다.

　당포해전 직후 섬이 아닌 육지인 고둔포에서 숙영을 결정하였다는 것은, 병사들의 사기가 고취되어 탈영병이 없으리라는 자신감의 명령이었으리라. 그러나 섬이 아닌 내륙과 연결된 육지에서 숙영하다 보니 병졸들의 심리가 위축되었을까? 밤늦게 모두 잠이 들었을 시간, 잠을 자다 말고 깨어난 수군들이 귀신이라도 본 것처럼 우왕좌왕 비명을 지르고 난리를 쳤다.

　"일본군이 쳐들어왔다!"

　이순신도 놀라 잠에서 깼다. 상황을 보아 하니 병졸 몇 명이 악몽을 꾸다 일어난 소동이었다. 이순신은 대장이 흔드는 종인 요령을 치면서 모두를 집중시켰다.

　"너희들이 전투에서 지친 몸으로 잠을 청하는데 내가 어찌 척후병을 세우지 않고 너희를 재우겠느냐. 너희들은 모두 마음을 진정하고 편히 잠을 청하거라."

이순신은 5월 29일 사천에서 승리하면서 사천에 왜성을 쌓으려던 일본군의 계획에 차질을 빚게 하였다. 3일 후인 6월 2일 당포해전에서 승리하면서 구루시마 미치유키를 죽였고 가메이 고레노리가 도요토미 히데요시에게 선물로 받은 금부채를 빼앗았다. 두 차례의 큰 승리 이후 고둔포에서 꿀맛 같은 이틀을 머물렀다. 그리고 이틀 후인 6월 4일 다시 당포 앞바다로 나왔다.

해가 질 무렵이었다. 서쪽 바다 먼 곳에서 상당히 많은 숫자의 함대가 몰려오고 있었다. 다가오는 함대가 일본 함대인가 싶어 잔뜩 긴장하였다. 만약 일본 함대라면, 전라좌수영 본영인 여수의 안녕을 보장할 수가 없었다.

한참 후 누군가가 소리를 쳤다.

"판옥선이다!"

가까이 다가올수록 확연히 판옥선이었다. 조선 수군이었다. 전라우수영의 병력일 것이다.

당포 앞바다의 전라좌수영의 수군들은 난리가 났다. 군관이건, 병졸이건 기뻐서 덩실덩실 춤추지 않는 자가 없었다. 격군들도 갑판 위로 올라와 다가오는 판옥선을 보고 펄쩍펄쩍 뛰었다.

전라우수영의 판옥선이 가까워지자 누가 먼저랄 것도 없이 손을 흔들며 인사를 나누었고 뜨거운 눈물을 쏟아냈다. 하긴 일본의 전투선만 드글거리던 바다에서 제대로 세력을 갖춘 아군을 만났으니 그 반가움을 어찌 말로 다 할 수 있겠는가?

여기저기서 외치는 소리들이 들려왔다.

"아따 왜 이제서야 왔다냐."

"늦어서 좀 거시기 하네. 이제 우리가 왔응게 힘들 내자고."

전라우수사 이억기는 임진왜란 당시 32세의 젊은 수군 제독이었다.
당항포해전부터 이순신과 함께하며 이순신을 주장으로
인정하고 지지하였다.
이순신 역시 이억기를 존중하였고, 군사 훈련과 전투 시
전라좌수영만큼 전라우수영의 수군을 신뢰하였다.
이순신은 이억기와 날을 새며 작전 회의를 하였고
이억기는 이순신의 든든한 후원자 역할을 해주었다.
이순신이 파직당했을 때 구명운동을 전개하였고,
새롭게 통제사가 된 원균의 악행을 알리기도 하였다.
그러나 끝내 원균의 무능함 때문에 칠천량에서 전사하였다.
이억기는 종친이었기 때문에 오히려 삼도수군통제사가 되기 어려웠다.
선조는 전시에 종친에게 군권을 맡길 인물이 아니었기 때문이다.

"많이 무서웠는디, 느그들이 온게 든든하다."

이억기의 전라우수영의 부대는 이순신과의 약속을 지키기 위해 여수
본영에 도착했다. 그러나 이순신과 전라좌수영의 병력은 원균의 구원 요

청으로 급히 출전해 있는 상태였다. 이억기는 여수를 지키고 있었던 정걸로부터 이순신의 합류 요청을 전해 들은 후, 전장인 경상도 바다까지 달려와준 것이었다.

이억기의 기함이 이순신의 기함에 배를 갖다 대었고 이억기가 이순신의 판옥선에 건너왔다. 그리고 이순신과 이억기가 서로 팔을 맞잡았다. 전라좌수영의 지휘관들은 모두 이순신의 기함으로 올라와서 전라우수사 이억기를 맞이했다. 전라우수영 휘하 지휘관들 역시 이순신의 판옥선에 올라와 이순신에게 인사를 건넸다. 경상우수영의 원균과 지휘관들도 함께했다.

이순신의 판옥선 23척(거북선 2척)에 원균의 판옥선 3척, 그리고 이억기가 몰고 온 판옥선 25척까지 판옥선만 50척이 넘는 대규모 연합 함대가 구성되었다. 조선 수군들의 자신감은 하늘을 찔렀다.

당항포해전

전라우수영의 이억기와 전라좌수영의 이순신, 경상우수영의 원균이 모이며 드디어 연합 함대가 구축되었다. 그러나 사령관이 3명일 수는 없는 일이다. 이억기가 이순신을 주장으로 추대했다. 당시 이억기는 이순신보다 열여섯 살 어린 32세였고, 이순신은 48세였다. 원균은 53세로 이순신보다 다섯 살 많았지만, 겨우 3척의 판옥선만을 보유하고 있어서 자신이 총사령관이 되겠다고 나설 수 있는 입장이 아니었다.

6월 5일 아침, 거제도의 주민들이 찾아와서 일본 수군의 향방을 알렸다. 당포해전 당시 후방에서 움직임이 포착되었던 일본군들이 조선의 수군을 피하려고 고성땅 당항포에 가 있다는 것이었다. 머뭇거릴 새도 없이 이순신이 이끄는 연합 함대는 당항포 앞까지 진격했다.

당항포는 지형이 특수한 곳이다. 이 지역은 소소강이라고 불릴 만큼 좁고 긴 해협이다. 넓은 곳의 폭이 1.8km, 아주 좁은 곳은 육지와 육지 사이의 바다가 고작 200~300m밖에 되지 않았으니 마치 강줄기 같은 모습이었다. 이 좁은 곳에 일본의 함대가 들어가 있으니 쥐가 쌀독에 갇힌 격이었다. 그러나 이 좁은 당항포에 조선의 연합 함대 전체를 들여보낼 수는 없었다. 쥐를 잡으러 들어갔다가 쥐구멍에 갇혀서 봉변을 당할 위험성이 적지 않았다. 궁리 끝에 이순신은 일단 판옥선 2척을 당항포로 들여보내면서 이렇게 명령하였다.

"왜선이 있는지, 왜선이 있다면 정확히 몇 척이나 되는지 확인하라. 우리 연합 함대가 저 좁은 해협으로 들어가도 되겠는지 판단하고 연락하라."

정탐선이 들어서고 얼마 지나지 않아 하늘에 신기전이 날아올랐다. 청신호다. 이에 연합 함대는 당항포로 진입하기 시작했다.

조선의 연합 함대는 뱀처럼 장사진을 전개하면서 이동하였다. 그러나 만에 하나 후방에서 왜선이 나타나면 당항포 해협에 꼼짝할 수 없이 갇히게 되는 상황이었다. 따라서 이순신은 당항포에 들어서는 입구 쪽에 판옥선 4척과 여러 척의 협선, 그리고 포작선을 남겨 철통 같은 경계와 수비를 당부했다.

선봉은 당연히 이순신의 전라좌수영 함대가 맡았다. 전투 경험이나 훈련도가 조선의 다른 수군보다 월등했기 때문이었다. 이억기의 전라우수영 함대는 당항포 안에서 또 다른 매복조가 되어 숨었다. 전라좌수영의 함대가 당항포 소소강의 거의 막다른 곳인 두호리 앞바다까지 들어가자 아니나 다를까 왜군 함선 26척이 보였다. 도대체 일본군들은 무슨 이유로 이 구석까지 들어와 스스로를 가두었던 것일까?

임진왜란이 터지기 1년 전쯤이다. 기방 생활 하던 월이라는 기생이 어느 날 승복 차림의 남자 손님 한 명을 만났다. 그를 접대하고 그와 하룻밤을 보내는데 아무리 봐도 수상했다. 승복을 입기는 하였지만 가짜 스님 같았고, 은연중에 일본 말투가 나오기도 했다. 그래서 월이는 의심스러워서 남자가 곤히 잠든 새에 짐을 뒤져봤다. 그랬더니 놀랍게도 남해안 지형을 자세하게 표시한 조선 지도가 나오는 것이었다. 일본이 조선을 침략할 것이라는 소문이 널리 퍼져 있던 상황이었기에 월이는 그 남자가 일본의 첩자임을 눈치챘다.

그림에 소질이 있었던 월이는 기지를 발휘했다. 그 지도에서 고성 당항만의 소소포(지금의 고성천 하류)와 죽도포(지금의 고성읍 수남리) 사이 육지를 2km 가량 지우고 마치 바다가 서로 연결되어 있는 것처럼 절묘하게 뱃길을 그려 넣었다. 일본 첩자가 그린 조선의 해안 지도를 변조한 것이다.

1년 후 조선을 침략한 왜군들은 월이가 거짓으로 그려놓은 지도를 근거로 고성의 당항포 쪽으로 들어가 통영 쪽으로 빠져나오려 했던 것이다. 그러나 갑자기 지도에 없던 육지가 가로막았다. 지도가 잘못된 것임을 안

월이가 조작한 일본 첩자의 지도

왜군들은 당항포에서 빠져나오기 위해 뱃머리를 돌리려는 순간, 조선의
연합 함대를 만난 것이었다. 더럽게 운 없는 일본군들이었다.

넓은 바다 쪽에서 강하다고 소문난 조선의 전함들이 뱀처럼 똬리를 틀
면서 자신들이 있는 당항포로 밀고 들어오고 있었다. 일본군들은 얼마나
당황스러웠을까.

한편, 조선 수군으로서도 조심스러웠다. 왜선이 아무리 독 안에 든 쥐
라지만, 무턱대고 공격해서는 안 되는 상황이었다. 함포의 사정거리 안으
로 일본 함대에 가까이 접근해야 하는데, 그러자니 일본 육군들이 좁디좁

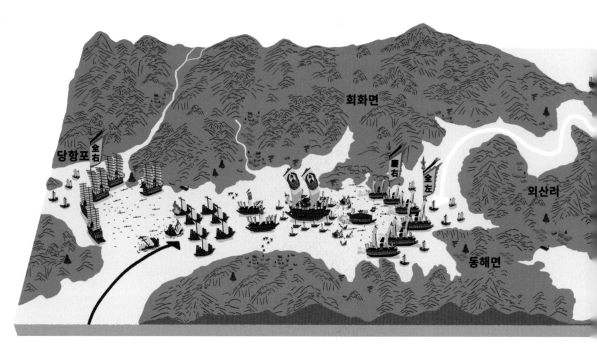

● 당항포해전 | 水左이순신, 水右이억기, 慶右원균 ⇨⇦ 🗾 모리 무라하루

은 해협 양쪽의 육지에 조총으로 무장한 채 매복해 있을 것이 분명했다.
게다가 방파제 옆으로는 집채만한 안택선 4척이 앞을 막고 있는 판이었
다. 따라서 거북선이 돌격하기도 쉽지 않았다.

　고민하던 이순신은 유인 작전을 선택했다. 이순신의 명령에 따라 선발
대인 전라좌수영의 함대는 180도 뱃머리를 돌려 당항포를 빠져나가기 시
작하였다. 일본군들 입장에서는 조선군들이 자신들을 보고 도망가나 싶
기도 했고, 이 좁은 포구를 나가고 싶은 마음이 급했기에 이순신의 유인
작전에 말려들 수밖에 없었다.

　일본군이 조총을 쏘아대며 조선의 함대를 열심히 쫓아오기 시작했다.
당시 26척의 일본군 함대를 이끌던 모리 무라하루가 타고 있었던 안택선
이 쌍돛을 달고 질주하기 시작했다. 해전이 시작되면 전투를 수행하는 전

선들의 경우, 웬만하면 화공에 약한 돛을 내리기 마련이다. 일본의 안택선이 쌍돛을 달았다는 것은 전투 의지가 없다는 것이고, 어서 빨리 소소강(당항포)을 빠져나가겠다는 일념뿐이라는 의미였다.

당항포에서 일본 함대가 그들을 유인하는 조선 수군을 쫓아가는 모습은, 대장 모리가 탄 거대한 안택선 주변으로 작은 왜선들이 날아가는 철새처럼 붙어서 호위하는 형세였다. 일본 함대는 조선 수군을 쫓아 나오며 당항포에서 빠져나올 수 있다는 희망에 부풀어 있었다. 그러나 일본군은 자신들의 뒤쪽에 매복한 이억기의 함대를 눈치채지 못했다. 그 이억기의 조선 함대를 확인하고 얼굴 표정이 일그러지는 순간 바다 위에서 징소리가 크게 울렸다. 그 징소리와 때를 맞추어 장사진(뱀처럼 길게 벌이는 진)으로 후퇴하던 조선군이 일자진을 친 채로 자신들을 맞이하는 것이었다.

바다 위에서 이렇게 질서정연하게 함대가 진법을 구축할 수 있으리라고는 생각해본 적도 없었던 일본군들은 경악했다. 일본 함선인 세키부네나 안택선은 속도가 빨랐지만 제자리 회전이 불가능하였기에, 일본 수군들 입장에서 장사진으로 후퇴하던 조선 수군에게 이렇게 에워싸이게 될 줄은 꿈에도 생각하지 못했다.

조선 수군의 학익진이 형성되었다. 학이 비상하는 자태를 흉내 내듯 조선 수군이 파도치는 바다에서 넓게 학익진을 펼치는 모습은 분명 장관이었을 것이다. 이억기의 함대도 일본군 함대 뒤쪽에서 학익진을 전개하며 일본의 수군을 완전히 포위했다. 쌍학익진이 형성된 것이다. 앞뒤로 조선의 수군에게 포위된 것을 알게 된 왜장 모리의 안색이 새하얗게 변했다.

이순신과 이억기의 쌍학익진은 포위된 일본의 함대를 향해 함포 사격을 시작하였다. 앞뒤로 함포 공격을 당하는 모리의 함대에게 희망은 없어 보였다. 그런 상황에 이순신은 거북선의 돌격 명령까지 내렸다. 거북선은 삼각형 편대를 이루고 조선 수군을 쫓아오던 적의 꼭지점 선두 함선부터 들이받았다. 그리고 왜장 모리가 타고 있던 안택선마저 박살내버렸다.

거북선도 큰 배이지만 안택선은 더 크고 높은 층루선이었다. 그런데 거북선 용머리에서 포가 발사되면서 안택선의 층루를 단숨에 깨버린 것이다. 왜장 모리 역시 안택선의 파편들과 함께 바다 속으로 가라앉고 말았다. 쌍학익진과 일시집중타에 의해 일본의 모든 전함들은 깨지고 구멍이 뚫리고 불타면서 서서히 가라앉기 시작하였다.

6월 5일 당항포에서는 26척의 일본 함대 중 25척이 격침되었다. 음력으로 6월 5일이면 양력으로 7월이라 바닷물이 따뜻할 시기였다. 일본군들은 자신들의 함선이 격침되자 너도나도 바다에 뛰어들었고, 필사적으로 육지를 향해 헤엄쳤다. 헤엄치는 일본군들에게 조선군의 화살 세례가 퍼부어졌다. 조선의 격군들은 노를 들어 물살 위의 일본군들을 때려죽였다. 갈고리를 던져서 일본군들을 조선의 배로 끌어올려 목을 베기도 했다.

일본의 전함은 1척만을 남긴 채 모두 격침되었다. 이순신의 연합 함대는 유유히 당항포를 빠져나왔다. 마산 앞바다로 빠져나온 전라좌수영 이순신은 이름이 같았던 방답 첨사 이순신에게 명했다.

"장군은 이곳 외산리 근처에서 방답 수군을 매복시키시오. 분명히 1척의 왜선이 살고자 빠져나올 것이니 섬멸하시오."

당항포에도 어둠이 밀려왔다. 그리고 다음 날 새벽녘. 살아남은 1척의 배에 올라탄 100여 명의 일본군들이 당항포 해협을 몰래 빠져나왔다. 그러나 역시 조선 수군이 매복해 있었다.

이순신의 명령으로 매복해 있던 방답 첨사 이순신의 함대에서 함포가 불을 뿜었다. 1척의 왜선은 걸레처럼 너덜너덜해지고 100여 명의 왜군 가운데 절반은 바다에 빠져 허우적대고 있었다. 거의 반파된 왜선에는 50여 명의 일본군이 저항할 의지를 잃은 채 멍하니 조선의 함대에 자비를 구하고 있었다. 무의공 이순신은 왜선에 갈고리를 던져서 잡아끌었다. 배 안의 일본군들은 살아도 산 목숨이 아니었다.

그중 지휘관으로 보이는 20대 청년 장수가 끝까지 저항하였다. 날아드는 화살을 칼로 쳐내면서 버텼지만 갑옷에 10개 이상의 화살이 박힌 채 큰 비명소리와 함께 바다로 빠졌다. 젊은 일본군 지휘관의 시신을 건져내었고 방답 첨사 이순신이 직접 목을 베었다.

당항포해전(6승, 1592. 6. 5)

	조선군	일본군
사령관	丞左 이순신 丞右 이억기 慶右 원균	⑧ 모리 무라하루(사망)
함대 및 병력	판옥선 51척, 거북선 2척	전함 26척
피해 및 사상자	13명 전사, 37명 부상 (사천, 당포, 당항포 통합)	전선 26척 전파, 2,720명 사망

그러나 당항포해전을 마무리 짓는 이 매복 전투에서 한심한 일이 벌어지고 있었다. 이 새벽 어디에 있었는지 모를 원균 휘하의 함선 몇 척이 나타나더니 죽거나 바다에 빠져 허우적거리는 왜군들을 건져 그들의 수급을 베어 담았다.

이순신의 《난중일기》에 원균의 수급 베는 행위를 비판하는 내용이 나오기도 하거니와 이순신은 적의 수급을 베는 것에 대해 이런 지시를 내렸다.

"적의 수급을 베는 데 매진하지 마라. 너희들이 어떻게 싸웠는지는 내가 다 보고 있노라."

"너희들의 공을 내 직접 장계를 써서 낱낱이 밝힐 테니, 너희는 다만 전투에 이기는 데 집념하라."

임진왜란 당시 일본군의 수급은 쌀 몇 가마니의 가치가 있었고 논공행상의 기준으로 수급을 얼마나 많이 베었느냐가 적용되었다. 그럼에도 이순신 휘하의 전라좌수영 장졸들은 적의 수급을 베는 데 큰 욕심을 부리지 않았다. 이순신의 추상 같은 명령을 장졸들이 제대로 이해하고 따라주었던 것이다.

그러다 보니 이순신이 조정에 베어 올린 수급보다 원균이 조정에 올려 보낸 수급의 숫자가 더 많아지는 촌극이 벌어졌다. 전장의 사태 파악이 안 되는 조정에서는 어처구니없는 오해를 하게 되었다.

이순신은 판옥선의 숫자는 많지만 조심스럽고 소극적으로 전투를 하는 반면, 원균은 고작 3척의 판옥선을 가지고도 용맹스럽게 활약을 한 것으로 생각하는 조정 대신들이 생겨나고 있었다.

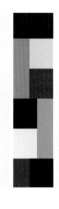

율포해전

　당항포해전에서 승리한 이순신은 계속해서 24시간 경계망을 펴고 있었다. 탐망선들이 넓게 퍼져 일본 측의 탐망을 사전에 차단함은 물론, 근처의 육지와 섬들마다 이순신이 보낸 탐망꾼들이 빠르게 움직이고 있었고 그들이 전한 소식은 이순신의 대장선으로 속속들이 보고되었다. 이순신의 척후선이 가덕도 근방에서 일본군의 탐색선을 격침시키자 경상우수영의 군관이 나타나 수급을 빼앗아갔다는 보고도 들어왔다. 이순신은 속으로는 분노했지만 크게 내색하지 않고 척후선의 노고를 치하하며 병사들에게 술을 내어주었다.

　당항포해전 이틀 후 6월 7일. 거제도 영등포에서 약탈을 하고 있는 일본 함대를 발견한 척후선이 신기전을 쏘아 올렸다. 동풍이 심하게 불어왔지만 조선 함대는 역풍을 뚫고 일본의 함대를 추격했다. 반면 일본 함대는 조선 함대를 보자마자 뱃머리를 돌려 가덕도 쪽으로 도망가기 시작했다. 일본군들은 마음이 급했는지 배 안의 짐짝까지 버려가며 배의 속도를 높이려 했고, 속도만 놓고 보면 판옥선이 일본 전함들을 따라잡을 수 없었다.

　그러나 동풍이 너무 강하자 일본군 함대 7척은 방향을 남쪽으로 꺾어

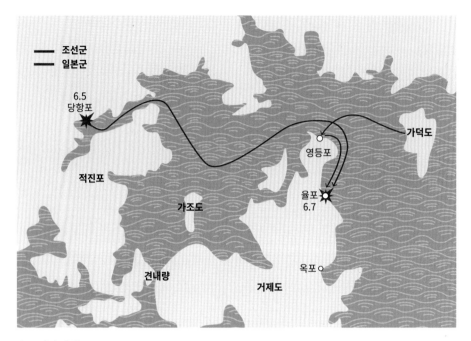

율포해전 상황도

거제도 율포 쪽으로 향했다. 율포에 도착하자 일본군들은 배를 버려둔 채 육지로 기어오르기 시작했다. 기어이 쫓아온 조선 수군 입장에서 일본의 전함 7척을 불사르는 것은 너무도 쉬운 일이었다. 전라좌수영의 우후 이몽구는 적선을 나포했고 녹도 만호 정운과 광양 현감 어영담의 판옥선은 나머지 배들을 불태웠다. 전라우수영의 가리포진 첨사 구사직은 적선을 불태웠고 적의 수급을 베었다. 원균의 경상우수영 함대들은 어디선가 수급을 줍고 다니느라 율포해전을 놓쳤다.

배를 버려둔 채 도망가던 일본군들은 조선 수군들에게 움직이는 표적일 뿐이었다. 상당히 많은 일본군이 조선 수군의 화살에 맞아 쓰러져나갔다. 이순신은 율포해전의 승리를 기분 좋게 기록했다.

'왜인들의 목이 잘리고 혹은 빠져죽어 남김없이 섬멸되니 여러 전선 장병들은 마음이 상쾌했다.'

율포해전(7승, 1592. 6. 7)

	조선군	일본군
사령관	**좌左** 이순신 **좌右** 이억기 **慶右** 원균	불명
함대 및 병력	판옥선 51척, 거북선 2척	전함 7척
피해 및 사상자	13명 전사, 49명 부상 (사천, 당포, 당항포, 율포해전 통합)	전함 7척 전파, 500여 명 사망

율포에서 기분 좋은 승리를 거둔 다음 날인 6월 8일과 9일, 조선의 연합 함대는 눈에 불을 켜고 근방에 숨어 있을 일본 전함들을 찾아나섰다. 그러나 조선 수군이 강하다는 소문이 퍼진 것인지 일본의 전투선은 단 1척도 보이지 않았다.

조선의 바다는 이제 이순신의 바다가 되어가고 있었다. 이순신은 이 기세를 몰아 일본의 전진 기지가 있는 부산포까지 공격하고 싶었다.

'단숨에 왜군의 종자까지 박멸할 수 있다면 좋으련만.'

왜군을 향한 이순신의 적개심은 엄청났다. 그러나 오랜 전투로 조선군은 지쳐 있었고, 군량미도 떨어졌으며, 화약도 부족했다.

결국 훗날을 기약하기로 했다.

연합 함대는 6월 10일 남해 미조항에 도착해 해단식을 가졌고 이순신과 전라좌수영의 함대는 여수로 무사히 귀환하였다. 1차 귀항 때와 마찬가지로 여수항은 환호와 열광의 분위기였다.

이순신은 들뜬 마음을 다잡고자 장수들에게 이렇게 명령했다.

"한 번 승첩했다고 소홀히 생각하지 말고 군사들을 위무하고 전선을 다시 정비해두었다가 급보를 듣는 즉시 출전하되 처음과 끝을 한결같이 하라."

이순신의 승리들은 임진왜란 당시의 분위기를 일시에 바꿔놓은 기적적인 쾌거였다. 옥포와 합포, 적진포에서 승리했을 때만 해도 조선인 대부분은 반신반의하는 기색이었다. 그러나 사천, 당포, 당항포, 그리고 율포, 4번의 전투에서 모두 승리했다는 소문이 퍼지자 여기저기 몸을 숨겼던 지방의 수령들이 다시 나타나기 시작했다. 지방의 관료뿐 아니라 도망갔던 군인들도 돌아왔으며, 농민 등 피지배층의 의병 봉기도 이곳저곳에서 일어났다.

더불어 한양을 버리고 피난 가던 선조와 조정의 대신들도 자신감을 갖게 되었고, 조정에서는 이 승리를 명나라에 알리며 명군 참전의 계기를 마련했다. 이순신의 두 차례 출정에서의 승리는 막혀 있는 혈관에 피를 통하게 하여 피폐한 조선에 다시 생기를 불어넣었다.

이순신은 2차 출정의 내용을 조정에 알리면서 〈당포파왜병장〉이라 하였다. 스스로 당포해전을 가장 큰 승리로 보았던 것 같다.

특히 첫 출정했던 거북선의 역할에 대해 다음과 같이 보고하였다.

먼저 거북선으로 하여금 층루선 밑을 똑바로 충돌케 하고, 용의 입으로는 위를 향해 현자포 철탄을 치쏘며 천자, 지자대포로 대장군전 등을 쏘아 그 배의 선체를 부수고, 뒤에 있는 판옥선들은 포탄, 화살, 살殺탄 들을 교대로 쏘아대게 했습니다.

〈당포파왜병장〉은 이순신의 애민의 마음을 엿볼 수 있는 내용이 많았다.

왜적에게 잡혀갔던 우리나라 사람들을 다시 데려오는 일은 왜적의 목을 베는 것과 다름없는 공로이므로, 왜선을 불태울 때는 우리나라 사람이 있는지 특별히 살펴서 찾아내고 조심하라 신칙했습니다.

또한 이순신은 사상자들의 명단을 기록하였는데 이때 귀천을 가리지 않았다. 이름이 없었던 천민들에게 입영할 당시 한자로 이름을 지어준 것으로도 보인다. 이순신은 소속 관아에 명령을 내려 사망자의 장례비와 유족에 대한 위로를 베풀게 하였다. 천민 출신이라도 예외는 없었다.

죽은 사람의 시체는 따로 작은 배에 싣고 가서 고향에서 장사를 지내주고, 그 처자들은 구휼하는 법에 따라 시행하라고 지시하였습니다. 또 부상자에게는 약품을 나누어주고 충분히 치료해주라고 각 장수들에게 엄하게 지시하였습니다.

이순신을 잡아라

조선 수군에게 패했다는 소식을 처음 들었을 때만 해도 도요토미 히데요시는 화를 내면서도 자국의 수군이 방심해서 졌을 것이라 생각했다. 아무렴 바다와 해적의 나라라 자부하는 자국의 수군이 먼 바다로 배 1척도 끌고 나오지 못하는 조선 수군에게 실력에서 졌을 리 없다고 생각했다. 도요토미 히데요시는 자신감을 갖고 이렇게 명령했었다.

"지체 없이 조선의 왕을 잡아들여라."

"서해로 돌아가서 수륙병진작전을 실시하라."

"남해안 쪽에 왜성을 쌓아라."

"조선의 수군을 섬멸하라."

그러나 일본 수군은 이순신에게 재차 패배하게 되면서 수륙병진작전을 포기해야만 했다. 조선의 왕을 잡지 못했고 조선의 수군을 섬멸하지도 못했다. 남쪽에 왜성을 쌓으려고 했지만 역시 이순신에게 사천과 당포에서 패하며 왜성 축조에도 차질이 생겼다.

일본군 입장에서는 조선 수군과의 전적에서 7전 7패의 상황이 되었다. 도요토미 히데요시는 조선 수군의 사령관이 전라좌수사 이순신이라는 것도 알게 되었다. 도요토미 히데요시가 일본의 제갈량이라고 불리던 구로다 간베에를 불렀다.

"이순신이란 자가 대관절 누구인가?"

그러자 구로다 간베에가 우물거리며 대답했다.

"조선인 포로들에게 물어봤지만, 신립과 이일은 알아도 이순신이란 이름은 잘 모른다고 합니다. 저도 솔직히 잘 모르겠습니다."

도요토미 히데요시는 당시 일본 최고의 수군 권위자 구키 요시타카를 불렀다.

"그대를 보내면 이순신을 잡을 수 있는가?"

구키 요시타카가 솔직하게 말했다.

"이순신 함대의 2배에 달하는 병력을 주십시오. 이순신의 목을 들고 오겠습니다."

자신 있는 대답 같지만, 뒤집어보면 같은 함대 숫자로는 일본의 수군이 조선의 수군을 이기지 못한다는 것을 알고 말하는 것이었다. 해군 전문가인 구키 요시타카는 나름의 정보망을 총동원해서 지난 몇 차례 해전의 패배에 대한 정보를 수집하고 분석했다. 그 결과,

조선 수군의 주력선인 판옥선이 생각보다 크고 튼튼하더라는 사실.

판옥선의 함포 사정거리가 길고 정확도가 뛰어나다는 사실.

총통과 신기전 등 다양한 무기들을 조선 수군이 보유하고 있다는 사실.

조선 수군 사령관 이순신의 전술 능력이 뛰어나더라는 사실.

철갑 뚜껑이 닫혀 있는 소경배(거북선)는 대처가 불가능하다는 사실 등을 파악했다.

도요토미 히데요시는 구키 요시타카의 간언을 받아들였다. 그리고 조선 침략용 함대를 2배로 증원시켰다. 일본의 전진 기지 나고야에서 70척

오다 노부나가가 전국시대 통일 작업을 진두지휘하던 시절
수군 제독으로 위명을 떨친 사람이었다.
도요토미 히데요시 밑에서 수군을 이끌면서 도요토미 히데요시에게
세계 정복의 야망을 갖게끔 불 지핀 장본인이 실은 구키 요시타카였다.
일본의 모든 전함의 설계가 바로 이 구키 요시타카의 머릿속에서
나왔다고 해도 과언이 아니었다.

의 전투선이 구키 요시타카와 함께 부산으로 증파되었다. 기존의 함선까지 더해 부산에는 일본의 주력선인 안택선과 세키부네가 140여 척으로 확보되었다.

　도요토미 히데요시는 조선에 참전하고 있던 또 한 명의 해군 전문가를 투입시켰다.

　"와키자카, 너는 부산으로 가서 해전을 준비하라. 그리고 이순신을 죽여라."

　와키자카 야스하루. 그는 오사카 앞바다인 아와지섬을 지배하는 해적 집안 출신으로 용맹하기는 둘째가라면 서러운 인물이었다. 한양을 탈환

하고자 모인 삼도근왕군 5만 병력을 용인에서 격퇴시킨 장본인으로 임진 왜란사 최악의 패전을 조선에 선사한 인물이었다.

도요토미 히데요시에게 지목된 와키자카는 한껏 고무되었다. 용인전투에서 전라도 관찰사 이광의 5만 병력을 1,600여 명의 일본군으로 쓸어버렸다고 자부하는 와키자카 입장에서는, 전라도 관찰사의 휘하 장수인 전라좌수사 이순신 따위야 우습게 보였다. 더군다나 자신의 주특기는 해전이었다.

그러나 와키자카를 비롯한 여러 장수들을 한꺼번에 투입한 것은 도요토미 히데요시의 패착이 되었다. 관료주의 국가인 조선에서는 총사령관이 지휘하면 휘하의 장수들이 이에 일제히 따라가는 지휘 체계가 일반적이었다. 하지만 봉건주의 국가인 일본에서는 다이묘가 나름의 독립세력이었고 다른 다이묘의 명령을 받들 근거가 빈약했다. 요컨대 도요토미 히데요시가 "와키자카는 이번 정벌에서 구키 요시타카의 명령을 따르도록 하라"라고 명했다면 이야기가 또 달라졌을 것이다. 그랬다면 왜군 함대 140척이 일사불란하게 움직이며 더 큰 힘을 발휘했을 것이다.

그러나 도요토미 히데요시의 생각이 거기까지 미치지 못했고, 더불어 젊은 와키자카는 공에 눈이 먼 상태였다. 와키자카는 한양에서 이순신이 있는 남쪽 바다를 향해 출발했다.

이순신을 잡으러.

한산도대첩

　전라도 관찰사 이광으로부터 일본의 함대가 증파되어 부산으로 모여 든다는 소식을 전해 들은 선조는 이순신에게 출정 명령을 내렸다. 이순신 은 전라우수사 이억기를 여수로 불렀고, 이억기의 부대는 7월 4일 여수에 합류하였다. 다음 날인 7월 5일부터 이순신과 이억기는 종일 작전 회의 를 하였다. 그리고 7월 6일 이순신은 세 번째 출정에 나섰다. 이번에는 여 수 출정부터 전라우수영과 함께하였다.

　가까운 노량에서 원균의 경상우수영을 합세시키는데, 이때 경상우수영 의 판옥선은 7척으로 늘어나 있었다.

　대략 60척의 연합 함대가 구축되었다. 연합 함대는 창신도에서 7월 6일 밤을 지내고, 날이 밝자 다시 이동을 시작했다. 그리고 승전의 기억이 있 는 당포에서 7월 7일 저녁을 보냈다. 그날 밤 근처에 사는 목동 김천손이 당포의 숙영지로 찾아왔다.

　"견내량 근방, 거제도 위편에 왜군 함대 70여 척이 정박해 있습니다."

　7월 8일 오전, 이순신의 함대가 소장군도를 돌아 견내량 쪽으로 접근 했다. 아니나 다를까 적군의 함대 70여 척이 견내량 건너편에서 보였다. 와키자카 야스하루가 이끄는 함대 70여 척이 앞서 있고, 구키 요시타카와

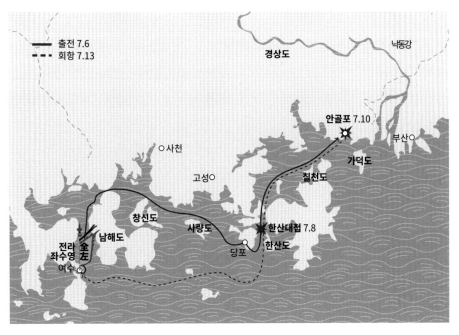

이순신 3차 출정(1592. 7. 6 ~ 1592. 7. 13)

참모장으로 참여한 가토 요시아키의 부대는 와키자카 뒤쪽에 나머지 70여 척의 함대로 진을 치고 있었다.

일본 수군 역시 조선 함대 60여 척이 견내량 너머 진을 치고 있다는 것을 알아채고 반응을 보였다. 성격 급한 와키자카가 후방 사령관 구키 요시타카의 의견을 묻지 않고 자신의 함대를 움직이기 시작했다. 와키자카의 일본 함대 70여 척이 전속력으로 견내량을 향해 다가왔다. 그런데 견내량은 좁은 데다 암초가 많은 지형이었다.

크고 육중한 판옥선이 이동하면서 진을 치고 다양한 전술을 구사하기가 쉽지 않은 바다였다. 일본 수군이 돌진해 오는 것을 보며 이순신이 고심하는 사이 원균이 큰소리를 쳤다.

"무엇을 지체하는 거요? 우리도 돌진합시다!"

한산도 앞바다
사진 왼쪽 너머로 견내량이고 오른쪽 끝에 보이는 섬이 한산도이다.

이순신은 《난중일기》에 이렇게 기록했다.

원균은 기본적인 병법조차 모르는 것 같아 안타깝다.

이순신은 유인 작전을 전개할 생각이었다. 이순신이 견내량에서 와키자카 함대를 유인하려고 했던 가장 큰 이유는, 적이 패한 뒤 육지로 도망갈 것을 막고자 함이었다. 견내량이 암초가 많고 좁은 바다라 판옥선이 움직이기 어렵다고는 하지만 견내량에서 싸웠어도 승리는 조선의 차지였을 것이다. 그러나 이순신이 우려하는 바는 전투에서 패한 일본군이 좁은 견내량을 헤엄쳐 통영이나 거제도 쪽으로 도망가는 것이었다. 통영이면 완전히 육지요, 거제도는 섬이긴 하지만 인가도 많은 제법 큰 섬이기에 일본 패잔병이 우리 백성들을 힘들게 할 수 있었다.

'견내량을 빠져나오게 하여 넓은 바다로 끌어들인 후 전부 다 수장시켜 버리리라. 혹여나 너희들이 헤엄쳐서 도망친다 하더라도 무인도인 화도나 한산도로 도망가도록 하리라. 그리고 그곳에서 모두 굶어 죽도록 하리라.'

전투에서 승리한 이후의 상황까지 계산해 한 명의 적이라도 더 죽이고, 또 적군 패잔병에 의한 우리 백성의 피해를 줄이고자 하는 이순신의 애민의 마음을 원균은 헤아릴 수 없었다.

와키자카의 일본 선발대가 무섭게 견내량에서 내달리고 있을 때 이순신의 지시에 따라 이억기의 전라우수영 함대는 통영만 쪽에 가서 매복했다. 원균과 경상우수영의 7척의 함대는 화도 쪽에 매복했다. 당연히 선봉은 이순신의 전라좌수영이 맡았다.

이순신은 광양 현감 어영담에게 명령했다.

"5척의 판옥선을 끌고 가서 와키자카 함대를 유인해주시오."

어영담이 이끄는 5척의 판옥선이 견내량으로 들어섰다. 이미 견내량에 들어서 있었던 와키자카의 함대와 거리가 점점 가까워졌다. 어영담의 판옥선에서 먼저 함포를 쏘았다. 와키자카 함대도 조총을 쏘면서 지지 않고

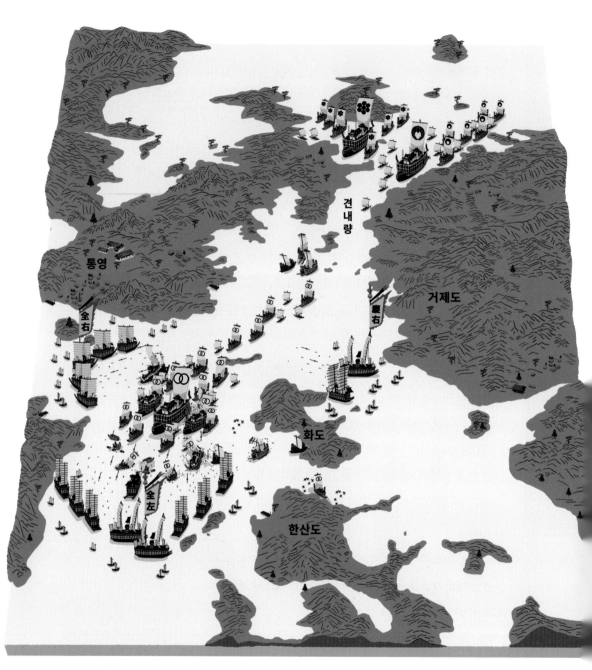

통영

견내량

거제도

통영

全右

慶右

화도

全左

한산도

● 한산도대첩 │ 全左이순신, 全右이억기, 慶右원균 ⇨

⇦ ⑩ 와키자카 야스하루, ✿ 구키 요시타카(대기), ☻ 가토 요시아키(대기)

달려들었다. 와키자카는 뒤를 돌아보지 않는 성격이었다. 게다가 용인전투에서 대승을 거두었기에 조선군에 대한 자신감이 하늘을 찔렀다. 조선 수군의 형세를 제대로 살피지도 않은 채 와키자카는 무조건 돌격해 왔다. 그러자 어영담의 판옥선이 뱃머리를 뒤로 돌려 도망가기 시작했다. 전함의 속도를 따지자면 일본 함선이 우수하니, 와키자카의 함대는 5척의 조선 함대를 따라잡겠다는 심정으로 쫓아오기 시작하였다.

어영담의 판옥선이 견내량에서 먼저 나왔고 뒤이어 무서운 속도로 와키자카의 함대가 좁은 견내량을 빠져나왔다. 와키자카는 견내량을 빠져나갈 무렵 해협 끝단에 조선군의 매복이 있을까 두려워하는 마음이 있었지만 조선의 매복이 없자 이순신을 무시하는 마음이 생겼다.

"이순신, 이순신 하더니 뭐냐! 육지의 조선 장수들과 다를 바가 없구나."

와키자카의 함대는 장사진으로 견내량을 빠져나오면서 무려 18km를 전속력으로 이동해 왔다. 긴 거리를 장시간 달려오면서 선두 함대와 후미 함대 사이의 간격은 점차 벌어졌다.

5척의 판옥선을 쫓아오던 와키자카의 눈에도 저 멀리 바다에 상당수의 조선 함대가 대기중임을 알았다. 그러나 와키자카는 속도가 붙은 함대의 진격속도를 늦추지 않았다.

바다에 징소리가 크게 울려 퍼졌다. 후퇴하던 5척의 판옥선은 속도를 줄였고 멀리 떨어져 있던 조선의 함대들이 일시에 속도를 내며 5척의 판옥선을 품어 안았다.

그리고 다시 한번 징이 울렸다. 양옆에 포진한 조선의 함선들이 간격에 맞추어 살짝 전진하고, 반면에 중앙에 선 배들은 간격에 맞추어 조금 물러서더니 놀랍도록 우아한 학익진을 전개했다.

와키자카의 함대는 학익진을 전개한 조선 수군에게 에워싸이게 되었다. 해전에 잔뼈가 굵은 와키자카조차 단 한 번도 본 적이 없는 일사불란한 움직임이었다. 학익진을 전개한 조선의 함대는 뱃머리가 아니라 배의 옆구리를 일본 전함을 향해 들이밀고 있었다. 그리고 그 학익진에서 2척의 전투선이 튀어나왔다.

거북선이었다.

장사진을 펴며 일렬로 전진하던 일본의 주력 함대인 세키부네는 거북선과 부딪히며 그대로 바다 아래로 무너져내렸다.

학익진을 형성한 조선의 판옥선 갑판에서 우레와 같은 소리와 함께 함포가 불을 뿜었다. 학익진의 조선 함대에서 일제히 포를 쏘는 모습은 참으로 장관이었다. 좌열에서 포를 쏘고 배를 90도 돌려 뱃머리에서 포를 쏜 후 다시 90도 움직여 우열에서 포를 쏘았다.

판옥선이 90도씩 회전하는 그 순간 함포를 재장전하는 시간과 포의 열기를 식혀야 할 시간을 확보하였다. 그렇게 학익진을 전개한 조선의 함대가 일사불란하게 몸을 틀어가며 포를 쏘았고, 그러면서도 대열을 유지하였다.

백조가 우아함을 뽐내지만 백조의 못난 발은 물 밑에서 쉬지 않고 움직인다. 학익진을 전개하고 좌열과 전방, 우열에서 함포를 쏘아대는 조선 판옥선의 일시집중타는 갑판 밑에서 힘겹게 노를 젓고 있는 격군들의 젖먹던 힘과 땀방울이 더해진 결과물이었다.

와키자카는 몹시 당황했다. 그러나 해전 경험이 많았던 그는 불리한 상황을 타개하기 위해 나름 최선의 선택을 했다. 와키자카는 장사진을 유지한 채 끝까지 밀고 들어가기로 마음을 먹었다. 어차피 조선의 함포 사격으로 자신의 함대 일부는 피해를 보겠지만 어떻게든 학익진의 허리를 끊을 생각이었다. 배끼리 엉겨붙으며 조총을 쏘고 등선육박전술을 전개하여 난잡한 백병전으로만 끌고 간다면 상황을 역전시킬 수 있다고 생각했다. 그러나 이순신은 이런 와키자카의 수까지 계산하고 있었다.

이순신이 명령했다.

"뱀의 머리부터 집중해서 함포 사격을 하라."

학익진을 깨러 들어오는 장사진의 선두 함선부터 포격하여 상대의 의도를 막겠다는 계산이었다. 이에 따라 각각의 판옥선을 지휘하는 장수들의 지시가 바빠졌다. 장사진으로 밀고 들어오던 왜군 함대의 선두 쪽에 포가 집중되었다. 날아오는 총통을 맞고 서서히 가라앉고 있는 배에 더 큰 총통이 날아와 배 밑까지 뚫어버리는 확인 사살이 계속되고 있었다.

이때 통영 쪽에 매복해 있던 이억기의 함대까지 일본 함대의 옆구리를 공격했다. 등 뒤에서 조선군의 함포 소리가 들리자 일본군들은 사색이 되었다. 바다에서 조선의 수군에게 빠져나갈 곳 없이 갇혀버렸다. 그뿐 아니었다. 화도 쪽에서 원균의 판옥선 7척이 부지런히 가세해서 와키자카를 포위했다. 학익진이 세 방향에서 전개된 것이다. 세 방향에서 쏘아대는 조선군의 함포 사격에, 돌격만을 생각했던 일본의 전투선들은 포 받이 역할만을 할 뿐이었다.

자신들의 전함과 함께 가라앉는 일본군이 수천 명이었다. 그들은 살기 위해 필사적으로 헤엄을 쳤다. 한산도 앞바다에는 바다 건너온 자들의 알아듣기 힘든 절규와 비명이 가득하였다.

승기를 잡은 조선 수군은 앞으로 전진해나가며 계속해서 포를 쏘고 활을 쏘았다. 조선군은 자신들의 강토와 삶의 터전을 짓이겨놓은 원수들을 쳐 죽이는 복수전을 하고 있었고, 일본군은 머나먼 타지의 바닷속에 수장되기를 거부하는 몸부림을 치고 있었다.

거제와 고성 사이에 있는 한산도는 사방에 헤엄쳐나갈 길이 없고 적이 비록 육지로 오르더라도 분명 굶어죽을 것이므로 (중략) 우리 배는 거짓으로 물러나자, 왜적들은 곧 뒤쫓아 나왔습니다. 그래서 바다 가운데로 나와 다시 여러 장수에게 명하여 학익진을 벌여서 일시에 진격하여 나가 총통을 쏘아 먼저 2~3척을 부수니 여러 배의 왜적들이 사기가 꺾이어 도망치려 했습니다. 여러 장수나 군사, 관리들이 승리한 기세로 흥분하여 앞을 다퉈 돌진하며 화살과 화전을 발사하니, 그 형세가 바람과 우레와 같아 적의 배를 불사르고 적을 사살하기를 일시에 했습니다.
〈견내량파왜병장〉

와키자카의 안택선 역시 격침되었다. 와키자카는 급히 작은 전함으로 옮겨 타고 한산도로 도망하였다. 살아남은 왜군 수백 명이 와키자카의 뒤를 따라 한산도로 기어올라 가쁜 숨을 내쉬며 쓰러졌다. 그러나 끝까지 쫓아온 조선의 판옥선들이 와키자카를 한산도까지 실어다준 마지막 전함마저 불태워버렸다.

상황이 이렇게 되니 야스하루는 노 수가 많은 쾌속선으로 갈아탔다. 적선이 쫓아오며 계속 불화살을 쏘아대니 야스하루와 간신히 살아남은 부하 200여 명은 육지에서 떨어진 작은 섬에 잠시 배를 대고 상륙했는데, 판옥선이 쫓아와 아군 배를 불살라버렸다.
마나베 사마노조라는 자는 그 배의 함장이었는데, 군중에서 다시 아군을 마주할 면목이 없다며 할복해 죽고 말았다.
〈와키자카기〉*

---

* 와키자카 집안 기록물

이순신은 조선군이 한산도에 상륙하여 일본의 패잔병을 공격하는 것을 막았다. 한산도는 무인도이기에 백성도 없었고 먹을 것도 없는 섬이었으니 일본군들은 오래 지나지 않아 굶어죽고 말 터였다. 실제로 이때 한산도로 도망을 간 일본군들은 굶어죽거나 분한 마음에 할복하는 이들이 대다수였다. 그런가 하면 바닷가에 힘없이 쓰러진 일본군의 모습을 보고, 근처를 지나던 조선 어부들이 그 목을 잘라서 수급을 갖다 바치기도 했다.

이순신은 한산도에 갇힌 왜군들이 도망가지 못하도록, 원균의 함대로 하여금 한산도를 에워싸고 지키라고 부탁했다. 그러나 원균은 이 작전조차 제대로 수행하지 못했다. 원균은 다른 쪽에서 일본 함대가 나타났다는 소리를 듣고 이 포위를 풀어버리고 말았다. 이 틈을 노려 와키자카가 탈출을 시도했고, 결국 살아서 도망치고 말았다.

와키자카의 패전 소식을 전해 들은 도요토미 히데요시는 절망했다. 그리고 두려웠다. 평생을 전장에서 보냈지만 도저히 이길 수 없는 적의 출현은 처음이었다. 그러나 도요토미는 냉철할 줄 알았다.

"조선 수군을 우리가 이길 수 없다. 교전을 금하라."

전투에서의 잦은 패배는 사기를 저하시키고 병사들에게는 죽음에 대한 공포감을 갖게 만든다. 공포감이 퍼지는 속도는 상당히 빠르다. 육군도 그렇겠지만 까딱 잘못하면 물귀신이 되는, 수군만이 갖는 패배와 죽음에 대한 공포감은 더욱 컸다.

한산도대첩 이후 일본군들에게 이순신은 염라대왕이었고, 판옥선은 저승사자였다. 그리고 조선의 바다는 지옥이었다.

당시 전황은 일본의 선봉장 고니시가 평양까지 점령한 상태였다. 의주까지 몽진해 있었던 선조로서는 더 이상 도망할 곳도 없었다. 고니시는 조선의 임금 선조를 조롱했다.

"서해 바다로 우리 일본군 10만 병력이 올라올 터인데, 이제 왕께서는 어디로 도망을 가시렵니까?"

그러나 한산도의 패전으로 일본의 수륙병진작전은 좌절되고 말았다. 일본은 서해 바다로 10만 병력은커녕 개미 새끼 한 마리도 올려 보내지 못했다. 증원병과 군량미, 무기 등 보급이 완벽하게 끊긴 고니시는 평양에 발이 묶이며 의주를 공격할 동력을 상실하고 말았다.

결과적으로 한산도대첩은 이순신이 조선의 임금 선조를 살려준 전투였고, 바다의 제해권을 완전히 조선이 장악하게 되는 계기가 된 전투였으며, 육지로 북상해 있던 일본군이 장기간 굶주리며 춥고 불안에 떠는 계기를 마련한 전투였다.

한산도대첩(8승, 1592. 7. 8)

	조선군	일본군
사령관	**全左** 이순신 **全右** 이억기 **慶右** 원균	㉑ 와키자카 야스하루 ㉑ 와키자카 사헤에(사망) ㉑ 마나베 사마노조(할복)
함대 및 병력	판옥선 56척, 거북선 2척	전함 73척
피해 및 사상자	3명 전사, 10여 명 부상	전함 47척 침몰, 12척 나포 9,000여 명 사망

와키자카 집안의 전통

와키자카 야스하루(1554~1626)

한산도대첩 이후에도 와키자카는 여러 차례 이순신과 대결하였지만 용인전투에서처럼 용감한 모습은 더 이상 찾아볼 수 없었다. 대신에 어떤 전투를 앞두건 늘 조심하고 또 조심하는 자세로 바뀌었다. 와키자카는 이순신에게 패배의 쓴맛을 톡톡히 보았고 이순신에게 겸손을 배웠다.

전쟁이 끝나고 일본에 돌아간 와키자카. 훗날 도요토미 히데요시 세력의 서군과 도쿠가와 이에야스 세력의 동군이 싸우던 세키가하라전투에서, 그는 서군 측에 있으면서도 도쿠가와 이에야스와 친했기에 은근히 동군 편을 들었다. 결과적으로 동군이 이기고 새롭게 들어선 에도 막부에서 와키자카는 자신의 가문을 살아남게 할 수 있었다. 이 와키자카 가문은 실제로 '항상 겸손한 가문'이라는 소리를 들으며 에도 막부 300년 동안 굉장한 대접을 받았다.

와키자카는 다른 일본 장수들과 달리, 조선 원정 후 일본에 돌아온 뒤 자신의 전공을 부풀리거나 거짓을 말하지 않았다. 한산도에서 이순신에게 패전하고 이후 10일간 미역만 먹고 목숨을 부지했던 바를 명확히 기록하였다. 그리하여 와키자카의 가문은 한산도대첩이었던 7월 8일에는 다른 음식을 삼가고 미역만 먹는 전통이 생겼고, 이는 지금까지 이어져 내려오고 있다.

안골포해전

와키자카의 73척의 함대 중 59척이 한산도에서 침몰되었다. 간신히 살아남아 후방의 일본군 진영으로 도망쳐 온 왜선은 고작 14척에 불과했다. 후방에 있었던 구키 요시타카와 가토 요시아키가 살아 돌아온 패잔병들에게 물었다.

"와키자카는 어찌하여 패배하였으며, 너희는 어떻게 살아서 돌아올 수 있었느냐?"

살아남은 패잔병들은 이렇게 변명했다.

"이순신의 유인 작전에 말려들었습니다. 와키자카 장군의 명으로 속도를 내어 진격하다 보니 전함 간의 간격이 벌어지고, 후미에 있는 함대와 선발 함대의 거리가 심지어 2km나 떨어지게 되었습니다. 그러던 중 조선 수군이 함포 사격을 하였는데, 멀리 있는 우리 배에까지 조선 수군의 함포가 날아들었고, 우리는 조선 함대로 가까이 접근하기도 전에 함포 사격에 속수무책으로 당하고 말았습니다. 후방에 있었던 저희들이 합세해서 와키자카 장군을 구해내자는 생각도 하였으나, 이미 때가 늦었고 그러다가 전멸되지 않을까 싶어 이렇게 되돌아온 것입니다."

구키 요시타카 입장에서는 간담이 서늘해지는 한편 속이 부글부글 끓

어올랐다. 살겠다고 전장에서 도망쳐 온 데다 변명만 늘어놓는 것들의 목을 베어버리고 싶었지만 꾹 참고 다시 물었다.

"그렇다면 우리가 다시 의기투합하여 이순신 함대와 전투를 벌인다면 어떻게 될 것 같으냐? 승산이 있겠느냐?"

"교전은 불가합니다. 차라리 저희를 죽여주십시오."

"저 괴물들과 싸우느니 그냥 바다에 빠져 죽겠습니다."

한산도에서 살아 돌아온 패잔병들이 어깨를 들썩이며 울부짖었다.

산전수전 다 겪은 해전의 1인자들인 구키 요시타카와 가토 요시아키 역시 이순신 공포증에 감염되고 말았다. 그들은 곧바로 퇴각할 것을 결심했다. 그리고 이순신의 눈에 띄지 않기를 바라며 좁디좁은 안골포로 숨어들었다.

7월 8일 한산도에서 승리한 이순신의 연합 함대는 견내량에서 그날 밤을 보냈다. 그리고 다음날인 7월 9일 칠천도까지 이동하였다. 이순신은 일본군이 육지에 의지해 안골포에 숨어 있다는 것을 알고 있었다. 당장 안골포까지 쫓아가서 웅크리고 있는 왜군을 섬멸하고 싶은 마음이 굴뚝 같았다. 그러나 견내량에서 칠천도까지 25km를 이동한 참이고 칠천도에서 안골포까지 닿으려면 또 25km를 이동해야 했다. 아무리 훈련이 잘 되고 힘이 좋은 격군들이라 해도 무거운 판옥선을 노 저어 25km나 움직인다는 것은 쉬운 일이 아니었다. 그래서 이순신은 칠천도에서 격군들에게 하루의 휴식을 더 주었다. 그리고 7월 10일 새벽 2시 칠천도에서 출격하였다. 그날 조선 함대는 이른 아침 안골포 앞바다에 도착하였다.

일본군이 숨어 있는 안골포는 굉장히 좁고 얕은 포구였다. 썰물 때는 바닷물이 다 빠지고 갯벌이 드러나는 곳이다. 바로 이 구석진 곳에 42척의 일본 함대가 숨어 있었다. 따라서 이들을 공격하기 위해서는 밀물이 올라오길 기다려야 했다. 이 지역의 만조는 오전 6시와 오후 6시였다. 다시 말해 새벽 5시부터 7시까지 2시간 정도, 오후 5시부터 7시까지 2시간 정도가 공격 가능한 시간이었다.

안골포구를 공격하기에 앞서, 이순신은 가덕도에 이억기 함대를 매복시켜놓았다. 부산 쪽의 왜선이 후방에서 공격할 때를 대비해서였다. 그러고는 원균과 함께 안골포로 나아갔다.

새벽 5시. 이순신과 원균이 이끄는 조선 함대가 장사진을 전개하면서 안골포로 접근했다. 당시 안골포는 지형이 매우 협소한 데다 방파제까지 있었다. 판옥선 몇 척조차 진입하기가 여의치 않았다. 더구나 일본군은 육지에 화포를 장착해놓고 자신들의 함대를 엄호하고 있었다.

이순신으로서는 섣불리 공격하기에 위험 부담이 있었고, 그렇다고 밀물 시간을 놓치기는 아쉬웠다. 그리하여 안골포에서는 특이한 방식의 공격이 전개되었다. 일단 판옥선 2척만을 방파제 안으로 진격시켰다. 진격하던 판옥선은 왜군이 육지에 장착해놓은 포의 사정거리 바깥 경계에서 딱 멈추었다. 2척의 판옥선이 제자리에서 90도 선회하였고 곧이어 함포 사격을 시작하였다. 판옥선은 좌열과 우열에 각각 6문의 포들이 장착되었고, 뱃머리에는 2문 또는 3문의 포가 있었다. 이순신이 선택한 전술은 대단히 효과적이었다. 조선 판옥선에서 발사된 함포의 사정거리가 육지에서 쏘아대는 일본군 화포의 사정거리보다 길었던 것이다.

안골포 공격을 위해 선발대로 나간 2척의 판옥선이 교대하기 위해 포구를 빠져나왔다. 포를 식히고 새로 장착하는 등 시간이 걸리기 마련이고, 그 와중에 갑자기 왜선이 달려들면 판옥선이 포위될 수 있었다. 그러

● 안골포해전 | 全左이순신, 全右이억기, 慶右원균 ⇨❀ 구키 요시타카, ◉ 가토 요시아키

나 뒤쪽에 대기하고 있던 판옥선이 어김없이 2척의 판옥선과 자리 교대를 하면서 다시 함포를 쏘았다. 좁은 안골포에 2척의 판옥선들이 들어가고 나오기를 반복하며 함포를 쏘았던 것이다.

일본군은 진퇴양난이었다. 이러지도 저러지도 못했다. 자신들의 진영을 공격해 오는 조선의 판옥선을 제어할 방법이 없었다.

물론 안골포에 정박해 있는 왜선들도 조선군의 함포 사격을 예상하여 뭉쳐 있는 대신 40여 척이 각각 수십 미터 간격으로 떨어져 있었기에 천자총통이 한번 날아올랐다고 속속들이 일본 전함을 박살내는 것은 아니었다. 그러나 2시간 동안 쉬지 않고 2척의 판옥선이 교대로 들어왔다 나갔다 오가면서 쉴 새 없이 포를 쏴대니 그 피해가 없을 수 없었다. 게다가 당시 조선의 천자총통에는 대장군전을 장착하여 쏘고 있었다.

일본의 기록에 다음과 같이 전해지고 있다.

'조선의 판옥선에서 포를 쏘아 올리자 통나무가 날아와 우리 배에 꽂혔다.'

사람이 맞으면 즉사요. 배에 떨어지면 갑판을 뚫고 배 바닥까지 구멍을 내어 바닷물이 차오르게 만들어버리는 엄청난 무기였다. 일본 해군 장관인 구키 요시타카가 부하들에게 내릴 수 있는 명령은, 이것뿐이었다.

"불을 꺼라, 물을 퍼내라."

만조가 끝나가자 2시간 동안 천자총통을 신나게 퍼부은 조선의 판옥선들은 이순신의 지휘에 따라 신속히 물러섰다. 썰물 때를 놓쳐 배가 갯벌에 주저앉으면 곤란한 일이었다. 반대로 일본군 입장에서는 다음 밀물 때까지 금쪽 같은 시간을 번 셈이었다. 일본군은 불타고 있는 전함들에 물을 뿌리고 부서진 배들을 수리하느라 정신이 없었다. 그러나 정확히 10시간 후 새로운 만조기에 이순신은 또 다시 공격해 왔다. 천자총통이 불을 뿜고 대장군전이 하늘을 갈랐다.

1차 공격 때와 똑같은 공포감을 느꼈을 뿐, 구키 요시타카가 할 수 있는 것은 아무것도 없었다. 조선 수군의 두 차례 공격으로 안골포의 왜선 40여 척 가운데 20여 척이 박살나거나 침몰하였다.

밤이 되자 이순신의 함대가 안골포에서 물러나 휴식을 취했다. 그러나 다음날 새벽, 이때까지 안골포에 틀어박혀 꼼짝도 하지 않았던 일본의 함대가 서서히 움직였다. 물론 조선군을 공격하기 위한 움직임은 아니었다. 구키 요시타카와 가토 요시아키가 몰래 도망을 가는 중이었다.

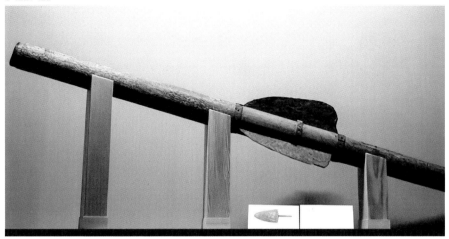

대장군전
일본 박물관에 보관된 대장군전은 구키 요시타카가 직접 일본으로 가져간 것이다.
우리나라에도 한 차례 전시된 적이 있다.

결과적으로 이순신은 이들을 놓쳤다. 아쉽지만 어쩔 수 없는 일이었다. 지금처럼 최첨단 레이더망이 있는 것도 아니고, 설령 적의 동태가 파악되더라도 날이 밝기 전이라 피아간의 사정거리 파악이 힘들어 포를 쏠 수도 없는 일이었다.

깊은 새벽, 쥐새끼처럼 살금살금 안골포를 빠져나가던 구키 요시타카는 그 와중에도 조선의 대장군전 하나를 챙겨 도망갔다. 패배자인 구키 입장에서도 패배에 대한 변명거리, 즉 어떤 증거가 필요했을 것이다. 자신이 무기력하게 패배할 수밖에 없었던 이유, 그 물증으로 챙긴 것이 바로 조선의 천자총통에서 날아왔던 대장군전이었다.

사실 조선에는 일본을 압도하는 선진 무기가 존재하고 있었다. 그러나 이순신을 제외한 조선의 장수들은 이를 적절히 활용하지 못했다. 이순신을 제외하고 어느 누구도 일본의 외침에 대비하여 함포를 다량으로 제작하고 포 쏘는 기술을 연마시키는 등의 준비를 하지 못했다.

경상우수사 원균과 경상좌수사 박홍이야 도망자니 그렇다 치더라도, 부산성과 동래성에서 그래도 훌륭히 싸웠다고 회자되는 정발과 송상현이 바로 그곳에 천자총통과 지자총통을 장착해놓았더라면 어떠했을까? 혹시 그때 신기전을 선보였더라면 어떠했을까? 그랬더라면 그토록 쉽게 성이 함락당하지 않았을 것이다. 결과적으로 일본의 선발대인 고니시에게 상당히 큰 피해를 줄 수 있었을 것이고 일본군이 그렇게 쉽게 한양을 점령하지는 못했을 것이다.

이순신과 조선 연합 함대는 안골포에서 승리한 후 진해와 가덕도를 넘어 부산 앞쪽 바다까지 진격했다. 조선의 함대가 움직이는 바다에 군악이 울려 퍼졌다. 당시 조선 연합 함대의 판옥선이 60여 척이고 일반적인 항해 시 판옥선 간의 거리가 50m 정도 된다고 했을 때, 조선의 함대는 무려 3km의 간격으로 드넓게 펼쳐져서 그 위용을 자랑했던 것이다. 그리고 그 주변의 수백 척의 협선과 포작선들이 판옥선들을 호위했다.

조선의 함대가 이렇게 어깨를 펴고 항해를 하는 반면, 일본의 전함들은 포구의 쥐구멍을 찾아 숨어들었다. 이제 조선의 함대를 막아서는 일본의 전함을 더 이상 찾아볼 수 없었다.

일본의 전진 기지 역할을 하고 있었던 부산을 제외하고는 조선의 남해안은 이순신의 바다가 되었다. 이순신은 내친김에 부산까지 공격하고 싶었다. 침략자들에게 결코 살아서 돌아가지 못할 것을 엄중히 경고하고 싶었다. 그러나 오랜 기간 원정길에 오르고 큰 전투를 치렀던 장병들이 모두 지쳐 있었다. 군량미와 포탄도 부족했으며 화약도 보충해야 했다. 이순신과 조선의 연합 함대는 부산포 공격을 훗날로 미룰 수밖에 없었다.

조선 연합 함대는 가덕도에서 하루를 머물렀다. 그리고 다음날 견내량을 통과하여 귀항을 이어갔다. 그런데 한산도 근방을 지나가다 뜻밖의 장면을 접했다.

한산도대첩 때 무인도였던 한산도로 헤엄쳐 들어간 일본군들이 살아 있었다. 며칠을 굶었는지 지나가는 조선 함대를 보고 살려 달라고 손을 흔드는 것이었다. 배고픔에 적군과 아군의 피아식별을 하지 못하는 수준이었다. 그러나 우리 산하를 공격해 온 적에게 자비란 있을 수 없었다. 작은 포작선들이 한산도에 상륙했고 4일을 굶어 기진맥진한 일본군의 목을 쉽게 베었다.

3차 출정을 끝마치고 전라좌수영의 수군들이 여수로 귀항했을 때, 여수 주민들과 장병 가족들은 더 이상 예전처럼 애끓는 눈물을 흘리지 않았다. 그들의 얼굴에는 이순신과 전라좌수영의 수군을 향한 고마움과 신뢰감이 가득했다.

안골포해전(9승, 1592. 7. 10)

	조선군	일본군
사령관	**全左** 이순신 **全右** 이억기 **慶右** 원균	✿ 구키 요시타카 ◐ 가토 요시아키
함대 및 병력	판옥선 56척, 거북선 2척	전함 42척
피해 및 사상자	13명 전사, 104명 부상	전함 20여 척 침몰 3,960명 사망

공세종말점

　일본군은 이순신에게 한산도와 안골포에서 패한 이후 단 1척의 함선도 가덕도와 거제도 사이에 보이지 않는 해안 경계선을 넘어서지 못하였다. 이순신과 조선 수군에 대한 공포감 때문이었다.

　전라좌수영으로 돌아온 이순신은 이제 해전보다도 육전의 상황에 촉각을 곤두세우고 있었다. 여러 차례 승리를 통해 남해의 제해권을 완전히 장악했지만, 그럼에도 불구하고 이순신은 고민이 많았다.

　과연 육지의 공격으로부터 전라도(호남)가 지켜질 수 있을 것인가? 일본이 조선의 최고 곡창 지대이자 이순신의 배후인 전라도를 그냥 둘 리가 없었다. 일본군이 내륙을 통해 전라좌수영을 공격해 온다면 수군 병력만으로는 육전에서 일본군을 이길 수 없었다.

　이러할 때 전주를 공격해 오던 일본군을 웅치와 이치에서 기적적으로 막아냈다는 소식이 전해졌다. 김제 군수 정담이 지키던 웅치고개가 안코쿠지의 일본군에게 뚫렸지만, 웅치에서 조선군이 얼마나 처절하게 싸웠는지, 일본군이 입은 피해가 막심했다. 일본군은 승리했음에도 조선군의 충절에 놀라 시신을 모아 장례를 치러주며 표목을 세워주었다.

　'조선국충간의담朝鮮國忠肝義膽.'

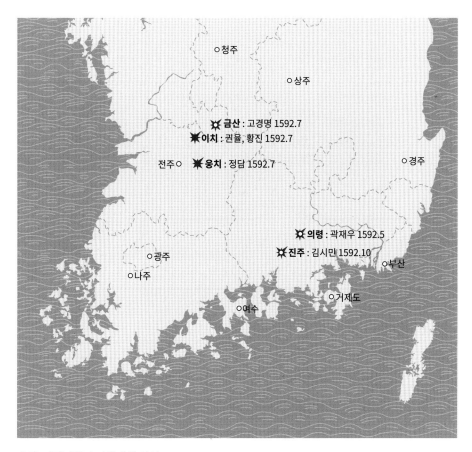

○청주

○상주

✧**금산** : 고경명 1592.7
✹**이치** : 권율, 황진 1592.7

전주○ ✹**웅치** : 정담 1592.7

○경주

✧**의령** : 곽재우 1592.5
✧**진주** : 김시민 1592.10

○광주
○나주
○부산

○거제도

○여수

웅치, 이치전투와 진주대첩 위치

이렇게 웅치를 넘어 전주로 향하던 일본군은 동복 현감 황진에게 막혔다. 황진은 전주의 길목인 안덕원에서 야영 중이던 안코쿠지의 일본군을 급습하여 큰 타격을 입혔고, 안코쿠지는 전주 공격을 시도조차 못하고 후퇴하였다.

일본의 전라도 공격 수장은 고바야카와 다카카게였다. 일본 전국시대에 위명을 떨친 인물로 조선에 참전했던 다른 다이묘들보다 나이와 경험,

지명도 등에서 월등했던 인물이었다. 오죽하면 도요토미가 고바야카와에게 호남을 맡겼을까.

　　고바야카와에 의해 금산에서 전라도 의병장 고경명과 7,000명의 의병이 전멸당했다. 그리고 청주성을 점령하는 등 기세를 올렸던 조헌의 700명의 의병과 영규 대사의 800명의 승병마저 전멸되었다. 무서운 기세로 전

금산 700 의총
금산전투에서 전사한 조헌의 700명의 의병이 영규 대사를 비롯한
800명의 승병과 합사되어 있으니 1,500 의총이 옳다.

주를 향해 진격하던 고바야카와를 이치고개에서 전라도 순찰사로 막 승진한 권율과 동복 현감 황진이 맞섰다. 끝내 권율과 황진은 고바야카와를 물리쳤다. 흙성조차 없는 산등성이와 고개에서, 즉 야전에서 고바야카와의 군대를 이긴 것이었다. 이때 황진의 활약은 대단했다. 일본은 훗날 7년간 조일전쟁 중 자신들의 가장 뼈아픈 패배로 이치전투를 첫째로 들었다.

경상우도 쪽에서는 의병장들이 활약했다. 김면과 곽재우가 게릴라전을 전개하여 경상우도의 주도권을 상당히 찾아왔다. 그로 인해 일본군은 경상도를 통한 전라도로의 진출도 막혀 있는 상태였다.

이순신 입장에서는 천만다행이었다. 전쟁의 양상도 바뀌고 있었다. 무서운 기세로 한양을 점령하고 평안도와 함경도까지 진출했던 일본군이 공세종말점에 도달하고 말았다. 해전에서 전패를 당해 제해권을 상실하여 서해로의 보급이 불가능해졌고, 육지에서도 호남 공격에 실패하였다. 각지의 의병들이 출몰하여 주요 보급로를 공격하니, 한양과 평안도, 함경도의 일본군은 고립을 걱정하여야 했다. 한편 일본군들은 보급품 부족으로 굶주림에 시달렸고 조선의 추위와도 싸워야 했다.

마침 명나라군의 참전 소식도 들리고 있었으니 일본군의 사기는 최악이었다.

장림포, 화준구미, 다대포, 서평포, 절영도해전

육지에서 호남이 지켜졌다는 소식과 이순신의 연이은 승전 소식을 접한 후 의주로 피난 가 있었던 조선의 임금 선조는 어느 정도 자신감을 되찾았다.

선조는 이순신의 수군만으로도 이 전쟁을 끝낼 수 있다는 생각까지 했던 것 같다. 그래서 선조는 이순신에게 일본군 전진 기지이자 본영이라 할 수 있는 부산포를 공격하라고 명령을 내렸다.

조선 수군 훈련을 묘사한 〈수조도〉

이순신은 부산포 공격을 위한 대대적인 출정을 준비하였다.

한산도대첩과 안골포 승전 이후 두 달 사이 전라좌수영에서는 더 많은 판옥선이 만들어졌고 충분한 포와 화약, 각종 무기들이 준비되었다. 연승 덕에 조선 수군의 사기도 드높았으며 이들의 이순신에 대한 믿음도 견고했다. 나라 안에 여기저기 숨어들었던 패잔병과 피난민들도 이순신에게로 모여들면서 전라좌수영의 병력 자체도 증강되었다.

이순신은 전라우수영의 이억기에게 미리 연락을 취해 여수로 불러 합류시켰다. 그리하여 여수에서는 8월 1일부터 8월 23일까지 전라좌수영과 전라우수영의 연합 훈련이 가동되었다. 군대 훈련이라는 게 늘 고되고 힘들기 마련이다. 그러나 전시 상황이었고 국가의 운명이 걸린 큰 전투를 앞두고 있었으니 가히 실전을 방불케 하는 수준이었을 것이다.

20여 일 이상의 합동 훈련을 통해 전라좌수영뿐 아니라 전라우수영의 군사들 역시 최강의 수군으로 태어나고 있었다. 고된 연합 훈련이 끝났고, 8월 24일 전라좌수영과 전라우수영의 연합 함대는 여수에서 출항하였다. 4차 출정이었다.

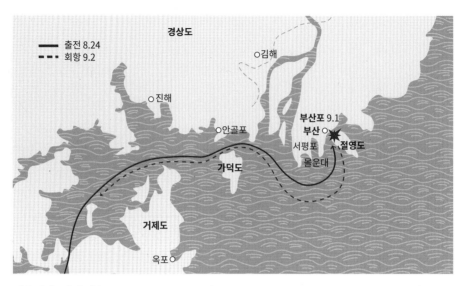

이순신의 4차 출정(1592. 8. 24 ~ 1592. 9. 2)

　　연합 함대는 사량도에서 원균의 경상우수영을 합류시켰다. 그리고 당포에서 하루를 머무르면서 격군들에게 휴식을 주었다. 8월 26일은 일기가 좋지 않아 거제 앞바다까지만 나아갔다. 다음날인 8월 27일 밤에 견내량을 통과해서 안골포 근처까지 진격했다. 이때까지 조선 수군을 가로막는 일본의 함대는 없었다.

　　이순신의 연합 함대가 8월 28일 가덕도에 다다르자 일본 전투선들이 멀찍이 보이기 시작하였다. 그러나 일본의 전함들은 조선 함대를 보는 순간 뱃머리를 돌려 꽁무니만 뺄 뿐 조선 수군에 어떤 대응도 하지 않았다. 한산도 패전 소식을 들은 직후 도요토미 히데요시는 일본 수군에게 두 가지의 명령을 내렸다.

　　하나, 바다 위에서 조선의 수군과 교전을 금하라.

　　둘, 조선의 수군을 만나면 무조건 도망가라.

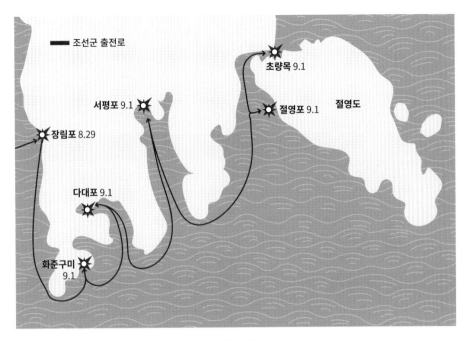

장림포, 화준구미, 다대포, 서평포, 절영도, 초량목 전투지

　교전을 피해 도망가는 것은 일본군의 자유지만 이들을 사냥하는 것 역
시 조선 수군의 자유였다. 조선의 연합 함대는 먼저 낙동강 하구 쪽의 장
림포에서 도망가는 6척의 적선에 함포를 쏘아 격침시켰다.

　과거에는 몰운대라고 불렸던 화준구미라는 곳에서 다시 5척의 왜선을
수장시켰다. 조금 더 부산 본영이 가까워지는 다대포에서도 도망가는 8척
의 적선을 격침시켰다. 임진왜란이 발발했을 당시 윤흥신이 용감히 맞섰
음에도 빼앗겼던 다대포를, 결국에는 이순신이 회복해낸 것이었다.

　서평포에서도 9척의 일본군 함선이 불에 타거나 바다에 빠졌고 상당수
의 일본군이 죽었다. 크고 작은 해전들에서 차례차례 적을 격파한 조선의
연합 함대가 마침내 절영도(영도)에 도착하였고 그곳에서 다시 2척의 왜
선을 박살냈다. 이순신의 연합 함대는 부산포로 가는 길목에서 장림포, 화

준구미, 다대포와 서평포, 절영도까지, 다섯 차례의 해전을 통틀어 30척 정도의 왜선을 침몰시켰다.

장림포해전(10승, 1592. 8. 29)

	조선군	일본군
사령관	**全左** 이순신 **全右** 이억기 **慶右** 원균	불명
함대 및 병력	판옥선 74척	전함 6척
피해 및 사상자	없음	전함 6척 전파, 480명 사망

화준구미해전(11승, 1592. 9. 1)

	조선군	일본군
사령관	**全左** 이순신 **全右** 이억기 **慶右** 원균	불명
함대 및 병력	판옥선 74척	전함 5척
피해 및 사상자	없음	전함 5척 전파, 500명 사망

다대포해전(12승, 1592. 9. 1)

	조선군	일본군
사령관	**全左** 이순신 **全右** 이억기 **慶右** 원균	불명
함대 및 병력	판옥선 74척	전함 8척
피해 및 사상자	없음	전함 8척 전파, 590명 사망

서평포해전(13승, 1592. 9. 1)

	조선군	일본군
사령관	**全左** 이순신 **全右** 이억기 **慶右** 원균	불명
함대 및 병력	판옥선 74척	전함 9척
피해 및 사상자	없음	전함 9척 전파, 1,000명 사망

절영도해전(14승, 1592. 9. 1)

	조선군	일본군
사령관	**全左** 이순신 **全右** 이억기 **慶右** 원균	불명
함대 및 병력	판옥선 74척	전함 2척
피해 및 사상자	없음	전함 2척 전파, 1,200명 사망

부산포해전

　이순신의 기함에서 부산 쪽에 첩보선을 보내 정탐하였다. 이후 보고를 통해 일본 전함 470여 척이 부산 해안에 넓게 포진해 있음을 알게 되었다. 엄청난 규모였다. 일본군은 조선 수군의 공격에 대비하고 자신들의 함대를 보호하기 위해, 부산포 해안 인근의 발석차(투석기)는 물론 천자총통과 지자총통, 현자총통 같은 조선의 화포까지 무수히 배치해놓고 있었다. 여러모로 공격이 여의치 않은 상황이었다.

　실제로 부산포는 임진왜란 당시 일본의 본진이나 다름없었고 일본의 나고야 사령부와 긴밀히 연락을 취하던 심장부였다. 일본군 입장에서 부산포가 무너진다면 그 자체만의 문제일 뿐 아니라 육지의 일본군들이 본국인 일본으로 돌아갈 기착지를 잃어버리게 되는 것이었다.

　도요토미 히데요시가 명령을 내렸다.

　"하늘이 두 쪽 나는 한이 있더라도 이순신으로부터 부산포는 반드시 지키도록 하라!"

　도요토미 히데요시의 참모장 이시다 미쓰나리는 이순신의 부산포 공격에 대비한 다음과 같은 지침을 내렸다.

임진왜란 당시 일본군의 전진 기지였던 부산포

하나, 조선 해군의 부산 진출 예상 항로를 예측하고, 곳곳에 망대를 세
       울 것. 근해에서 적을 발견하기 전이라도 적 선단의 부산 쪽 기동
       이 확인되면 남해안 일대의 모든 선단을 부산으로 집결시킬 것.

둘, 포구 방파제를 더 높이 견고하게 쌓을 것.

셋, 조선 대포를 최대한 확보하고 그 사격법을 익혀둘 것.

넷, 투석기와 석탄을 최대한 많이 제작하고 언제든 사용할 수 있도
       록 배치해둘 것.

다섯, 적의 상륙에 대비하여 병력을 적소에 배치할 것.

여섯, 적을 최대한 끌어들여 싸우고 거북선을 타격하는 데 집중할 것.
       적의 사령선에 대한 타격이 가능하다면 역시 집중 타격할 것.

일곱, 선상의 병력을 정예화하고, 그 병력을 화공에 대비한 화재 진압
　　　조와 저격조로 편성할 것.

여덟, 적을 공격하기 용이한 곳에 엄폐용 참호를 파고 필요하다면 새
　　　로 진지를 구축할 것.

아홉, 적의 부산 쪽 기동이 확인되면 즉시 비상 체제에 들어가고 야간
　　　에도 상시 전투 체제로 운영할 것.

열, 　전투가 종료되면 그 결과를 하나도 빠짐없이 즉각 보고할 것.

　당시 부산포에는 내로라하는 일본의 해군 전문가들이 부산을 지키기
위해 모여 있었다. 일본의 해군 장관이자 안골포해전에서 이순신에게 혼
쭐이 났던 구키 요시타카, 이순신에게 한산도해전에서 패한 후 미역으로
연명하며 겨우 살아 도망쳤던 와키자카 야스하루, 옥포해전에서 이순신
에게 패한 도도 다카토라, 그리고 부산 주둔군의 실제 사령관인 도요토미
히데카츠가 이순신의 부산 공격에 대비하고 있었다.

임진왜란 당시 일본군을 대표할 만한 사령관들이 부산포에 다 모여 있었음에도 이시다 미쓰나리가 나서서 꼬치꼬치 이런 명령을 내렸다는 것은 그만큼 일본군으로서도 이순신에게 부산포를 공격당하는 것 자체가 절체절명의 상황이었음을 의미했다.

9월 1일 이순신은 조선의 연합 함대를 이끌고 부산포로 진격하였다. 전라우수사 이억기는 절영도를 우회하여 부산을 공격하기로 하였고, 이순신은 원균과 함께 육지와 절영도 사이의 좁은 초량 앞바다를 통해 부산까지 곧장 진격하기로 하였다.

이순신의 함대가 초량 앞바다 길목에 이르렀을 때 일본의 주력선인 세키부네 4척이 경계를 서고 있었다. 이들은 조선의 함대를 보더니 겁도 없이 돌진해 왔다. 4차 출정 후 처음 경험하는 일본 수군의 돌격전이었다. 이순신과 조선 수군들 역시 자신들의 본영인 부산 앞바다에서 죽음을 각오한 듯 돌격해 오는 일본의 함선들을 보며 긴장할 수밖에 없었다.

그런데 이게 웬일인가? 적선인 세키부네는 분명히 조선군을 향해 돌격해 오고 있었지만 그 함선에 탑승해 있었던 일본군들은 스스로 바다에 빠지고 있는 중이었다. 그리고 바다에 빠진 수백 명의 일본군들이 육지를 향해 헤엄을 쳐서 도망가는 장관이 펼쳐지고 있었다. 즉 주인 없는 배만 조선 수군을 향해 가까이 다가오고 있는 셈이었다.

4척의 세키부네에 탑승해 있었던 일본군 입장에서는 부산포의 사령관들이 지켜보고 있는 상황이라 도망갈 수 없는 상황이었다. 그렇다고 이순신의 조선 수군과 싸울 엄두는 안 났으니 배는 전진시키고 본인들은 바다로 뛰어들어 미리 살길을 모색했던 것이다. 하기야 아직까지 조선 수군과의 교전에서 단 한 차례도 이겨본 적 없는 일본 수군 입장에서는 조선 수군을 만나서 도망가는 일이 더 이상 수치스러운 일이 아니었다. 샌드백 역할을 하던 4척의 세키부네를 바다 위에서 잠재운 뒤 이순신과 원균의 함대는 초량목을 건넜다.

초량목해전(15승, 1592. 9. 1)

	조선군	일본군
사령관	**全左** 이순신 **全右** 이억기 **慶右** 원균	불명
함대 및 병력	판옥선 74척	전함 4척
피해 및 사상자	없음	전함 4척 전파, 380명 사망

부산포에 정박해 있는 500여 척의 일본군 함대는 적진이긴 했지만 장관이었다. 이순신을 비롯한 조선 수군들 역시 이렇게 많은 전함들이 바다 위에 떠 있는 것은 모두들 처음 보는 광경이었다. 그러나 이순신과 조선 수군들은 기죽지 않았다. 이순신은 부산포를 향해 거북선을 출발시켰다.

거북선이 부산포를 향해 다가오자 잔뜩 웅크려 있던 일본군들의 함포 공격이 시작되었다. 조선의 기술로 만들어진 조선의 화포가 조선의 수군을 향해 불을 뿜었다. 덩달아 조총과 편전 화살까지 날아들었다.

조선인만 다룰 수 있는 통아를 이용하여 쏘는 작은 애기살인 편전을 부산포의 순왜인(왜군에 협력한 조선인)들이 쏘아대는 것이었다. 이순신은 극심한 분노를 느꼈음에도 적의 예봉을 피하기 위해 후퇴 명령을 내렸다. 부산포로 진격하던 조선의 함대가 질서정연하게 후퇴하였다.

적을 유인하기 위한 작전상 후퇴가 아닌, 적의 파상 공격을 피해서 후

〈이순신 십경도〉5경 부산포해전

퇴하는 것은 전쟁이 터지고 일본군과 교전 이후 처음 있는 일이었다. 이
순신의 기함에 모든 장수들이 모였고, 긴밀한 작전 회의가 열렸다. 노익
장인 조방장 정걸과 전라우수사 이억기, 경상우수사 원균까지 모두가 내
일을 기약하자는 주장을 하였다.

　그러나 녹도 만호 정운만이 그럴 수 없다고 목소리를 높였다.

　"적의 기를 살려줘서야 되겠습니까? 다시 쳐들어갑시다. 오늘 안에 부
산포를 때립시다."

　이순신이 결단을 내려야 했다. 그리고 이순신은 정운의 의견을 수용하
였다.

　다시 부산포를 향한 재공격이 시작되었다. 선두는 언제나 그랬듯 거북
선이 앞장섰다. 왜군들의 집중 사격이 시작되었다. 당연히 돌격대인 거북

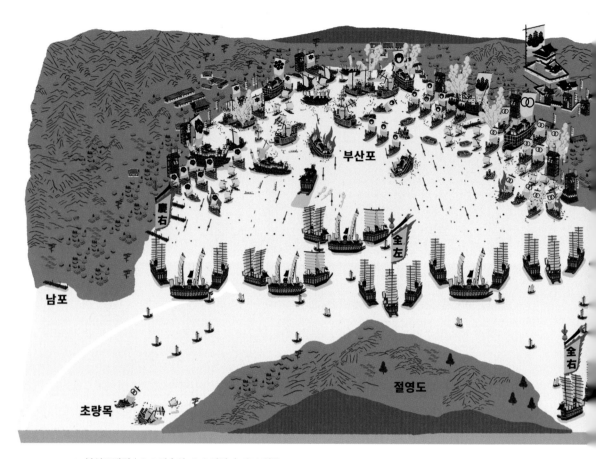

● 부산포해전 │ 全左이순신, 全右이억기, 慶右원균 ⇨

⇦ ✿ 구키 요시타카, ◉ 가토 요시아키, ❀ 도도 다카토라, ∞ 와키자카 야스하루

🐾 도요토미 히데카츠

선에 포화가 집중되었다. 이순신도 목이 바짝 타올랐다. 어렵게 만든 거
북선이 선두에 서서 방패 역할을 하고 있을 때 뒤를 따라가던 판옥선이
긴밀하게 움직였다.

다시 학익진이었다. 그러나 하나의 큰 학익진이 아니었다. 6개의 작은
학익진이 만들어진 것이다. 6마리의 학이 날갯짓을 하듯이 부산포를 향
해 일시집중타가 시작되었다.

타격을 입은 일본군들이 우왕좌왕 동요하기 시작했다. 또 다시 함선에 붙은 불을 끄고 물을 퍼내야 했으며, 그도 안 되면 바다로 뛰어들어 옆 함대로 옮겨 타거나 육지까지 헤엄을 쳐야만 했다. 조선 수군과 교전할 때마다 보이는 일상적인 일본군들의 패턴이었다. 일본군이 흐트러지면서 적의 공격을 힘겹게 버티던 거북선들에 드디어 기회가 찾아왔다.

부산포 해안으로 더욱 가까이 접근한 거북선이 조준 사격을 하기 시작했다. 거북선과 판옥선, 판옥선과 거북선이 긴밀히 자리를 바꾸는 교차 공격이 행해졌다. 부산포에서는 오전부터 해질녘까지 거북선과 판옥선에서 쏘아대는 함포 소리가 장장 10시간 동안 지축을 울렸다.

부산포에서 이순신의 공격을 받은 그 10시간은 일본군에게는 말 그대로 생지옥이었다. 이 과정에서 일본의 전함인 안택선과 세키부네 등 100여 척이 수장되었다. 한산도대첩에서 와키자카의 73척 중 59척을 침몰시켰던 반면 부산포해전은 그보다 거의 2배에 가까운 일본의 전함을 바닷속으로 수장시킨 것이었다.

이순신 스스로도 부산포해전이 가장 큰 승리라고 생각했던 것 같다.

전후 네 차례 출정하여 10번의 접전에서 번번이 승첩을 거두었으나 장수들의 공로를 논한다면 이번 부산 싸움보다 더 큰 것이 없었습니다. 적들은 간담이 서늘해지고 목을 움츠리며 두려워서 벌벌 떨었습니다.
〈부산포파왜병장〉

일본의 부산 주둔군 사령관을 맡았던 이는 도요토미 히데카츠란 인물로 도요토미 히데요시의 양자이기도 하였다. 임진왜란의 전초 기지이자 일본군으로서는 가장 안전한 지대라 할 수 있는 부산포에 머물던 그가 임진년 9월 1일 이순신의 공격으로부터 받은 정신적 충격은 엄청났다.

적선에서는 상식 밖의 엄청난 사정거리를 가진 포탄들이 아군의 함선을 향해 날아들었고, 그로 인해 배가 부서지고 불타며 바다에 가라앉고, 그럼에도 별다른 대항조차 하지 못해 비명을 지르며 죽어가는 아군의 모습에 공포감마저 생기고 말았다.

자신이 조선을 침략했을 때만 하더라도 조선이 이런 수군 전력을 보유하고 있으리라고 생각하지 않았다. 더군다나 말로만 듣던 조선 수군의 무시무시한 함포 공격을 실제로 당하고 보니 도요토미 히데카츠는 무력감이 더해진 공포감을 느꼈다. 혹 이후로도 이순신에게 다시 부산포가 공격당한다고 생각하면 더욱 끔찍했다.

도요토미 히데카츠는 이순신이 일본으로 돌아가는 길을 막아버린다면 본국으로 어떻게 돌아갈 수 있을지 불안해졌다. 부산포에서 이순신에게 혼쭐이 난 이후 여러 가지 불안에 떨던 그는 결국 며칠 뒤 화병이 나서 죽고 말았다.

부산포해전(16승, 1592. 9. 1)

	조선군	일본군
사령관	全左 이순신 全右 이억기 慶右 원균	✿ 구키 요시타카 ⬤ 가토 요시아키 ✤ 도도 다카토라 ◎ 와키자카 야스하루 ✿ 도요토미 히데카츠
함대 및 병력	판옥선 74척	전함 470척, 병력 7만 명
피해 및 사상자	7명 전사, 25명 부상	전함 128척 침몰 3,834명 사망, 1,200명 부상

정운이 죽다

부산 시민의 날

부산포해전에서 승리했던 날은 1592년 9월 1일이었다. 이를 양력으로 계산하면 10월 5일이다. 그래서 오늘날 '부산 시민의 날'이 10월 5일이다. 이순신이 부산포를 공격해서 대승을 거둔 날이 바로 부산 시민의 날이 된 것이다.

© 현충사

조총은 일본군의 주요 무기였다.
전쟁 초기 조선군은 일본군의 조총 공격에 속수무책으로 무너졌다.

　그러나 엄청난 승리를 거둔 부산포해전에서 이순신은 가장 아끼는 부하 장수 정운을 잃었다. 일본 저격병들이 주로 사용하는 대조총에 맞아 그만 쓰러지고 만 것이다.

　하늘이 꺼진 듯 슬픔에 빠져 정운의 장례를 치르며, 이순신은 그를 떠나보내는 절절한 마음을 추모 제문에 담았다.

정운(1543~1592)

어허, 인생이란 반드시 죽음이 있고

죽고 삶에는 반드시 천명이 있나니

사람으로서 한 번 죽는 것은 진실로 아까울 게 없건마는

오직 그대 죽음에 마음 아픈 까닭은

나라가 불행하여 섬오랑캐 쳐들어와

영남의 여러 성이 바람 앞에 무너지자

몰아치는 그들 앞에 어디고 거침없이

우리 서울 하루 저녁 적의 소굴 이루도다.

천 리 관서로 님의 수레 옮기시고

북쪽 하늘 바라보면 간담이 찢기건만

슬프다 둔한 재주 적을 칠 길 없을 적에

그대 함께 의논하자 해를 보듯 밝았도다.

계획을 세우고서 배를 이어 나갈 적에

죽음을 무릅쓰고 앞장서 나가더니

왜적들 수백 명이 한꺼번에 피 흘리며

검은 연기 근심 구름 동쪽 하늘을 덮었도다.

4번이나 이긴 싸움 그 누구 공로런고

종사를 회복함도 기약할 만 하옵더니

어찌 뜻했으랴 하늘이 돕지 않아 적탄에 맞을 줄을

저 푸른 하늘이여 알지 못할 일이로다.

돌아올제 다시 싸워 원수 갚자 맹세터니

날은 어둡고 바람조차 고르잖아 소원을 못 이루매

평생에 통분함이 이 위에 더할쏘냐.

여기까지 쓰고 나도 살을 에듯 아프구나.

믿는 이 그대인데 이제는 어이할꼬.

진중의 모든 장수 원통히도 여기거니와

그 재주 다 못 펴고 덕은 높되 지위 낮고

나라는 불행하고 군사 백성 복이 없고

그대 같은 충의야말로 고금에 드물거니

나라 위해 던진 그 몸 죽어도 살았도다.

슬프다 이 세상에 누가 내 속 알아주리.

극진한 정성으로 한잔 술을 바치노라.

어허, 슬프도다.

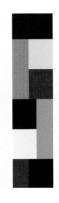

웅포해전

1592년 4월 임진왜란이 발발했고 1592년 5월 1차 출정을 나선 이순신은 옥포와 합포, 적진포에서 승리했다. 1592년 5~6월 2차 출정 때는 사천, 당포, 당항포, 율포에서 연전연승했다. 1592년 7월의 3차 출정에서는 한산도에서 승리하면서 남해의 제해권을 완전히 장악하였고 동시에 안골포에서도 승리를 거두었다. 그리고 1592년 9월 초, 대망의 4차 출정에 나서 당시 적의 본진인 부산포까지 완전히 쓸어버렸다.

임진년에 조선땅에서 벌어진 양국 간의 전투에서 육전은 일본군이 압승을 하였고, 해전은 조선군이 압승을 하는 상황이었다.

1592년 9월 부산포해전에서 대패한 이후 일본은 다시 한번 육지를 통해 호남을 공격하려는 계획을 세웠다.

부산포해전 한달 후인 1592년 10월, 일본군은 호남으로 넘어갈 수 있는 관문이었던 진주성을 공격했으나, 성주 김시민과 진주성 주민들의 끈질긴 저항으로 진주성은 지켜졌고 일본군은 육지로의 호남 진출을 다시 포기할 수밖에 없었다. 김시민은 전사하였지만 그의 위명은 일본에까지 남아 '모쿠소'라는 두려운 존재가 되었다. 일본인들은 '목사'를 모쿠소라 발음하였다.

〈덴지쿠 도쿠베 이국 이야기〉

두꺼비를 타고 일본을 멸망시키러 온다는 모쿠소의 모습

진주성에 있는 김시민 동상

이순신의 임진년 승전지

부산포해전과 진주성대첩 이후 전쟁은 소강 상태로 빠져들었다. 해상 보급이 불가능해지자 육지의 일본군은 더 이상 사나운 침략군이 아니었다.

이순신이 제해권을 장악하지 못했다면, 일본 수군은 서해 바다를 돌아서 한강을 타고 한양으로, 예성강을 타고 개성으로, 대동강을 거슬러 평양으로의 군대 충원과 보급이 가능했을 것이다. 일본군은 압록강을 타고 들어가 의주에 있는 선조가 명나라로 도망가는 길을 막았을 것이고 조선의 임금을 사로잡았을 것이다. 해전에서 조선군의 승리가 일본 육군의 발을 묶었고 전쟁의 양상을 바꿔버린 것이었다.

임진년 9월에 치러진 부산포해전 이후 전라좌수영의 수군들은 고향으로 돌아가 추수기 수확에 힘써야 했다. 세액 3분의 1이 곡창 지대인 호남에서 충당되었던 조선이었다. 전쟁으로 전 국토가 유린당한 상태에서 유일하게 살아남은 호남의 쌀을 수확하는 것은 전투의 승리만큼 중요한 일이었다. 가을 걷이가 끝나고 겨울이 찾아오면서 처참했던 임진년이 저물어가고 있었다.

1593년 계사년이 밝았다. 새해가 밝기 무섭게 함경도에서 정문부가 일본군 2선발이었던 가토 기요마사를 몰아내고 함경도를 온전히 수복하였다.

이어 명나라 군대가 조선에 참전하였다. 이여송의 5만 명나라군이 도착하였고 류성룡과 조명연합군을 편성하였다. 마침내 1593년 1월에 평양성을 탈환하였다. 평양성 탈환에는 사명당을 비롯한 승병들의 활약이 있었다. 평양성 탈환 소식을 들은 선조는 한껏 고무되었는지 전라좌수사 이순신에게 출정을 독려하는 장계를 3번이나 보냈다.

"그대는 해군들을 남김없이 이끌고 적을 모조리 무찌름으로써 적의 배 1척도 돌아가지 못하게 하라."

왕의 거듭된 출정명령서를 받은 이순신은 전라우수영의 이억기와 경상우수영의 원균에게 연락을 취했다. 그리고 견내량에서 만나기로 약속하였다.

1593년 2월 6일 여수 본영을 출발한 이순신이 사량도에서 하룻밤을 묵고 다음날 견내량에 도착하였다. 여수에서 견내량까지 노를 저어 가는 데만 36시간이 걸리는 험난한 여정이었다. 경상우수사 원균은 이미 도착해 있었다.

원균은 전라우수사 이억기가 약속 날짜를 지키지 못했다고 불같이 화를 냈다. 전라우수영의 본영은 해남이었다. 이억기의 전라우수영 부대는 이

정문부(1565~1624)

정문부는 함경도에서 의병을 일으켜 국경인 등의 순왜자를 척결하였다.
국경인은 조선의 왕자 임해군과 순화군을 가토 기요마사에게 바친 반역 행위자였다.
정문부는 길주전투(1593.1)에서 승리하면서 가토를 함경도에서 몰아내고,
함경도를 온전히 수복하였다.
조선 조정은 일본과의 급한 전장에 정문부를 투입하지 않았고 임진왜란 내내
그를 함경도에 있게 하였다. 여진족의 방어도 중요했지만
전쟁 경험과 능력을 갖춘 조선의 최정예 기갑을 함경도에 묶어두었던 것이 아쉽다.

틀간 노를 저어야만 여수에 도착할 수 있었고 다시 이틀 동안 노를 저어야
이순신과 원균이 집결지로 잡은 견내량에 도착할 수 있었다.

　그에 비하면 자신의 관할지에서 이동하여 단 몇 시간 만에 당도한 경상
우수사 원균이 그렇게 분노하며 이억기를 비판하다니, 조금 지나친 감이
있었다. 그러나 문제는 이런 부분이 조정에 왜곡되어 잘못 알려지게 되었
다는 것이다.

　'원균은 항상 일본과 먼저 싸우려 했으나 이순신과 이억기는 신중했다.'

그즈음 부산포의 일본 전함은 다시 500여 척으로 늘어나 있었다. 이순신과 조선의 연합 함대가 임진년에 셀 수 없을 정도로 많은 일본의 전함들을 격침시켰음에도 일본에서 새롭게 건조된 전투선들이 빈자리를 채우고 있었다. 100년간의 전국시대 내전을 통한 물자 보급 능력과 군수품 생산 능력은 당대 가히 세계 최강이라 해도 과언이 아니다.

이순신 입장에서 다시 부산포를 공격하려면 문제가 되는 곳이 웅천이었다. 안골포 옆 웅천이라는 곳에 왜군들이 왜성을 쌓고 전진 기지를 만들어놓고 있는 상황이었다. 어차피 바다에서는 이순신의 조선 수군을 이기지 못한다는 판단 아래 도요토미는 왜성 축조를 명령하였다. 그리하여 울산부터 기장을 넘어 부산과 거제도, 사천까지 엄청나게 많은 왜성들이 만들어졌다. 더불어 왜성의 앞바다 포구마다 일본의 전투선들이 주둔해 있었다.

이순신은 일단 웅포로 향했다. 좁은 바다 양편에 일본군들이 전진 기지를 만들어놓았고 정면에는 왜성을 쌓아올렸기 때문에 공격이 쉽지 않았다. 이순신의 함대가 들어서자 왜성에서 단박에 조총이 쏟아졌고 대포도 발사되었다. 일본의 함선들은 왜성에 바짝 붙어 정박해 있었고, 일본의 함대들이 정박해 있는 포구에는 성벽과 토굴, 나무와 목책 등 각종 엄폐물 뒤로 조총 사수들이 대기 중이었다. 조선 수군 입장에서는 일본군들을 유인하여 큰 바다로 나오게 하는 작전밖에 없었다. 그러나 이 전술에 여러 차례 당했던 일본 수군이 더 이상 조선 수군의 유인 작전에 말려들지 않았다.

웅포의 앞바다 양쪽 끝단 간격은 700m 정도 되었다. 당시 이순신의 전라좌수영 판옥선이 40척, 전라우수영 판옥선이 42척, 경상우수영 판옥선이 7척, 크고 작은 포작선까지 동원하면 조선 함대가 300척 가까이 되었

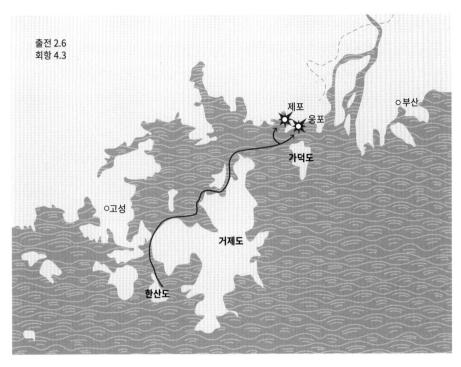

출전 2.6
회항 4.3

제포
웅포
부산
가덕도
고성
거제도
한산도

웅포해전 상황도

다. 그런데 판옥선들을 전투에 투입한다 한들, 바다가 좁아서 6 ~ 7척밖에 못 들어갈 형편이었다. 무리하게 상륙할 수 없는 조선군과 넓은 바다로 나오지 않으려는 일본군의 오랜 신경전이 한달 넘게 계속되고 있었다.

이순신은 상륙 작전을 계획했다. 조선의 수군이 일본의 육군과 백병전을 불사하겠다는 것이었다. 심혜, 의상 같은 승장들과 성응지 같은 의병장까지 이 상륙전에 참여하였다. 이순신의 활약상이 널리 알려지며 전국의 의병장과 스님들이 이순신 곁으로 모여든 것이었다.

조선의 수군과 의병, 승병의 육해군 연합 부대가 제포(지금의 진해) 쪽으로 상륙 작전을 전개했다. 안골포 쪽으로는 판옥선 몇 척을 상륙시켜서 공격하는 척 하였다. 그러나 조선의 주력군이 공격하는 곳은 웅천왜성이었다. 전라좌우수영과 경상우수영의 최정예 판옥선 15척으로 구성된 특공대가 웅포를 공격하면서 초유의 상륙 작전을 함께하는 양면 동시 공격이 개시되었다. 양면 공격으로 많은 적선을 수장시켰고 불태웠다. 그리고 많은 일본군을 죽였다.

그러나 조선군은 결국 웅천왜성을 점령하지 못하였다. 일본 전국시대 전투 상황을 참고하자면, 공성전을 전개할 때 성 안에 있는 수성군보다 5배는 많은 공성 병력이 있어야 승산이 있었다. 당시 웅천왜성의 일본군은 1만 명 남짓이었다. 채 1만이 안 되는 조선 수군이 공격해서 승리할 수 있는 상황이 아니었다.

이 웅천왜성 공격뿐 아니라 임진왜란 당시 조선이나 명나라군이 일본 왜성을 여러 차례 공격했으나 단 하나의 왜성도 점령하지 못하였다. 그만큼 오로지 수성이라는 한 가지 목적만을 위해 오랜 기간의 경험을 통해 축성된 왜성은 실로 견고했다. 설령 성문을 깨거나 성벽을 타고 넘어갔다고 하더라도 미로처럼 꼬여 있는 왜성의 구조 때문에 왜성을 완전하게 점령하는 것은 사실상 불가능할 정도였다.

웅포해전에서는 이런 일도 있었다. 삼도 수군 15척의 정예 함대가 웅천왜성을 공격하던 중 2척의 판옥선이 좁은 바다에 서로 엉키며 부딪치고 말았다. 덩치 큰 판옥선끼리 부딪치니 노가 부러지고 배가 기울고 격군들이 굴러다니는 등 전투 태세가 삽시간에 흐트러졌다. 때를 기다리던 일본의 세키부네들이 서로 부딪쳐 혼란스러운 2척의 판옥선에 빠르게 접근했다. 곧이어 일본군들은 그들의 특기인 등선육박전술을 전개하여 판옥선에 기어올랐다. 2척의 판옥선 갑판에서는 치열한 백병전이 전개되었다.

판옥선 1척에는 격군까지 130명 가량이 탑승을 한다. 2척이면 260명의 생사가 달려 있는 판이었다. 먼 거리에서 이를 지켜보는 이순신의 속이 타들어가고 있었다. 바로 옆 가까이에 경상우수사 원균 휘하의 판옥선이 있었지만 이들은 아군을 구하려 나서지 않았다. 분노한 이순신이 급히 명령을 내렸고, 가장 가까이 있었던 전라좌수영의 판옥선들이 접근하여 우리 배에 올라와 백병전을 전개하던 일본군을 모두 죽이고 판옥선을 간신히 구출해내었다.

발포 2선, 가리포 2선이 명령도 없이 뛰어들었다가 얕은 곳에서 걸려 적들에게 공격당하고 말았다. 분하고 분하여 가슴이 찢어질 것 같다. 경상 좌위장과 우부장은 그 모습을 보고서도 못 본 체 하고 끝내 도와주지 않았다. 괘씸하여 말하기조차 싫다. 분하고 분하도다! 이 때문에 경상도 수사 원균을 꾸짖었지만 통탄스럽다. 오늘의 분함을 어찌 다 말할 수 있으랴.

《난중일기 1593년 2월 22일》

'명나라가 평양성을 점령했으니 이순신은 빨리 남해 바다를 막으라.'

이순신은 이러한 선조의 명령에 따라 웅천왜성을 공격하고 있었지만, 실상 명나라 군대는 벽제관에서도 패하고 개경으로 후퇴하고 있었다. 한양에서도 조명연합군이 여태 일본군을 몰아내지 못하고 있었다.

이순신은 경상도 순찰사였던 김성일에게 사람을 보내 육군의 지원을 요청하였다. 그러나 김성일로부터 '육지 상황이 다급해 웅천 쪽으로 군대를 보내줄 수 없다'는 답을 전해 들었을 뿐이었다.

이런 와중에 군량미와 화약이 떨어져가고 있었다. 바다 위에서 여러 날 섬들을 전전하면서 숙영을 하느라 지쳐가는 병사들의 고통을 이순신은 외면하기 힘들었다. 또 모내기철이 다가오고 있었다. 어쩔 수 없이 군대를 후퇴시켜야만 하는 상황에서 임금 선조가 아군의 후퇴를 이해하지 못할까봐 이순신은 고민했다.

일본 측에서는 웅포해전을 자신들의 승리로 해석하기도 한다. 반박할 가치도 없는 소리다. 웅포에서 승리했다면, 왜 일본군은 웅포해전 이후에 자신감을 가지고 넓은 바다로 함대를 몰고 나오지 못했는가?

웅포해전은 분명히 이순신이 승리한 전투였다.

우리 측 기록에는 적선 20여 척을 깨뜨렸다 했고, 일본 측 기록에는 일본의 함선 50척이 침몰당했다는 기록도 있다. 우리 주력선인 판옥선은 단 1척의 피해도 입지 않았다. 그리고 이순신의 끈질긴 공격으로 2,000명의 일본군이 죽었다. 아쉽다면 일본의 전진 기지인 웅천왜성을 점령하지 못했던 것뿐이었다.

웅포해전(17승, 1593. 2. 10 ~ 3. 6)

	조선군	일본군
사령관	**忠左** 이순신 **忠右** 이억기 **慶右** 원균	구와나 치카카츠(사망) 하타 치카시
함대 및 병력	판옥선 89척	전함 100여 척
피해 및 사상자	불명	전함 51척 침몰, 2,500명 사망

우리의 읍성과 일본의 왜성

임진왜란 당시 일본군들이 왜성을 빠르고 일사불란하게 쌓아올리는 모습은 조선인들이 보기에 놀라울 정도였다. 왜성 역시 전국시대 100년 동안 전쟁을 치르며 축적된 기술력이었다. 조선의 경우 농민들이 노역에 동원되어 성을 쌓았던 반면에 일본은 성만을 전문적으로 쌓는 기술자 집단이 수백 명씩 존재했다. 그리고 그들이 쌓은 성은 난공불락이었다.

© 한국관광공사

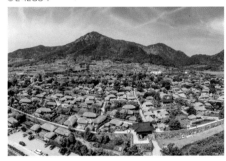 

낙안읍성(좌)과 오사카성(우)
혹시 우리의 읍성보다 일본의 왜성이 더 아름다워 보이는가?
읍성은 백성을 위한 성이고 왜성은 다이묘를 위한 성임을 알고 비교하자.

조선의 읍성은 적이 침략해 올 경우 백성을 성 안에 들여야 하기 때문에 넓어진 만큼 성벽을 높게 올리는 것이 쉽지 않았다. 그러나 일본의 왜성은 수성해내는 데만 모든 신경을 다 써서 만들어낸 기술의 집합체였다.

이러한 왜성에 웅크리고 바다로 나오지 않는 왜군들 때문에 이순신의 고민도 깊어졌다.

일본의 8도 분할점령 지도

도요토미 히데요시는 조선 정복에 성공한 뒤 임진왜란 출정 다이묘들에게 포상을 내릴 목적과 영토 관할의 목적으로 조선 8도를 기준으로 한 총 8국 분봉 형식의 분할안을 만들었다.

조선 8도 분할안

제1군	고니시 유키나가	18,700명	평안도 점령군
제2군	가토 기요마사	22,800명	함경도 점령군
제3군	구로다 나가마사	11,000명	황해도 점령군
제4군	시마즈 요시히로	17,000명	강원도 점령군
제5군	후쿠시마 마사노리	24,700명	충청도 점령군
제6군	고바야카와 다카카게	15,700명	전라도 점령군
제7군	모리 데루모토	30,000명	경상도 점령군 및 보급대
제8군	우키타 히데이에	10,000명	경기도 점령군 및 사령대
제9군	도요토미 히데카츠	11,500명	부산 주둔군 및 보급대
수군	도도 다카토라	9,450명	
조선 침략 일본군		170,850명	

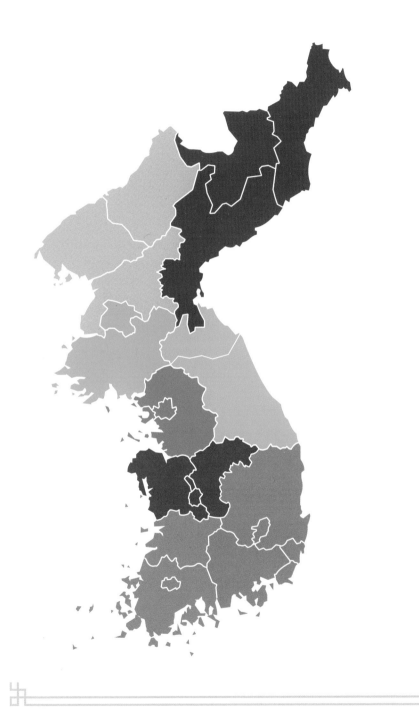

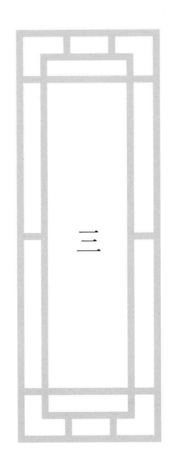

휴전 | 1593 ~ 1596

북쪽에 갔을 때도 고락을 같이 하고
남쪽에 와서도 생사를 함께하는구나
오늘밤 달빛 아래 한잔 술을 나누고 나면
내일은 이별을 아쉬워하겠구나

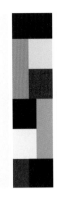

휴전에 대한 삼국의 입장 차이

명나라 입장에서는 조선을 돕기 위한 이 전쟁에 열심일 이유가 없었다. 도요토미 히데요시가 정명가도를 표방했기에 순망치한脣亡齒寒(입술을 잃게 되면 이가 시리다)이 될까 우려해 참전했던 명나라였다. 여태껏 자신들에게 사대의 예를 보였던 조선을 돕는다는 명분도 있었지만, 무엇보다 자국의 영토가 전쟁터로 되는 것을 막고자 병력을 파병한 그들이었다.

실제로 1593년 1월 조명연합군이 평양성을 탈환하는 과정에서 명나라 군대의 전사자는 1,000명이 넘었다. 평양성을 점령한 후 이여송이 위로 잔치에서 마을 어른들에게 이렇게 말했다.

"이 전투에서 우리 명나라 군인 3,000명이 죽었다."

평양성 공격 중 일본군의 조총 공격에 쓰러진 명나라 병사의 숫자가 엄청났고, 산처럼 쌓인 시신을 밟고 성을 넘었다는 이야기도 있다. 평양성 전투뿐 아니라 직후의 벽제관전투에서는 당시 요동 제독이었던 이여송의 친위 기병 1,500명이 몰살당하기도 했다. 남의 나라 전쟁에 참전한 결과 자국 군대의 손실이 적지 않았던 것이다.

더군다나 명나라 군대가 평양성에서 전투를 벌이고 개성까지 수복했던 계절은 한겨울이었다. 추운 겨울, 요동 기병과 함께 들어와 장거리 행군을 해야 했던 말 수만 마리가 제대로 마초를 공급받지 못해 고생하며 굶다가 마역이 돌아 1만 2천 필이 죽어나갔다. 요동 기병이 요동 보병으로 전락할 노릇이었다. 그만큼 조선 원정에 동원된 명나라 군대(이하 '명군')도 큰 어려움을 겪고 있었다. 명나라로서는 이 전쟁에 발을 빼고 싶은 것이 당연할 터였다.

일본은 조선 침략을 결정하고 부산에 상륙하여 쉽게 한양을 점령하였다. 이후 고니시가 평양을 점령하고 가토가 함경도로 진격하던 때만 해도 만사가 형통한 듯 보였다. 그러나 이순신 때문에 수군의 서해 진출이 불가능해졌고 보급 또한 어려움을 겪었다. 그리고 여기저기 들고 일어나는 조선의 의병이라는 복병에 일본군들은 당황했다. 그 오랜 전국시대의 전쟁에서 농민들이 칼을 들고 싸우는 것을 본 적이 없었던 일본군들은 조선 민병대의 이해할 수 없는 애국심과 충절에 사기가 많이 저하되었다. 나라로부터 별로 받은 것도 없으면서 나라가 위기에 빠지면 떨쳐 일어나는 이상한 DNA를 가진 민족성을 일본군들은 이해하지 못했다.

이렇듯 이순신의 활약과 각지의 의병들이 거병하면서 일본 제1군 고니시는 평양성에서 북쪽으로 더 이상 진격하지 못했다. 조선의 추위와 배고픔에 고전하다가 조명연합군에게 평양성을 빼앗기고 도망치던 상황은 일본군에게도 고통 그 자체였다.

함경도까지 진출했던 제2군 가토 기요마사 역시 함경도 의병장 정문부에게 패했고, 명군의 참전으로 퇴로가 차단될까 두려워 함경도를 포기하고 한양으로 후퇴할 수밖에 없었다.

그러나 일본군은 한양으로 공격해 들어오는 명군을 벽제관에서 막아내는 데 성공했다. 하지만 한양 코앞이나 다름없는 행주성까지 진출했던 조선군을 공격하다 권율에게 패하여 물러나고 말았다.

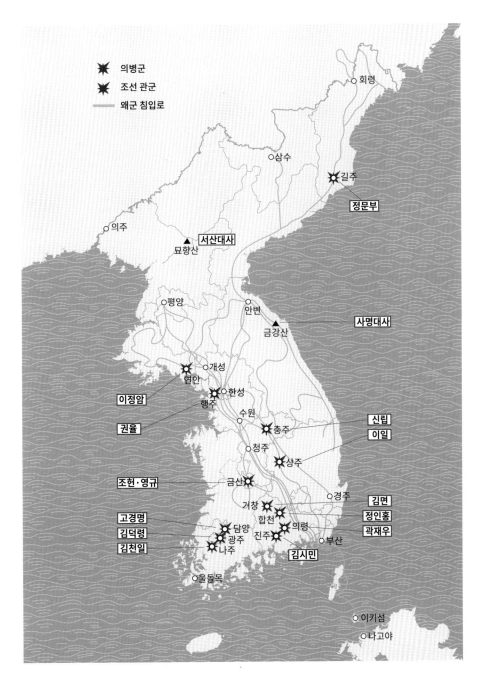

의병의 봉기

권율은 이치전투(1592.7)와 행주대첩(1593.2)의 영웅이었다.
이후 도원수가 되어 임진왜란이 끝날 때까지 조선의 육군을
총 지휘하였다.

전쟁이 장기화되면서 일본군들 또한 부상당했고, 병들고, 굶주렸다. 조선 수군에게 패했고, 명군까지 참전하자 사기는 저하되었다. 조선의 추운 겨울을 넘기면서 혹한으로 동상에 걸려 손발이 성한 이들이 거의 없을 정도였다.

임진년에 일본군 22만 병력이 조선땅을 밟았으나 1년 후인 1593년에는 총 병력이 10만 명에 불과했다. 1년 동안 자그만치 일본군 12만 명이 목숨을 잃은 것이다.

조선의 상황은 최악이었다. 병력 손실만 놓고 보더라도 일본군보다 더

참빗　　　　　　　　　　　　　얼레빗

하면 더했지 덜하지는 않았다. 나라의 군인 역할을 대신하고 있었던 의병들의 사정 역시 눈물겨울 정도였다. 임진왜란이 일어나자 전국에서 들불처럼 일어나 큰 활약을 펼쳤던 의병인데, 1593년 계사년에 들어서는 오히려 의병의 숫자가 줄어들었다. 나라를 지키겠다는 일념으로 민초들이 곡괭이를 들어가며 일본군과 싸웠지만 돌아오는 것은 국가의 푸대접이었다.

조선 조정은 의병들에게 무기나 군량이나 방한복을 지급해주지 못했다. 명나라의 참전 이후 군수품 보급이 명군에게 집중되면서 전쟁 중 아사를 걱정하던 조선의 의병들은 고향으로 내려가 일본군을 향해 내어들었던 곡괭이로 다시 밭을 일구었던 것이다.

백성들 역시 명군을 위해 군량미와 마초를 준비하고 명나라의 기마대가 이동할 수 있도록 다리를 놓고 길을 닦는 노역을 할 수밖에 없었다. 그래서 이런 말이 돌았다.

'명나라 군은 참빗이고 일본군은 얼레빗이다.'

일본군이 휩쓸고 지나간 자리보다 명군이 지나간 자리의 약탈이 더욱 심했다는 의미다. 전쟁이 휩쓸고 지나간 당시 조선의 참상은 끔찍했다.

각 도의 인민이 떠돌아 살 곳을 정하지 못해 굶어죽은 송장이 잇달았다. 마침내 사람이 서로 잡아먹는 지경에 이르러 아이를 잃은 자가 많았고, 산과 숲에 풀잎이며 소나무 느릅나무의 껍질과 줄기도 모두 없어졌다.
《난중잡록》

왜적이 한양을 점령한 지 벌써 2년, 온 국토가 쑥대밭이 되어 농사지을 땅도 남아 있지 않은 까닭에 백성들은 굶어죽는 것이 다반사였다. (중략) 마산 가는 길에 죽은 어머니의 젖을 빨고 있는 아기를 본 사 총병(명나라 사령관)이 아기를 데려다 기르기 시작했다.
《징비록》

전쟁이 발발했던 1592년의 4월은 양력으로 5월 후반이었다. 모내기를 해야 할 때에 전쟁이 시작된 것이었다. 임진왜란 이전의 조선의 토지 결수는 대략 150만 결 정도였다. 그런데 전쟁통에 경복궁이 점령당하며 토지 대장인 양안이 소실되었고 토지 결수 기록도 죄다 사라졌다. 훗날 광해군이 양전 사업을 시작하여 다시 양안을 만들었는데, 토지 결수가 채 30만 결에 못 미쳤다. 전쟁으로 전 국토 70% 이상의 농경지가 황폐화된 것이다.

그럼에도 불구하고 조선은 휴전에 찬성할 수 없었다. 일본군이 완전히 철수하지 않은 채 남해안에 왜성을 쌓고 웅크리고 있는 상태에서 조선 조정은 도저히 휴전을 받아들일 수 없었다.

그러나 명나라와 일본의 휴전에 대한 이해관계가 맞아떨어졌다. 곧이어

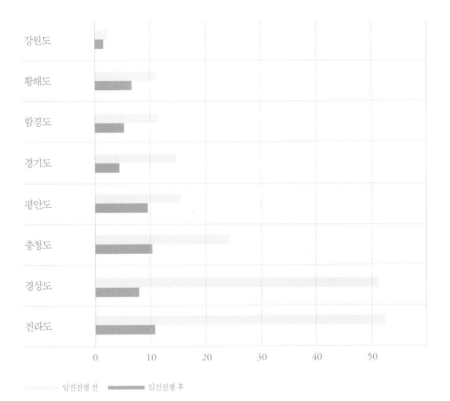

임진전쟁 전   임진전쟁 후

임진전쟁 전후 토지 결수 변화(단위: 만 결)

명나라 심유경과 일본군 고니시가 주도하는 강화협상이 진행되었다. 물론 조선은 강화협상에 반대하였지만 명나라는 조선의 의견을 무시한 채 협상에 임했다.

명나라와 일본의 요구 조건은 너무 달랐다. 명나라의 주장은 일본군의 항복과 철군이었고, 일본의 주장은 조선 영토 분할 등이었기에 협상 조건이 서로에게 받아들여지기 어려웠다. 그러자 심유경과 고니시는 명나라와 일본 양국을 모두 속이는 밀실협상을 전개하였다.

그 과정 중 조선에는 일본군의 한양 철수와 함경도에서 잡힌 임해군과 순화군의 석방이라는 선물이 주어졌다. 대신 일본군이 한양에서 철수할 때 조선군의 움직임이 통제되어야 했다.

포르투갈 선교사 루이스 프로이스는《일본사》에 이런 기록을 남겼다.

'일본군이 한양에서 후퇴할 때 조선이 추격전을 전개했더라면 전멸을 면치 못했을 것이다.'

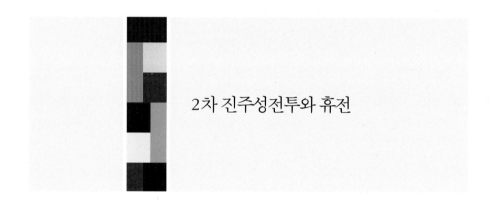

2차 진주성전투와 휴전

7년간의 조일전쟁, 임진왜란을 세 시기로 나누면 이러하다.

1기	임진왜란기	1592. 4 ~ 1593. 6
2기	휴전기	1593. 6 ~ 1597. 7
3기	정유재란기	1597. 7 ~ 1598. 11

휴전에 반대하는 조선을 배제한 채 명나라의 심유경와 일본의 고니시 사이에 휴전 논의가 계속되었다. 명나라는 일본에게 한양에서 퇴각하는 일본군을 공격하지 않겠다는 약속을 했고, 조선은 일본에게 빼앗겼던 한양을 전쟁 발발 후 1년 만인 1593년 4월에 되찾았다.

회령

삼수

길주

명군 철수 1593.8~1594.9

의주

평양성 탈환
1593.1

안변

▲ 금강산

개성

행주대첩 ✾ 한성수복 1593.4
1593.2

충주

청주

상주

금산

경주

의령

광주

나주

2차 진주성 전투
1593.6

한산도

수군진영 이진
1593.7

부산

일본군 철수
1593.8

이키섬

나고야

1593년 이후 전황

진주성과 촉석루

　한양에서 후퇴하여 남쪽으로 내려온 일본군은 왜성에 틀어박힌 채 전열을 재정비했다. 도요토미 히데요시는 이들에게 진주성 공격 명령을 내렸다. 1차 진주성전투(1592. 10) 패전에 대한 복수로 진주성을 재차 공격하기로 한 것이다. 그리하여 육군의 이름 있는 무장들이 죄다 모여 진주성 공격에 관한 회의를 하였다. 그런데 정작 회의는 이순신에게 패한 자국의 수군을 비난하는 성토 대회에 가까웠다.

　"나라 재정을 파탄 내면서까지 그 많은 함선을 만들어줬건만, 아니 이순신이라는 자가 이끄는 조선의 보잘것없는 수군을 제대로 못 다루었단 말이오?"

　그때 이시다 미쓰나리가 불만 투성이던 장수들에게 한마디했다.

　"공들께서 그토록 해전에 자신이 있으시다면, 태합님께 허락을 받아 해군 총사령관 자리를 비워놓겠습니다. 누구든 이순신을 이겨서 그 이름을 역사에 남겨보시오."

그러자 거친 불만들을 쏟아내던 일본의 육군 무장들이 입을 딱 다물고 말았다. 일본의 육군 무장들에게도 이순신은 그만큼 공포의 대상이었다.

휴전 회담의 내용을 어기는 행위였음에도 도요토미 히데요시의 복수심에 가득 찬 공격 명령을 일본 장수들은 거역할 수 없었다.

진주성을 공격해 왔던 일본 장수들의 면면을 보자.

1대	가토 기요마사, 구로다 나가마사, 시마즈 요시히로 등	25,624명
2대	고니시 유키나가, 다테 마사무네 등	26,182명
3대	우키타 히데이에, 이시다 미쓰나리 등	18,222명
4대	모리 히데모토 등	13,600명
5대	고바야카와 다카카게 등	8,744명

1593년 6월. 일본군 최정예 9만 병력이 진주성을 공격하였다. 2차 진주성전투는 임진왜란 7년 전쟁을 통틀어 일본군 최대 병력과 지휘부가 총동원된 공격이었다. 엄청난 병력의 공격에 명군과 권율 등 조선의 관군들도 포기해버린 진주성이었다. 하지만 어떻게든 진주성을 지키려 했던 충청 병사 황진과 의병장 김천일, 경상우병사 최경회가 있었고 이들은 8일간 진주성에서 뜨거운 항전을 했다. 충청 병사 황진이 8일째 총상으로 죽었다. 그리고 다음날인 9일째 진주성은 끝내 점령을 당했다. 성이 함락당하자 김해 부사 이종인은 일본군 2명을 어깨로 헤드록을 걸고 남강에 뛰어내렸다.

"나 김해 부사 이종인 이곳에서 죽노라."

전투 후 경상우병사 최경회의 부인이었던 논개 역시 적장을 껴안고 남강에 뛰어들었다.

황진(1550~1593)

어떤 사람이 황진에게 말하기를

"당신은 충청도 병마사이니 경상도 진주성 수비와 직접 관계가 없소.
나와 밖에서 싸웁시다."

하니 황진이 말하기를

"나는 이미 김천일과 더불어 약속을 하였으니 죽을지언정 그 약속을
저버릴 수 없소."

《선조수정실록》

위 사료의 어떤 사람은 곽재우였다. 죽음의 공간이 될 수 있었던 진주
성에 들어가기를 거부했고, 후방에서 구원과 교란 작전조차 하지 않았던
권율과 곽재우를 어떻게 평가해야 할까.

전략 전술 차원에서 입장의 차이는 있을 수 있고, 어떤 행동이 국익에
도움이 될지는 아무도 모른다. 다만 진주성으로 피난한 6만여 명의 백성
을 외면했던 이들을, 그 백성을 지키고자 아무 연고도 없는 진주성에 모
여들어 장렬히 싸우다 죽어간 이들보다 훌륭하다고 할 수는 없을 것이다.

일본군은 진주성을 9일 만에 점령했지만 전쟁 동력을 크게 상실했다. 진주성을 점령하는 과정에서 일본군 3만 이상의 사상자가 생겨났던 것이다. 진주성을 점령하고도 일본군은 호남을 공격하지 못했고, 결과적으로 제2차 진주성전투에서 황진을 비롯한 진주성 주민들의 처절한 저항으로 1597년 정유재란이 발발할 때까지 4년간 휴전이 유지될 수 있었다.

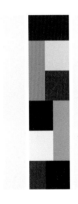

삼도수군통제사가 되다

전라좌수사 이순신은 1593년 7월, 본영을 여수에서 한산도로 옮겼다. 일본군들은 한산도해전에서 패한 이후 거제도를 넘어서지 못하고 있었다.

이순신 입장에서는 한산도에서 견내량만 틀어쥐고 있으면 바다에서만큼은 일본군의 서진을 막아낼 수 있었다. 그리고 일본의 전진 기지인 부산포를 다시 공격하기에도 수월했기에 한산도는 천혜의 요지였다.

이순신이 육로를 통해 여수가 공격당할 것을 두려워해 섬인 한산도로 이동하였다고 보는 시각도 있다. 그러나 이순신은 여수에서 한산도로 떠나면서 아산에 계시는 어머님을 여수로 모셔놓았다. 효자로 소문난 이순신이 어머님을 여수로 모셔놓은 채 자신은 여수에 주둔하는 것이 두려워

하늘에서 내려다본 한산도

한산도로 주둔지를 옮겼다는 의심 자체가 말이 안 된다.

한산섬 달 밝은 밤에 수루에 홀로 앉아

긴 칼 옆에 차고 깊은 시름 하는 차에

어디서 일성호가는 남의 애를 끊나니

〈한산도가〉

한산도 통제영에는 함대가 정박하는 포구와
그 너머의 견내량이 함께 보이는 망루가 있었으니
이것이 그 유명한 한산도 통제영의 수루다.

이순신이 한산도에서 호랑이처럼 웅크리자 일본군들은 견내량과 거제도 안쪽으로 얼씬도 하지 못하였다.

그렇다고 게으름을 피울 이순신이 아니었다. 이순신은 한산도에서 무관 정사준과 함께 일본군의 주력 무기인 조총을 연구했다. 적군의 주력 무기가 지닌 장점을 파악하려 노력했고, 연구 끝에 일본의 조총에 뒤지지 않은 조선의 정철(순수한 쇠)총통을 만들어내었다.

조정조차 못 하는 일을 전장의 장수가 해내고 있었다. 또한 이순신은 정철총통을 만드는 데 공을 세운 노비들의 이름까지 장계에 실어주었다.

〈이순신 십경도〉6경 한산도 생활

신은 여러 차례 전투를 치르면서 왜군의 조총을 많이 빼앗았는데, 늘 가까이 둔 채 시험했습니다. 몸체가 긴 탓에 총구멍도 깊었기 때문에 포의 기운이 맹렬하여 부딪치는 것은 모두 부서졌습니다. 그에 비해 우리나라의 승자총통은 몸체가 짧아 맹렬하기가 왜군의 조총만 못하고 소리도 크지 않습니다.

조총을 우리도 만들어보려고 신의 군관인 정사준이 대장장이 이필종과 노비 안성과 동지, 언복 등을 데리고 정철총통을 만들었습니다.

정철(순수한 쇠)로 만든 조총 다섯 자루를 봉하여 올려보냅니다.

지금 왜군을 물리칠 수 있는 무기로는 이만한 것이 없으니, 엎드려 바라건대 조정에서 각 도와 관가에 제조 명령을 내려주시어 우리나라 조총을 앞다투어 만들도록 하심이 마땅합니다.

이순신 장계, 〈봉진화포장 1593년 8월 13일〉

전쟁 발발 후 16개월 만인 1593년 8월 15일에 이순신은 조선의 수군을 총괄하는 삼도수군통제사로 임명되었다. 삼도수군통제사는 전라도와 경상도, 그리고 충청도의 모든 수군을 통제하는 자리였다. 임진왜란 중 신설된 관직이기에 이순신은 조선 역사상 최초의 해군참모총장이 된 것이다.

조선 조정은 왜 갑자기 이순신을 삼도수군통제사로 승진시켰을까?

임진왜란으로 명나라 육군이 참전하면서 조선 육군은 명나라 육군의 명령을 따를 수밖에 없는 처지였다. 그러나 수군의 경우는 아직 명군이 참전하지 않았으므로 조선 수군의 전시 작전권이 보장되고 있었다. 그래서 조선 조정에서도 이순신에게 힘을 실어줄 필요성을 느끼고 있었던 것이다.

명나라와 일본은 끝내 화친을 받아들이는 분위기였다. 명나라 이여송은 자신의 기병을 이끌고 요동으로 건너갔고, 일본도 상당수의 병력을 본국으로 불러들였다. 그러나 왜성을 쌓아놓은 조선의 남부 지역에는 아직 4만의 일본 병력이 고스란히 버티고 있었다. 조선 조정은 명나라와 일본의 화친이 반가울 리 없었고, 한시라도 빨리 일본군을 조선땅에서 몰아내고 싶었다.

덧없이 시간은 흘러 명군과 일본군의 휴전 분위기 속 조선땅에서는 큰 전투 없이 1593년 한해가 지나갔다.

2차 당항포해전

　휴전 중인 채로 1594년 새해가 밝았다. 남해안의 적을 공격하라는 조정의 명령이 이순신에게 다시 내려왔다.

　그러나 당시 상황은 좋지 않았다. 남해안에는 4만 병력의 일본군이 주둔하고 있었고 그들의 주둔지는 경상도 해안에 축조된 왜성이었다. 왜성이 난공불락이기도 했지만, 해안가에 위치한 왜성들에 의해 이순신 함대의 이동 경로가 노출될 수 있었고, 출정 중 해안가 육지에 배를 정박하고 숙영을 하는 것도 어려웠다. 숙영 중 근처 왜성에서 출격해 기습해 올 일본군들을 대비해야 했기 때문이다. 조선 수군은 이제 섬과 섬 사이로 움직여야 하는 큰 애로사항이 생긴 셈이었다.

　그럼에도 이순신은 조정의 명을 따르지 않을 수 없었다.

　1594년 3월, 삼도의 수군은 본진인 한산도에서 출격을 했다. 양국 간일종의 해안 경계선이었던 견내량을 조선 함대가 넘어서고 있었다. 당시 삼도 수군의 함대 규모는 판옥선만 124척이었고, 협선과 포작선까지 더하면 수백 척이 넘었으니 엄청난 대규모 해상 출정이었다. 남해안의 여기저기에 왜성들이 도사리고 있고, 왜성들이 있는 곳에는 어김없이 일본의 함선들이 정박해 있었다. 이순신의 함대가 자신의 영역에 들어왔다는 소식이 일본군에게 발 빠르게 전해졌다. 바다 위를 떠다니던 일본의 함선들은 여기저기 포구로 숨어들기 바빴다.

조선의 작은 포작선들이 바다 이곳저곳으로 흩어져 탐색에 나섰다. 일본군 전함의 위치와 상황들이 이순신이 승선해 있는 기함으로 속속 전해져 들어왔다.

하늘 위 독수리가 육지의 여러 먹잇감 중 낚아챌 대상을 고르듯, 조선 수군은 사냥감을 찾고 있었다. 그리고 확실한 먹잇감이 드러났다. 조선 수군이 견내량을 넘어섰다는 것을 모르는 일본 함대 30여 척이 무방비 상태로 당항포 안쪽에 모여 있다는 첩보였다.

목표는 당항포의 왜선 30척으로 결정되었다. 2년 전 임진년 2차 출정 당시 당항포에서 크게 승리한 경험이 있었던 조선 수군이기에 자신감은 극에 달했다. 그러나 그 좁은 당항포구 안으로 124척의 판옥선을 모두 들어가게 할 수는 없었다. 이에 이순신은 전라좌수영과 우수영, 경상우수영에서 각각 판옥선 10척을 선발하여, 판옥선 30척의 최정예 별동대를 편성하였다.

별동대의 지휘를 광양 현감 어영담에게 맡겼다. 이순신보다 나이가 많았던 어영담은 당시 광양 현감으로 품계로만 보면 말단에 가까운 종6품의 지위였다. 안 좋은 일로 파직을 당하기도 하였지만, 어영담의 능력을 알아본 이순신은 조정에 사정사정하여 어영담을 자신의 옆에 두고 있었다. 경상도에서 사천 현감을 지냈고 당시는 전라도 광양 현감이다 보니 경상도 바닷길과 전라도 바닷길을 손바닥 들여다보듯 했던 어영담이었다.

어영담과 30척의 판옥선이 소소강이라고 불린 당항포구로 들어가자,

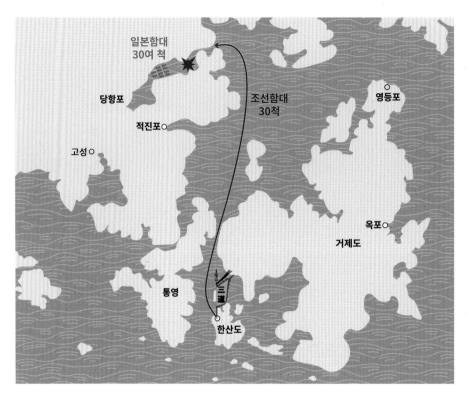

일본함대
30여 척

조선함대
30척

영등포 ○

당항포

적진포 ○

고성 ○

옥포 ○

거제도

통영

한산도

2차 당항포해전

이순신은 포구 바깥쪽에서 학익진을 전개하여 만전을 기했다. 당항포의
일본 수군들은 조선 수군을 발견하고 크게 동요했다. 싸울 엄두를 내지
못한 일본군들이 배를 버려둔 채 부리나케 육지로 도망쳤다. 어영담은 너
무도 쉽게 일본 함대 30여 척을 불태우고 격침시켰다. 일본에게 조선 수
군의 위력을 다시 한번 각인시켜준 셈이었다. 아군의 사기는 승천했고 기
세를 몰아 조선 수군은 여기저기에 숨어 있는 일본 함선을 찾기 위해 레
이더망을 펼치고 있었다.

바로 이때 뜻밖의 암초가 나타났다. 갑자기 명나라 쪽에서 패문(통지문)
을 보내온 것이다.

'일본과 명나라는 서로 공격하지 않기로 협약을 맺었으니 조선군도 일본군에 대한 공격을 중지하라.'

초6일. 맑다.
명나라 군사 두 사람과 왜놈 여덟이 패문을 가지고 들어왔기에 패문을 받아다가 살펴보았더니, 명나라 도사부 담종인이 적을 치지 말라고 하였다. 나는 심기가 매우 괴로워져서 앉고 눕기조차 불편하였다.
《난중일기 1594년 3월 6일》

이순신은 국력이 약한 나라의 장수로서 서러움을 진하게 맛보았다. 이순신은 상당히 분노하면서, 명나라 도사부 담종인에게 정확히 자신의 생각을 밝혔다.
"왜적은 간사스럽기 짝이 없어, 예로부터 신의를 지켰다는 말을 들은 적이 없습니다. 그들은 교활하고 흉악하여, 그 악랄함을 감추질 않습니다 日本之人 變詐萬端 自古未聞守信之義也 兇狡之徒 尚不斂惡."

2차 당항포해전(18승, 1594. 3. 4~3. 5)

	조선군	일본군
사령관	全左 이순신 全右 이억기 慶右 원균	✿ 나가오카 다다오키
함대 및 병력	판옥선 124척	전함 31척
피해 및 사상자	없음	전함 31척 전파, 4,100명 사망

가장 무서운 적

이순신과 조선의 함대는 당항포에서 승리하고 다시 견내량을 내려와서 한산도로 돌아왔다. 한산도로 돌아온 이순신 앞에, 지금까지 상대해본 적 없는 무시무시한 적이 나타났다.

이순신이 대활약했던 임진년 1년 동안, 왜선 수백 척을 격파했고 최소한 만 명 이상의 왜군을 물귀신으로 만드는 과정에 조선군의 사망자는 단 39명이었고, 부상자도 160여 명에 불과했다.

그러나 계사년인 1593년 이후부터 이순신은 일본군을 가열차게 공격하지 못했다. 일본 수군이 조선 수군만 보아도 도망치기 급급했고 일본의 함대는 왜성 앞에 웅크리고 있었으니 이순신 입장에서도 어떻게 할 도리가 없었다. 또한 분명 휴전 기간이기도 하였다. 그럼에도 불구하고 이순신을 웅크리게 만들었던 더 큰 무언가가 있었다. 그것은 바로 전염병이었다.

수군은 전염병에 가장 취약했다. 육군과 달리 좁은 함선에 갇혀 생활하다 보니 집단 감염에 무방비로 노출될 수밖에 없었다. 그랬던 조선 수군에게, 결국 전염병이 엄청난 기세로 퍼지고 말았다.

진중의 군사들이 태반이나 전염되어 사망자가 속출하고 있으며, 더구나 군량이 부족해 계속 굶게 되고, 굶던 끝에 병이 나면 반드시 죽게 됩니다. 군사의 정원은 매일 줄어드는데 다시 보충할 사람이 없습니다. 신이 거느린 수군만을 헤아려보아도 사부와 격군을 합해 원래 6,200여 명 중에 작년과 금년에 전사한 수와 2, 3월부터 오늘까지 병사한 자가 600명이나 됩니다.

〈임진장계, 1593년 8월 10일〉

전라좌수영 소속 수군의 10분의 1인 600여 명이 사망했다. 전투 경험도 풍부하고, 실제로 지금까지 그 많은 전투에서 용감히 싸워 승리했던 역전의 용사들이 전장이 아닌 병석에서 전염병으로 죽어간 것이다. 자신의 목숨과도 같았던 전우이자 부하들이 전염병으로 허무하게 숨겨갈 때 이순신의 심정은 어떠했을까?

이러던 차에 이순신도 그만 전염병에 걸리고 말았다.
《난중일기》 1594년 3월 7일부터 4월 9일까지의 기록을 확인해보자.

초 7일. 몸이 매우 괴로워 뒤척이는 것조차 어려웠다.
초 9일. 맑다. 기운이 조금 나은 듯하여 따뜻한 방으로 옮겨 누웠다.
초 10일. 병세가 점차 나아졌다. 그러나 열기가 올라와 찬 것만 마시고 싶었다. 저녁에 비가 오기 시작하여 밤새 그치지 않았다.
11일. 큰 비가 하루 내내 내리다가 저물 무렵에 개었다. 병세가 크게 나아지고 열도 가라앉았다. 정말 다행이다.
12일. 맑았으나 큰 바람이 불었다. 몸이 매우 괴로웠다. 영의정에게 편지를 쓰고 계본도 깨끗이 써서 끝냈다.
14일. 비가 계속 내렸다. 기운이 나아지는 듯했으나 머리가 무겁고 개

운하지 않았다. 하루 내내 평안하지 않았다.

15일. 빗발은 그쳤으나 바람이 세게 일었다. 미조항 첨사가 돌아간다고 보고하였다. 하루 내내 끙끙 앓았다.

16일. 맑다. 몸이 몹시 괴로웠다. 우수사가 보러 왔다. 충청 수사가 전함 9척을 거느리고 진영에 도착하였다.

17일. 맑다. 기운이 썩 나아지지 않았다.

18일. 맑다. 몸이 몹시 불편하였다.

19일. 몸이 불편하여 하루 내내 끙끙 앓았다.

20일. 맑다. 몸이 불편하였다.

21일. 맑다. 몸이 불편하였다. 녹명관으로 여도 만호, 남도 만호, 소비포 권관 등을 임명하였다.

22일. 맑다. 기운이 조금 나은 듯하였다. 원수의 공문이 돌아왔는데 명나라 지휘 담종인의 자문과 왜장의 서계를 조 파총이 가지고 갔다고 하였다.

23일. 맑다. 몸이 여전히 불편하였다. 방답 첨사, 흥양 현감, 조방장이 보러 왔다. 견내량 만호가 미역 53다발을 따 왔다.

24일. 맑다. 몸이 조금 나아지는 듯하였다. 미역 60다발을 따 왔다. 정 사립이 왜놈의 목을 베어 왔다.

25일. 맑다. 늦게 활터 정자에 올라갔다가 몸이 몹시 불편하여 일찍 숙소로 내려왔다. 저녁에 아우 우신과 회와 변존서, 신경황이 왔는데 어머님이 평안하시다는 이야기를 자세히 전했다. 다만 산소가 모두 들불에 타버려 아무도 끄지 못했다고 하니 슬프기가 이를 데가 없다.

초8일. 맑다. 몸이 불편하였다. 저녁 때 시험장에 올라갔다.

초9일. 맑다. 아침에 시험을 끝내고 결과를 알리는 방을 내다붙였다. 조방장 어영담이 세상을 떠났다. 이 슬픔을 어찌 말로 할 수 있으랴!

2차 당항포해전의 영웅 어영담도 전염병을 피하지 못하였고 전장이 아닌 병석에서 생을 마감하였다. 이순신 자신은 가까스로 전염병을 극복했지만 수많은 장졸들이 죽어나가는 것을 보면서 이순신의 가슴은 새카맣게 타들어갔을 것이다.

장문포해전

패배의식도 시간이 지나면 극복되기 마련인데, 일본군의 이순신에 대한 패배의식은 극복되기 힘든 고정관념이 되어버렸다. 그러나 이순신 역시 더 이상 일본군에 대한 공격이 불가하였다. 명나라에서 '왜군을 공격하지 말라'는 패문을 보냈기 때문이었다. 또한 당시 남해 곳곳에 숨어 있던 왜군들을 토벌하기에는 아군의 상황 역시 녹록지 않았다.

첫 번째는 2년(1593~1594) 동안 조선 전체를 휩쓸고 지나간 대기근과 전염병 때문이었다. 이로 인한 조선 수군의 병력 손실이 매우 컸다.

두 번째로 남쪽에 주둔한 왜군 병력의 숫자가 생각보다 많았다. 전염병으로 많은 아군이 전사하여 조선 수군 전 병력이 6,000~7,000명 정도밖에 안 되는 상황에서 남해 바다에 산재해 있는 일본군 4만을, 더군다나 왜성에 웅크리고 있는 일본군을 선제 공격하기는 쉽지 않은 일이었다.

임진왜란기 축성
정유재란기 축성
축성시기 불명

경상도

울산성
마사성 서생포성
농서성 양산성 임랑포성
마산성 김해죽도성 구포성
웅천성 기장성
안골포성 동래성
명동성 부산성
전라도 사천성 고성성 영등포성 가덕성 부산
순천성 송진포성
남해성 왜성동성 장문포성
여수

왜성 위치

세 번째로 왜성이 문제였다. 이 무렵 일본은 계속해서 왜성을 만들기 시작했다. 울산에서 순천에 이르기까지 조선의 남해안에 30개에 가까운 왜성이 만들어졌다. 왜성으로 말미암은 문제들이 한두 가지가 아니겠지만 전투 중 기항지를 확보하기 어렵다는 것이 큰 문제였다. 조선 수군이 정박하여 휴식할 때 근처 왜성에서 일본군이 출격하여 충분히 기습을 당할 수 있으니 조선 수군의 전투 수행 중 피로도는 훨씬 클 수밖에 없었다.

이상의 이유들로 이순신은 '선제 공격이 불가하다'는 사실을 정확하게 인지하고 있었다.

한편 당시 일본군도 조선에 대한 공격을 재개할 수 있는 입장이 아님을 스스로 잘 알고 있었다. 만약 다시 조선을 공격해서 한양을 점령하더라도, 자신들의 수군이 이순신을 극복하지 못한다면 서해 바다를 통한 보급이 불가능해지기에, 이는 하나 마나 한 전쟁이라는 것을 일본군 역시 경험을 통해 알고 있었다.

이순신 또한 이를 잘 알고 있었다. 전함 숫자와 병력이 엄청나게 늘어난 일본군이지만 어차피 수군으로 조선을 공격하려면 견내량을 뚫고 내려오거나 아니면 거제도를 돌아서 나올 수밖에 없었다. 이순신 입장에서는 이들을 전라도 남해안과 서해 바다로 들어가지 못하도록 막는 것이 최선의 전략이었다. 이순신의 판단은 너무나도 정확했다.

그러나 선조는 조급했다. 한양은 탈환했지만 적들이 여전히 남해안에 왜성을 쌓아놓고 주둔하고 있는 꼴을 보고 있기 힘들었다. 게다가 명나라는 더 이상 일본군과의 전쟁에 대한 의지를 보이지 않았다.

이때 새롭게 도체찰사가 된 윤두수가 일본 왜성에 대한 선제 공격을 건의하고 나섰다. 류성룡이 반대했음에도 선조는 윤두수의 편을 들었다. 공격 목표는 거제도에 있는 장문포왜성이었다. 윤두수가 장문포왜성을 선제 공격하자는 주장 그 이면에는 원균이 있었다.

원균은 경상우수사 신분으로 자신의 상관인 삼도수군통제사 이순신을 건너뛰고 바로 도체찰사 윤두수에게 일본 공격에 대한 건의를 했다. 이는 지휘 체계를 무시한 월권 행위였다.

1594년 9월 24일, 이순신에게 장문포 공격에 합류하라는 지시가 전달되었다. 추수철을 맞아 한산도에 있는 대다수의 병졸들을 고향으로 돌려보낸 직후였다.

윤두수(1533~1601)

원균과 인척간으로 이순신을 가장 힘들게 했던 문신이자
이순신의 파직에 가장 적극적이었던 인물이다.

육군과 합류하기로 한 날짜는 채 일주일도 주어지지 않았다. 고향에 가
있는 수군 병력을 불러들일 시간이 없었다. 전라우수영이면 영광, 함평,
해남, 진도, 완도 등이고 전라좌수영이면 순천, 보성, 고흥, 여수 등이다.
그렇게 흩어진 군인들에게 일일이 연락을 취하는 것도 보통 일이 아닐진
대, 설령 소식을 듣고 고향으로 향하던 발길을 돌려 한산도까지 다시 집
합하려면 일주일로는 턱없이 부족했다.

그러나 조정의 명령을 수행하지 않을 수도 없는 노릇이라 이순신은 예
비 병력으로만 급히 진영을 꾸려 한산도를 출항하였다. 그러다 보니 경험
이 부족한 육군과 의병들이 고향에 내려간 격군을 대신하여 노를 젓기도
하였다. 당연히 함대가 제대로 대형을 갖추어 나아가지 못했다. 이순신도
무척 답답해했다.

곽재우(1552~1617)

곽재우는 임진년부터 경상도를 대표하는 의병장이었다.
홍의장군으로 불리었고 유격전의 명수였다.
습지에서 게릴라전을 전개하였던 정암진전투(1592. 5)에서
조선 의병의 첫 승리를 이끌었다. 김덕령이 임금에게 끌려가 죽는 것을 보고,
이후 산에 들어가 미친 사람 행세를 하며 정계 진출을 거부하였다.

    전시 특별 장관이라 할 수 있는 도체찰사 윤두수와 지금으로 치면 합참
의장격인 도원수 권율이 장문포 공격에 참여했다. 해군참모총장격이었던
이순신도 합류했다. 그리고 의병장 2명이 합류했다. 전라도 의병장 김덕
령과 경상도 의병장 곽재우였다.

    장문포왜성 공격은 전쟁 총지휘관과 합참의장, 해군참모총장, 야전 사
령관들이 한데 모인 조선이 할 수 있는 최대의 수륙병행작전이었다. 그러
나 실질적인 총사령관은 당연히 이순신이었다.

    한편 조정에서는 류성룡이 계속해서 읍소했다.

    "장문포왜성 공격은 불가능하오니 선제 공격을 중단해야 합니다."

류성룡의 계속된 반대 주장에 선조는 장문포 공격에 대한 마음을 바꾸

임진왜란 휴전 기간 전라도 담양에서 거병한 의병장이었다.
당시 의병장들 중 가장 많은 병력을 보유하고 있었고 무력이 출중하였다.
그러나 이몽학의 난(1596)과 연루되었다 하여 선조에게 문초당하고 죽었다.

어 전투를 중단하라는 장계를 다시 내려보냈다. 그러나 거제도 장문포에서 전투는 이미 시작되고 있었다.

칠천도의 외줄포에 조선군의 진영이 꾸려졌다.

1594년 10월 1일, 장문포왜성 1차 공격이 개시되었다. 일본군들은 왜성 밖으로 나오지 않고 성 안에서 조총만을 사격할 뿐이었다.

조선의 함대는 바다를 통해 장문포왜성 앞으로 다가갔다. 그런데 역시나 형세가 만만치 않았다. 왜성 앞에는 일본의 전함들이 여러 척 모여 있고 그 앞에는 방파제까지 있어서 공격하러 들어가는 일조차 까다로웠다. 그래도 조선 수군은 일본 함선 2척을 격침시켜서 조선군 전체의 사기를 높였다.

그러나 이후에는 조선 수군이 다가가 싸움을 걸어도 적들은 숨어서 나

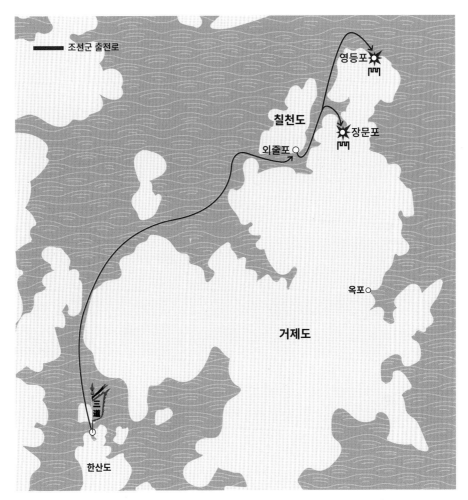

장문포왜성, 영등포왜성전투

오지를 않았다. 육지에서는 곽재우와 김덕령의 의병 부대가 장문포왜성
을 공격했으나 조총에 의한 사상자만 늘어났을 뿐 왜성을 함락시킬 기미
는 보이지 않았다. 그런데 이때, 일본군 몇 명이 다급하게 성 밖으로 나오
더니 팻말을 크게 세웠다.

'조선은 일본과 싸우지 말라. 명나라의 명령.'

거의 무너져 내린 장문포왜성

　장문포왜성 앞에 일본군이 세워놓은 팻말을 보고 조선군은 싸울 맛이 뚝 떨어졌다. 때마침 공격을 중지하라는 선조의 장계도 도착하였다. 결국 이순신은 장문포왜성 공격을 중단하고 한산도 본영으로 돌아갈 수밖에 없었다.

　장문포해전은 분명히 실패한 작전이었다. 총 지휘를 해야 할 도체찰사 윤두수는 장문포 근처 전장에 없었다. 장문포해전 당시 그는 전장에서 멀리 떨어진 순천에 있었고, 그 긴박한 전투 상황에 이순신의 오른팔이라고 할 수 있는 순천 부사 권준을 탐관오리라는 죄명을 씌워서 잡아들이고 있었다.

그런가 하면 도원수 권율의 행동도 이해가 되지 않았다. 권율 역시 전장에서 멀리 떨어진 구례에 주둔하고 있었다. 임금의 명으로 수륙양면작전을 시행한다면 육군이 먼저 나서야 마땅한 일이었다. 그러나 곽재우나 김덕령이 이끄는 의병들로 하여금 왜성을 공격하도록 하고 권율 자신의 육군 병력은 장문포 공격에 투입시키지 않았다.

다시 말해 사상 최초의 수륙합동작전에서 최고 지휘관인 윤두수와 권율은 전장 근처에 오지도 않았다. 이들은 이순신에게만 무리한 공격 명령을 내리고 있었다. 그럼에도 조선 수군은 장문포해전에서 단 한 명의 사망자도 내지 않은 채 2척의 일본 함선을 격침시켰다.

류성룡이 아뢰기를,
장문포 공격은 수전 중심이었기 때문에 대패까지는 안 하였지만 육전이었으면 반드시 대패하였을 것입니다.
《선조수정실록》

장문포해전(1무, 1594. 10. 1)

	조선군	일본군
사령관	**朝鮮** 윤두수 **朝鮮** 권율 **三道** 이순신 **義兵** 곽재우 **義兵** 김덕령	⊕ 시마즈 요시히로 ✸ 후쿠시마 마사노리
함대 및 병력	판옥선 50여 척	불명
피해 및 사상자	육군 사상자 다수	전함 2척 침몰, 190명 사망

이순신이 나은가, 원균이 나은가

1594년의 장문포해전 이후 1595년과 1596년 조선의 바다에서는 어떠한 전투도 없었다. 휴전 기간이기도 했지만 이순신이 한산도에서 견내량을 틀어쥐고 있기에 일본 수군이 할 수 있는 것은 아무것도 없었기 때문이다. 조선 수군이 출정을 하더라도 일본의 함선들은 도망가기 급급했고 왜성에 의지해 숨어버리니 일본군과 전투를 할래야 할 수도 없었다.

이 시기에 새롭게 도체찰사가 된 이원익은 1595년 8월 직접 한산도를 방문했다. 이원익은 이순신과 5,000여 명의 수군들에게 잔치를 베풀어주었다. 이원익과 이순신 두 사람은 함께 지내며 서로를 인정하고 존경하게 되었다. 나라와 백성을 진심으로 위하는 사람끼리 마음이 통하는 법이다. 이원익은 이순신을 이렇게 평가했다.

"이순신은 침착하고, 남에 대한 말을 하지 않으며, 오로지 나라 걱정이 가득했다. 항상 계획적이었고 꼼꼼한 사령관이다."

사람 보는 눈이 밝은 이원익은 원균 또한 직접 만나보고는 이렇게 평가했다.

"원균은 결단코 기용해서는 안 되는 인물이다."

조선 역사상 청백리의 대명사이자 최고의 정승이었다.
훗날 광해군 정권에서 대동법이 시행될 수 있도록
건의한 인물이기도 하다.

1595년에 충청 수사였던 선거이도 한산도를 찾아와 머물렀다. 선거이는 북방에서부터 이순신과 함께 고생했던 사이로 동갑내기 친구였고 서로의 무운을 빌어주는 사이였다.

이순신은 선거이가 충청도로 떠나게 됨을 아쉬워하며 이별주를 밤이새도록 마셨다. 그리고 선거이에게 짧은 시 한 수를 써주었다.

북쪽에 갔을 때도 고락을 같이 하고

남쪽에 와서도 생사를 함께하는구나.

오늘밤 달빛 아래 한잔 술을 나누고 나면

내일은 이별을 아쉬워하겠구나.

전쟁 발발의 책임을 당시 조선의 임금이었던 선조에게만 물을 수는 없다. 당시의 국제 정세를 조선의 왕이 어찌하기를 바랄 수는 없는 일이다. 그러나 임금 선조는 전쟁이 일어나자 도성과 백성을 버린 채 도망쳤다.

물론 작전상 임금의 몽진이 최악이었다고 말할 수는 없다. 하지만 선조는 왕위도 내려놓은 채 나라와 백성을 무방비 상태로 버려두고 자신만 살겠다고 명나라로 망명을 하고자 했던 임금이었다.

"죽더라도 천자의 나라에 가서 죽겠노라."

백성들이 어버이로 여겼던 임금에게 실망감을 느끼는 것은 당연했다.

임금은 외국으로 망명을 생각하고 있었고 전선은 완전히 무너진 상황에서 일개 무장이 등장해 말로만 들어서는 믿기 힘든 승리로 위기에 빠진 나라와 백성을 구해냈다. 당연히 그 무장은 장병들과 백성들에게 큰 신망과 믿음을 얻게 되었다. 그런데 그런 무장이 많은 병력을 보유하고 있었다면, 못난 임금은 얼마나 불안했을까?

선조는 분명 이순신에게 질투를 넘어선 어떤 위기감을 느끼고 있었다. 왕은 능력 있고 신망 있는 무장을 존중해주어야 한다. 물론 그러한 무장으로부터 충성을 이끌어내려면 군주 역시 보통 이상의 인물이어야 한다. 그러나 조선의 임금 선조는 보통 이상은커녕 평범에도 한참 미치지 못하는 군주였으니 이순신의 고난은 예정된 것이나 다름없었다.

전쟁이 급박했던 임진년, 조정에서는 이순신에 대해 왈가왈부할 수 없었다. 그러나 전쟁이 잠깐 멈춘 휴전 기간에 한양의 선조와 조정의 대신들이 삼도수군통제사로 임명된 이순신에 대해 어떠한 생각들을 가지고 있었는지 기록을 통해 엿볼 수 있다.

임금이 이르기를

"이순신이 혹시 일을 게으르게 하는 것이 아닌가?"

류성룡이 아뢰기를

"만약 이순신이 아니었다면 이만큼 되기도 어려웠을 것입니다. 수륙의 모든 장수 중에 이순신이 가장 우수합니다."

《선조실록 1594년 8월 21일》

1594년 8월이면 2차 당항포전투 승리 이후이고, 장문포전투가 벌어지기 전이다. 대기근과 전염병 때문에 이순신을 비롯한 삼도 수군 모두가 생사를 건 사투를 하고 있을 때 선조는 이순신에게 게으르다고 했다.

이 시기에는 또한 이순신과 원균의 사이가 좋지 않음이 조정에도 알려졌다.

임금이 이르기를

"이들은 무슨 일로 서로 다투는가?"

김응남이 아뢰기를,

"이순신의 공이 매우 크지도 않은데 조정에서 이순신을 원균의 윗자리에 올려놓았기 때문에 원균이 불만을 품고 서로 협조하지 않는다 합니다."

《선조실록 1594년 11월 12일》

이순신을 삼도수군통제사로 앉혀놓은 것은 조선 조정의 결정이었다. 이에 원균이 불만을 품고 있다면 원균은 조정의 인사 정책에 불만을 품고 있다는 것이나 다름없었다. 그럼에도 조선 조정의 분위기는 원균을 두둔하고 있었다.

그러나 이순신을 쳐내기는 쉽지 않은 일이었다. 그럴 만한 잘못이 없었음은 물론이요, 전공이 커도 너무 컸다. 결국 원균이 충청도 병마사로 발령을 받았다. 이순신은 원균과 일단 멀리 떨어질 수 있게 되었다.

충청도로 떠난 원균의 행실은 엉망이었다. 원균에 대한 탄핵 상소가 빗발쳤다. 그런데 선조는 원균에 대한 탄핵을 적극 막아주었다.

사헌부가 아뢰기를

"충청 병사 원균은 사람됨이 범람하고 탐욕 포학하기까지 합니다. 또 무리한 형벌을 행하여 잔혹한 일을 자행하여 죽은 자가 잇달고 않다가 죽는 자도 많아서 원망하고 울부짖는 소리가 온 도에 가득합니다. 이와 같은 사람은 통렬히 다스리지 않을 수 없으니 파직하고 서용하지 마소서."

임금이 답하기를

"원균은 사람됨이 범람(평범)하지 않다. 이런 시기에 명장을 이처럼 해서는 안 된다."

사헌부가 원균의 탄핵을 재차 아뢰니 임금이 답하였다.

"오늘날의 장수로서는 원균이 으뜸이다. 설사 정도에 지나친 일이 있었다 하더라도 어찌 가벼이 논계하여 그의 마음을 풀어지게 해서야 되겠는가. 윤허하지 않겠다."

《선조실록 1595년 8월 15일》

임금이 이르기를

"이순신은 처음에는 힘껏 싸웠으나 그 뒤에는 작은 적일지라도 잡는 데 성실히 하지 않았고, 또 군사를 일으켜 적을 토벌하는 일이 없으므로 내가 늘 의심하였다."

김응남이 답하기를

"원균이 당초에 사람을 시켜 이순신을 불렀으나 이순신이 오지 않자 원균은 통곡을 하였다 합니다. 원균은 이순신에게 군사를 청하여 성공하였는데 도리어 공이 순신보다 위에 있게 되자 두 장수 사이가 서로 벌어졌다 합니다."

임금이 답하기를

"이순신의 사람됨으로 볼 때 결국 성공할 수 있는 자인가? 어떠할지 모르겠다."

《선조실록 1596년 6월 26일》

일본은 나라 재정에 차질을 빚을 정도로 많은 전함들을 건조했고, 그 전함들은 고스란히 조선으로 건너왔다. 그러나 조선 조정은 전쟁 발발 이후 이순신에게 단 1척의 판옥선도 만들어주지 못하였다. 전쟁 기간 내내 함선에 탑재할 함포와 포탄, 화약과 염초 및 각종 무기와 갑옷 등의 군수품은 물론이거니와 군량미까지 모든 것이 이순신에 의해 자급자족되고 있었다. 이러한 이순신에 대해 조선 조정은 미안한 마음을 갖지 못하는 도덕적 결함을 보이고 있었다.

또한 당시 남해안에는 4만 병력의 일본군이 있었음에도 일본군은 왜성에 처박혀 있을 뿐, 이순신이 장악한 바다로 배 1척 끌고 나오지도 못하고 있었다.

견내량을 틀어막은 것은 당시 이순신의 최고 전략이었고 이순신은 그것을 상당히 오랜 기간 실천 중이었다. 실제로 일본군은 1592년 7월의 한산도대첩 이후 5년 동안 견내량을 건너지 못했다. 조선군 입장에서 왜성 때문에 선제 공격이 불가하기도 했지만 할 필요도 없었다. 오히려 그 많은 병력과 전함을 보유하고도 아무것도 할 수 없었던 일본군이 미칠 노릇이어야 했다.

그런데 선조는 이순신을 탓했다.

"이순신은 적을 토벌하는 일이 없다. 그러니 내가 의심을 할 수밖에 없잖은가."

백번 양보해도 왜성을 공격하는 것은 육군이 해야 할 일 아닌가? 선조는 이 무렵부터 이순신을 통제사직에서 파직시킬 생각을 하고 있었다. 이를 위해 이순신의 대체자를 찾아내야 했다. 선조는 원균을 염두에 두고 있었던 듯하다.

임금이 이르기를
"원균은 국사를 위하는 일에 매우 정성스럽고 또한 죽음을 두려워하지 않는다고 한다."
이원익이 아뢰기를
"원균은 전공이 있기 때문에 인정하는 것이지 그러지 않다면 결단코 기용해서는 안 되는 인물입니다."
김순명이 아뢰기를
"충청도 인심이 대부분 불편하게 여긴다고 합니다."
임금이 이르기를
"원균은 마음은 순박한데 고집이 세기 때문이다."
《선조실록 1596년 10월 21일》

조선시대에는 고위 관료로 발령받기에 앞서 정3품 이상의 당상관은 왕을 알현하기 마련이다. 그런데 이순신은 정읍 현감(종6품)이던 중 류성룡의 추천으로 급히 전라좌수사(정3품)가 되어 복무 현장으로 달려가는 바람에 선조와 서로의 얼굴을 알지 못했다. 조정 대신들 역시 이순신의 얼굴을 아는 이가 많지 않았다.

이순신과 사이가 벌어지고 충청도 병마사로 발령받은 원균은 조정 대
신들을 만나러 다니는 등 상당한 인맥을 쌓아나갔다. 이러한 차이가, 결
국 이순신과 원균의 처지를 바꾸어놓지 않았나 싶다.

선조의 마음은 갈수록 삐뚤어지고 있었다.

선조   원균은 어떠한 사람인가?

류성룡   지친 군졸을 어루만지는 것이라면 감당할 수 없을 것입니
             다. (중략) 이순신에게 발끈하여 노기가 있습니다.

선조   이순신도 원균에게 그러한가?

이원익   이순신은 스스로 변명하는 말이 별로 없었으나 원균은 기
             색이 늘 발끈하였습니다.

선조   내가 들으니 군사를 청하여 수전한 것은 원균이고 이순신
             은 따라간 것이니, 공을 이룬 것은 실로 원균에게 비롯하
             였다 한다.

이원익   이순신은 호남으로 적의 배가 돌진해 오면 적이 충만해질
             우려가 있기에 늦게 출정했던 것입니다. 원균은 당최 많
             이 패하였으나 이순신만은 패하지 않고 공이 있었으므로
             다투는 시초가 여기에서 일어났습니다.

《선조실록 1596년 11월 7일》

조선판 '답정너'(답은 정해져 있어. 너는 대답만 하면 돼)의 한 장면을 보는
것 같아 가슴이 답답하다. 이순신을 내치고 원균을 세우려는 답을 정한
선조 앞에서, 현명한 신하들이 제아무리 바른 소리를 해도 소용없는 노릇
이었다.

일본의 간계와 원균의 모함

순왜자는 조선인으로서 왜에 항복하고 왜군 편을 들었던 이들을 말한다. 반면 항왜자는 일본군임에도 조선에 항복한 후 조선 편을 들면서 일본에 저항하는 이들을 가리켰다.

이 항왜자들 중에 요시라는 인물이 있었다. 완전히 조선으로 투항한 것은 아니고, 고니시 휘하에 속해 있으면서도 당시 항왜자들을 총 관리하던 좌의정 김응남과 꽤 많은 정보를 주고받은 자였다. 요시라는 조선에게 유리한 정보를 흘려 자기를 믿게 만들었던, 쉽게 말해 이중간첩이었던 셈이다.

1597년 명나라와 일본의 휴전 협상이 실패로 끝나고 누가 보더라도 일본의 재침이 우려되는 상황이었다. 이러한 와중에 요시라가 은밀히 김응남에게 속삭였다.

"가토 기요마사의 부대가 지금 대마도까지 와 있습니다. 언제 부산으로 건너올지 모르는 상황이지요. 이순신으로 하여금 그를 요격하도록 해야 합니다. 이건 전쟁을 끝내고 싶어 하는 고니시 장군의 생각이기도 합니다."

임진년 일본군 1선발이었고 한양과 평양을 점령했던 고니시 유키나

일본의 3대 성 중 하나인 구마모토성은
임진왜란 이후 일본으로 돌아간 가토 기요마사가 만든 성이다.

가는 속히 이 전쟁이 끝나기를 바라고 있었다. 반면에 일본군 2선발이었고 함경도 쪽으로 진출했던 가토 기요마사는 계속해서 조선 정벌을 주장하고 있었다. 규슈 지역의 세력가 고니시와 가토는 이처럼 물과 불의 관계였다. 이순신과 원균은 함께 바둑을 두거나 식사를 하면서도 미워하는

고니시 유키나가(소서행장, 1558~1600)

조선 침략의 선봉장으로, 부산포, 동래성, 상주, 충주, 한양을 함락시키고
평양까지 점령했던 임진왜란의 상징적인 인물이다.

가토 기요마사(가등청정, 1562~1611)

임진왜란 당시 2선발로 고니시와 한양 점령을 다투었으나
고니시보다 간발의 차로 늦은 후 함경도로 진출하여
조선의 왕자 임해군과 순화군을 포로로 잡았다.
조선의 호랑이 사냥을 많이 하여 호랑이 가토로 불리기도 하였다.

사이였다면 고니시와 가토는 서로가 서로를 죽이지 못해 안달하는 사이였다.

　상황이 이렇다 보니 조선 조정은 요시라의 말을 믿어버렸다. 임금 선조는 이순신에게 출동 명령을 내렸다.

　"대마도를 건너오는 가토 기요마사를 요격하라."

　이순신은 이것이 요시라의 간계임을 알았다. 아니 설령 일본이 파놓은 함정이 아니더라도 대마도에서 부산으로 건너오는 가토를 요격하는 것은 불가능했다. 가토가 언제 건너오는지도 알 수 없을 뿐더러 부산과 대마도 사이에는 섬도 없고 함대의 정박지도 없었다. 판옥선이 바다 위에 며칠이고 떠 있을 수는 없는 일이었다. 더구나 부산 앞바다는 파도도 높았다. 그리고 부산은 적의 전진 기지였다. 적의 대병력을 등 뒤에 두고 언제 올지 모르는 적을 기다렸다 요격하라? 그것도 바다에서? 그럼에도 이순신은 조정의 명을 받들어 부산 앞바다까지 출정을 감행했다.

　이순신 역시 당시 조정의 분위기를 파악하고 있었다. 이 명령을 받들지 않는다면 자신이 파직될 것이고, 그렇게 되면 이 나라의 운명이 걱정되기에, 이순신은 휘하의 병졸들에게 한없이 미안한 마음을 가지고 부산 앞바다로 나아갔다. 못난 임금 때문에 이 험한 전장에서 안 해도 되는 고생을 해야 하는 병졸들을 바라보며 고뇌했을 이순신의 마음이 헤아려진다.

　이순신은 선조의 출정 명령이 불가함을 알면서도 어쩔 수 없이 출정을 강행하였다. 그럼에도 선조는 이순신이 가토를 요격하지 않았다며 이순신을 매섭게 탓하고 나섰다.

　왜추(요시라)는 손바닥을 보듯이 가르쳐주었는데 우리는 해내지 못했으니, 우리나라야말로 정말 천하에 용렬한 나라이다. 지금 장계를 보니 소서행장(고니시) 역시 조선의 일은 매번 이렇다고 조롱까지 하였으니, 우리나라는 행장보다 훨씬 못하다. 한산도의 장수(이순신)는 편안히 누워서 어떻게 해야 할 줄을 몰랐었다. (중략) 우리나라는 이제 끝났다. 어떻게 해야 하는가, 어떻게 해야 하는가?

《선조실록 1597년 1월 23일》

요시라의 제안을 요즘 학계에서는 '요시라의 간계'라고 말한다. 가토를 죽이고 싶은 고니시의 의중이 있었을 수도 있다. 그러나 김응남과 선조가 이중간첩 요시라에게 놀아났다고 보는 것이 요즘의 일반적인 시각이다. 고작 이런 일로 길길이 뛸 듯 분노하고 이순신을 파직하려 드는 선조였다.

이순신이 선조를 화나게 하는 사건이 하나 있었으니 이를 부산 왜영 화공 사건이라 한다. 적진 부산에서 큰 화재가 있었는데 이를 이순신이 자신의 공으로 거짓 보고를 하였다는 것이다.

임금이 이르기를
"중국 장수들이 못 하는 짓이 없어 조정을 속이고 있는데 이런 습성을 우리나라 사람들도 모두 답습하고 있다. 이순신이 부산 왜영을 불태웠다고 조정에 속여 보고하였는데, 지금 비록 그의 손으로 청정의 목을 베어 오더라도 결코 그 죄는 용서해줄 수 없다."

《선조실록 1597년 1월 27일》

다음이 부산 왜영 화공 사건에 대해 이순신이 선조에게 올린 장계다.

이달 12월 2일경에 부산의 왜적 진영 서북쪽 가에다 불을 놓아 적의 가옥 1천여 호 및 군기와 잡물, 화포, 기구, 군량 곳집을 빠짐없이 잿더미로 만들었습니다. 그러자 왜적들이 서로 모여 울부짖기를 '우리 본국의 지진 때에도 집이 무너져 사망한 자가 매우 많았는데 이번에 이곳에서 또 화환을 만나 이 지경이 되었으니, 우리가 어디서 죽을지 모르겠다…'라고 했다 합니다.

이 말을 믿을 수는 없지만 또한 그럴 리가 전혀 없는 것도 아닙니다.

안위, 김난서, 신명학 등이 성심으로 힘을 다하여 일을 성공시켰으니 매우 가상하며, 앞으로 대처할 기밀의 일도 한두 가지가 아니니 각별히 논상하여 이들을 격려하소서.

《선조실록 1597년 1월 1일》

대체 장계 어디에 이순신이 자신의 공으로 돌리고자 거짓을 말한 부분이 있는가? 오죽하면 '믿을 수는 없지만'이라는 표현까지 썼을까? 지금 이순신이 더 이상의 공이 필요한 사람인가. 이순신이 개인의 입신과 공을 위해 싸우는 사람이던가.

당시 부산 왜영 화재 사건을 일본 진영 자체의 화재로 인식했지만 며칠 후 이원익의 장계로 군관 정희현이 부산 왜영을 불태운 사실이 확인되었다. 군관 정희현을 부산 왜영에 배를 태워 보낸 것이 안위 등 수군 장수였고, 이들의 이야기를 듣고 이순신은 장계를 썼던 것이다.

많은 사람들이 원균의 모함 탓에 이순신이 파직당했고 백의종군을 하게 되었다고 알고들 있다. 정확히 맞는 말이다. 바로 원균의 장계가 이순신 백의종군의 결정적인 원인이었다.

다음은 원균이 선조에게 올린 장계이다.

다만 수륙의 일을 헤아려 말한다면 우리나라의 위무는 오로지 수군에 달려 있습니다. (중략) 원하건대 조정에서 수군으로서 바다 밖에서 맞아 공격해 적으로 하여금 상륙하지 못하게 한다면 반드시 걱정이 없게 될 것입니다. 이는 신(원균)이 쉽게 말하는 것이 아니라 전에 바다를 지키고 있어서 이런 일을 잘 알기 때문에 이제 감히 잠자코 있을 수가 없어 우러러 아룁니다.

《선조실록 1597년 1월 22일》

원균의 속셈은 뻔했다.

이순신 대신 자신을 삼도수군통제사로 임명해준다면 주상 전하의 뜻을 받들어 부산 앞바다에 나아가 대마도발 가토의 증원군과 보급품을 막아 우리 수군의 위엄을 보이겠노라는 것이었다.

원균의 장계가 있고 며칠 뒤, 이번에는 윤두수가 한술 더 뜬다.

이순신의 죄상은 임금께서도 이미 통촉하시지만 이번 일은 나라의 인심이 모두 분노해 하고 있으니, (중략) 위급할 때에 장수를 바꾸는 것이 비록 어려운 일이지만 이순신을 체직시켜야 할 듯합니다.

《선조실록 1597년 1월 27일》

원균은 윤두수와 사돈지간이었고, 윤두수는 선조와 사돈관계였다.

파직

류성룡	이순신은 성품이 가의하여 남에게 굽힐 줄을 모르는데, 신이 수사로 천거하여 임진년에 공을 세워 정헌까지 이르렀으니 매우 과람합니다. 무릇 장수는 뜻이 차고 기가 펴지면 반드시 교만하고 게을러집니다.
정탁	위급할 때에 장수를 바꿀 수는 없습니다.
이정형	이순신이 선제 공격을 하지 않고 한산도를 지킨 것은 합당한 선택입니다. 원균을 통제사로 하면 일이 이루어지지 않을까 싶습니다.
선조	이순신은 용서할 수가 없다. 무장으로서 어찌 조정을 경멸하는 마음을 갖는가.

《선조실록 1597년 1월 27일》

이정형은 황해도 연안성을 지켜내어 훗날 선무 2등 공신으로 책정된 이정암의 친동생이었다. 그는 이순신이 가토를 요격하는 것은 매우 힘겨운 작전임을 분명히 인지하였고 선조에게 그대로 고하였다. 그럼에도 선조의 이순신에 대한 마음은 변하지 않았다.

급기야 이순신에 대한 파직 명령이 내려졌다.

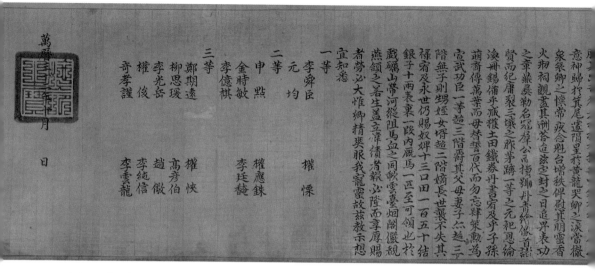

〈선무공신교서〉

이순신을 잡아올 때 원균과 교대한 뒤에 잡아올 것으로 말해 보내라. 또
이순신이 만약 군사를 거느리고 적과 대치하여 있다면 잡아오기에 온당
하지 못할 것이니, 전투가 끝난 틈을 타서 잡아올 것도 말해 보내라.
《선조실록 1597년 2월 6일》

선조는 혹시 모를 이순신의 반발을 분명히 두려워하고 있었다. 따라서
이순신을 파직하기 전에 삼도수군통제사 자리에 미리 원균을 임명하고
한산도의 병력을 이순신으로부터 원균이 인수인계받을 수 있도록 명하는
꼼꼼함을 보였다.

1597년 2월 6일 이순신에 대한 파직 명령이 내려졌다. 그 명을 받은 선
전관이 한산도까지 내려오는 데 10일 정도 걸렸다. 이때 이순신은 선조의
지시대로 부산 앞바다에 나가 작전을 수행하고 있었다.

〈이순신 십경도〉 7경 죄인의 몸

2월 25일에 한산도로 돌아온 이순신은 그제서야 자신이 파직됐음을 알았다. 그리고 다음날인 26일 한양으로 압송길에 올랐다. 이순신이 한양에 도착한 날은 3월 4일이었다.

죄인이 유배길에 오를 때 봉두난발을 하고 소달구지 안에 갇혀 끌려가는 장면이 익숙하겠지만 이순신은 그런 몰골로 끌려가지는 않았다. 한산도에서 10여 일 만에 한양에 도착했다는 기록을 통해 이순신은 한양 압송길에 말을 타고 이동하였음을 알 수 있다.

한양으로 압송되어 올라가는 10여 일 동안 이순신은 무슨 생각을 하였을까?

나라와 백성의 안위를 고민했을까? 아니면 어떻게 해야 살아남을지 고민했을까? 혹시 연좌제로 가족에게 화가 미칠 것을 걱정했을까?

《난중일기》에는 가토를 잡으라는 명령으로 출정했던 1597년 1월부터 압송되어 한양으로 끌려갔던 3월까지의 기록이 없다. 일기를 쓰기 어려운 상황이기도 했거니와 일기를 썼다면 스스로의 분노감을 감추기 어려워서 스스로 일기 쓰는 것을 포기했을지도 모른다.

한양으로 끌려온 이순신은 의금부에 구금되었다. 이순신이 의금부에 갇힌 10여 일이 지난 3월 13일, 선조는 이런 명령을 내렸다.

> 이순신이 조정을 기만한 것은 임금을 무시한 죄이고, 적을 놓아주어 치지 않은 것은 나라를 저버린 죄이며, 심지어 남의 공을 가로채 남을 무함하기까지 하며 방자하지 않음이 없는 것은 기탄함이 없는 죄이다. 이렇게 허다한 죄상이 있고서는 법에 있어서 용서할 수 없는 것이니 죽여 마땅하다. 신하로서 임금을 속인 자는 반드시 죽이고 용서하지 않는 것이므로 지금 형벌을 끝까지 시행하여 실정으로 캐어내려 하는데 어떻게 처리할 것인지 대신들에게 하문하라.
> 《선조실록 1597년 3월 13일》

선조에게는 이순신을 죽이고자 하는 마음이 분명히 있었다. 이순신이 의금부에 갇혔을 당시 얼마큼의 고초를 당했을지는 정확히 파악되지 않지만 '형벌을 끝까지 시행하라'고 명령한 선조의 기록을 보았을 때 상당한 시련을 겪었을 것이다.

삼도수군통제사직에서 파직당한 1597년에, 이순신의 나이는 53세였다. 48세였던 임진년 사천해전에서 어깨에 총탄을 맞아 몇 년간 활을 쏘지 못할 정도로 고생했었다. 50세 되는 해에는 진중에서 역병에 걸려 생사를 넘나들기도 하였다. 전쟁이 장기화되면서 몇 년간 전장에서의 스트

우의정이었던 정탁은
이순신이 파직당하고 하옥되었을 때
이순신 구명에 가장 앞장섰다.

레스는 이루 말해 무엇하겠는가? 여기에 파직당한 후 옥에 갇히고 모진 형벌까지 더해졌으니, 이순신의 육신은 제대로 망가졌다.

당시 조정의 분위기는 이순신에게 극도로 불리하였다. 선조의 이순신에 대한 마음을 읽은 조정의 대신들은 이순신 구명에 관련된 정의로운 목소리를 내지 않았다. 하물며 류성룡조차 이순신을 구명하는 것을 포기하였다.

우의정 정탁이 이순신을 살려 보고자 장문의 글을 선조에게 올렸다.

신구차伸求箚.

우의정 정탁은 엎드려 아룁니다.

이 모(이순신)는 몸소 큰 죄를 지어 죄명조차 무거우나 성상께서는 얼른 극형을 내리시지 않으시고 두둔하여 문초하시다가 그 뒤에 엄격히 추궁하도록 허락하시니 (중략) 성상께서 인을 베푸시는 한 가닥 생각으로 혹시나 살릴 수 있는 길을 찾으시고자 바라심에서 하심이라 신은 이에 감격함을 이길 길이 없습니다.

(중략) 이 모는 참으로 장수의 재질이 있으며, 수륙전에도 못하는 일이 없으므로 이런 인물은 과연 쉽게 얻지 못할 뿐더러, 이는 변방 백성들의 촉망하는 바요, 왜적들이 무서워하고 있는데, 만일 죄명이 엄중하다는 이유로 조금도 용서해줄 수가 없다고 하고, 큰 벌을 내리기까지 한다면 공이 있는 자도 스스로 더 내키지 않을 것이요, 능력이 있는 자도 스스로 더 애쓰지 않을 것입니다.

바라옵건대 은혜로운 하명으로 문초를 덜어주셔서 그로 하여금 공로를 세워 스스로 보람 있게 하시면 성상의 은혜를 천지 부모와 같이 받들어 목숨을 걸고 갚으려는 마음이 반드시 저 명실 장군만 못지않을 것입니다.

백의종군

'이순신을 살려주어야 임금인 당신이 더 돋보이게 된다.'

선조를 자극한 정탁의 명문이었다. 이로 인해 이순신은 목숨을 구할 수 있었다. 간신히 죽음을 면하고 도원수 권율 아래에서 백의종군을 명받았다. 엄중했던 전시 상황도 이순신의 목숨을 구한 이유가 될 것이다.

한편 선조도 상당히 고민했을 것이다.

'이순신 없이도 이 전쟁을 이겨낼 수 있을까.'

원균에게 삼도수군통제사 자리를 맡겨났다지만 못 미더웠다. 선조 입장에서는 백의종군을 통해 최소한 이순신이라는 보험을 들어놓았던 것이다.

백의종군은 이등병으로 강등되는 것이 아니다. 전장에서 공을 세울 기회를 다시 주는 일종의 전시 상황 중 대기의 형태였다. 이순신은 옥에 갇힌 한 달여 후인 4월 1일 의금부에서 풀려났다.

이순신이 풀려나자 많은 사람들이 이순신을 찾아오고 위로했다. 지사 윤자신과 비변랑 이순지는 직접 이순신을 찾아와 손을 잡아주었다. 영의정 류성룡과 우의정 정탁, 판서 김명원, 참판 이정형 등은 사람을 보내 위로

했다. 전라좌수영에서 방답 첨사를 지냈던 이순신(무의공)이 술을 들고 찾아와 이순신(충무공)에게 권했다. 의금부에서 풀려난 그날 밤. 이순신은 몸을 가누지 못할 정도로 술을 마셨다.

이순신이 의금부에서 풀려난 바로 다음날부터 전장인 남해 바다를 향해 떠나가는 백의종군 길이 시작되었다. 두 번째 백의종군이었다.

목숨은 부지했지만 한 달여의 옥고를 치른 불편한 몸을 부지런히 움직여야 했다. 이순신이 가는 길목마다 많은 백성들이 이순신을 배웅하러 나왔다. 이순신은 자신보다 전란에 시달린 백성들을 위로했다. 백성들은 이순신이 당한 고초를 다 안다는 듯이 목메어 울었고 이순신의 무운장구를 빌었다.

백의종군 길 이틀 만에 이순신은 자신의 고향이나 다름없는 충남 아산에 당도했다. 아산에서 쉬는 동안 이순신은 불길한 꿈을 꾸었다.

4월 11일. 새벽에 꿈을 꾸었는데 몹시 번잡스러워서 이루 다 말할 수 없었다. 마음이 몹시 언짢아서 무엇에 홀린 듯 마음을 가라앉힐 수가 없으니 이 무슨 조짐일까. 병환 중인 어머니를 생각하면 눈물이 저절로 흘렀다. 종을 보내서 어머니의 소식을 알아 오게 하였다.
《난중일기》

이순신의 효심은 대단했다.《난중일기》에도 어머니에 대한 이야기가 백 번이 넘게 나온다. 이순신의 어머니 변 씨는 아들을 전장으로 떠나보낼 때면 언제나 이렇게 말했다.
"어서 가서 나라의 원수를 크게 갚아라."
이순신에게 어머니는 하늘과 같은 존재였다.

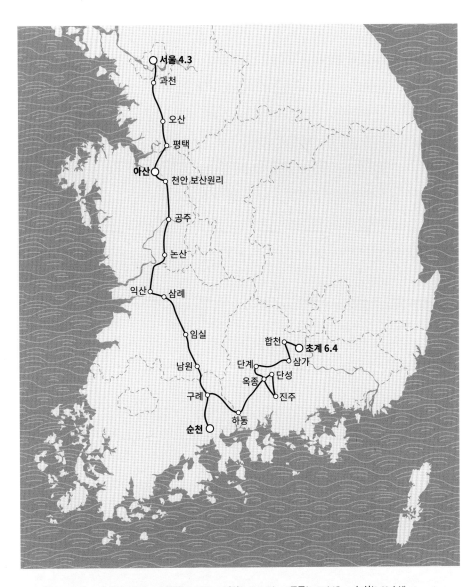

서울(4. 3 출발) → 수원(4. 3 숙식) → 평택(4. 4 숙식) → 아산(4. 5~4. 19) → 공주(4. 19 숙식) → 논산(4. 20 숙식) →

익산(4. 21 숙식) → 전주(4. 22 숙식) → 임실(4. 23 숙식) → 남원(4. 24~4. 25) → 구례(4. 26 숙식) → 순천(4. 27~5. 14) →

구례(5. 14~5. 25) → 하동(5. 26~5. 29) → 단성(6. 1 숙식) → 삼가(6. 2~6. 3) → 초계(6. 4~7. 18)

1597년 이순신의 백의종군로

이순신이 어머니의 시신을 맞이했던 '게바위'다.
이 바위에 엎드려 이순신은 통곡하였다.
앞의 농경지는 당시에는 바다였다.

어머니의 소식을 알아보라고 보냈던 종이 돌아와 어머니의 부음을 전했
다. 불길한 꿈을 꾼 그날이 바로 이순신의 어머니가 돌아가신 날이었다. 여
수에 계셨을 어머니가 돌아가셨다는 것이다. 이순신은 마당에 주저앉아
대성통곡을 했다.

4월 13일. 배에서 달려온 종 순화가 어머님이 돌아가셨다는 소식을 전
했다. 방을 뛰쳐나가 슬퍼 뛰며 뒹굴었더니 하늘에 솟아 있는 해조차
캄캄하였다.
《난중일기》

더욱 북받칠 일은 이순신의 어머니 변 씨가 의금부에 하옥된 아들을 보

〈이순신 십경도〉8경 충무공의 효성

러 여수에서 나룻배를 타고 올라오다가 기력이 쇠약해져 배 위에서 돌아가신 것이다.

　자식 입장에서 어머니의 임종을 지키지 못한 것도 불효일 텐데, 어머니가 뱃길에서 돌아가셨다니, 이순신은 억장이 무너졌다. 더군다나 그 뱃길은 못난 자식 얼굴 한번 보겠다고 80대 늙은 노모가 자처한 고생길이었다.

　4월 16일. 영구를 상여에 올려 싣고 집으로 돌아왔다. 슬픔으로 가슴이 찢어지는 듯하여 무슨 말을 할 수 있을 것인가? 집에 이르러 빈소를 차리고 나니 비가 크게 쏟아졌다. 나는 기력이 다 빠진 데다 남쪽으로 떠날 길이 또한 급해서 소리 내어 울부짖었다. 다만 빨리 죽기를 기다릴 따름이다.

　《난중일기》

4월 19일. 맑다. 어머님의 영전에 인사를 올리고 울부짖었다. 어찌하리오, 어찌하리오? 천지에 나 같은 일이 또 어디에 있을 것인가! 일찍 죽는 것만 같지 못하구나!

《난중일기》

이순신에게는 2명의 형이 있었지만 모두 일찍 죽었기에 이순신이 상주 역할을 해야 했다. 그러나 이순신의 백의종군 감시관인 금오랑의 서리 이수영은 빨리 떠나자고 다그치니, 이순신은 어머니의 시신을 거둔 지 일주일 만에 다시 눈물의 백의종군 길에 나섰다.

이순신은 아들, 조카들과 함께 도원수 권율의 진영을 향해 움직였다.

이순신은 지방관이 내어준 관사에서 잠을 청하기도 했고, 정 쉴 곳이 없을 경우에는 백성들의 집에 가서 신세를 지기도 하였다. 종들이 고을 사람들에게 함부로 밥을 얻어먹은 것을 혼내고 쌀을 도로 갚아주기도 하였다.

이순신은 며칠 뒤 순천에 도착하여 20여 일 정도를 머물렀다.

이순신은 순천에서 자신의 꿈을 《난중일기》에 기록하였는데, 아무래도 예지몽을 꾼 듯하다.

5월 6일 맑다. 꿈에 돌아가신 두 분 형님을 만나 서로 붙들고 울었다. 형님들이 말씀하시기를 "장사를 지내기도 전에 천 리 밖에서 종군하고 있으니, 누가 일을 맡아서 한다는 말인가?" 하셨다. 두 형님의 혼령이 이와 같이 걱정하시니 슬프고 마음이 아프다. 또 남원의 추수 일을 감독하는 데 대해서도 걱정하시는데 그것은 무슨 뜻인지 모르겠다.

《난중일기》

1597년 5월의 일기에 이순신은 왜 뜬금없이 남원의 추수 일을 걱정했을까? 훗날 정유재란의 최대 격전지이자, 일본군이 살육을 자행하고 조선 백성들의 귀와 코를 베어갔던 남원성전투(1597.8), 이순신은 이를 석 달 전 미리 꿈으로 보았던 것일까.

이순신은 순천을 떠나 구례로 이동하였다. 이순신은 손인필의 집에 머물면서 영의정이자 도체찰사였던 이원익을 다시 만났다. 1595년 한산도를 찾아와 잔치를 베풀며 수군을 위로해주었고, 이순신이 옥에 갇혔을 때 구제하기 위해 노력했던 이원익은, 직접 구례까지 백의종군 중이던 이순신을 찾아와준 것이다. 이원익은 이순신의 어머니가 돌아가셨음을 알고 소복을 입고 이순신을 문상했고, 밤이 깊도록 이야기를 나누었다.

이원익은 백의종군 중이던 이순신에게 이렇게 말했다.

"음흉한 사람 원균은 무고하는 짓이 매우 많지만 하늘이 살피지 못하니 나랏일을 어찌하겠습니까?"

이순신은 다시 구례를 떠나 경상도 하동으로 들어섰다. 그리고 며칠 후 백의종군의 종착역인 초계의 권율 진영에 도착하였다.

고단했던 두 달간의 여정이었다.

1597년 6월 8일 이순신은 도원수 권율을 만나 도착신고를 했다. 이순신이 백의종군 중이라 직책이 없었지만 권율은 이순신을 극진히 마중했다.

이후 이순신은 초계 이어해의 집에서 42일간을 머무르며 권율에게 군사일을 자문해주었다. 권율 또한 원균에게 분노하고 있었다.

"원균의 일은 도저히 말로 할 수 없소. 육군이 먼저 공격해야 수군이 공격할 수 있다고 하니, 이건 적과 싸우지 않겠다는 뜻 아니오."

이순신이 초계의 권율 진영에 머무르는 동안 둘째 아들 이열이 심하게 아파 생사를 넘나들어 이순신의 마음을 애타게 했다.

6월 11일 둘째 아들 열이 곽란을 앓아 간밤에 내내 신음하여 걱정으로 속이 다 탔다.

《난중일기》

어머니를 생각하면서는 여전히 눈물짓고 있었다.

7월 9일 밤에는 달빛이 대낮같이 밝아서 어머니를 그리는 슬픔으로 울다가 밤이 깊도록 잠들지 못했다.

《난중일기》

둘째 아들 열을 아산으로 보내며 마음 아파했다.

7월 10일 열을 보내야 하니 앉아서 날이 새기를 기다렸다. 솟구치는 정을 스스로 억누르지 못하고 통곡하며 떠나보냈다. 내가 무슨 죄를 지었기에 이 지경에까지 이르렀는가.

《난중일기》

이순신은 마음이 많이 무너져 있었다.
그러나 나라와 백성을 위한 마음은 더욱 굳건해졌다.

이순신은 둔전을 일구었다. 많은 상념을 지우기 위해 직접 농기구를 들었다.

또한 승장 처영을 통해 왜군의 상황과 조선군의 상황을 전해 듣는 등 많은 사람들을 만나 전장의 이야기를 듣고 있었다. 특히 남쪽 바다 한산도의 상황에 촉각을 세우고 있었다.

　이순신은 사람을 보내 전라우수사 이억기와 충청 수사 최호 등에게 소식을 전하기도 하였다.

　그리고 들려오는 소식.

'조선 수군이 칠천량에서 패했다.'

四

정유재란 | 1597 ~ 1598

우리들은 지금 임금의 명령을 다 같이 받들었으니
의리상 같이 죽는 것이 마땅하다.
그렇지만 사태가 이 지경에 이르렀으니
한 번 죽음으로 나라에 보답하는 것이
무엇이 그리 아깝겠는가.
오직 우리에게는 죽음만이 있을 뿐이다.

휴전 회담 결렬

2차 진주성전투가 있었던 1593년 6월 이후 전쟁은 4년째 휴전 상태를 유지하고 있었다. 그 시간 동안 명나라와 일본 사이의 휴전 회담은 계속되고 있었다. 명나라 측을 대표한 이는 심유경, 일본 측은 고니시였다. 사실 이 두 사람은 조명연합군이 평양성을 탈환하기 전부터 명나라와 일본을 대표해 회담을 전개했던 사이였다.

이후 일본군이 조선에 한양을 내어주고 남해안으로 후퇴하면서 명과 일본 사이의 휴전 회담은 본격화되었다. 심유경은 고니시와 함께 일본에 건너가 도요토미 히데요시를 만났다. 이때 도요토미는 심유경에게 일곱 가지의 요구사항을 내밀었다.

첫째   명나라 황제의 공주를 일본 국왕의 후비로 삼는다.
둘째   명나라와 일본 간의 무역을 재개하여 관선과 상선을 왕래하도록 한다.
셋째   명나라와 일본 양국의 전권 대신이 통교를 서약하는 문서를 교환한다.
넷째   조선의 4도를 일본에 할양한다.
다섯째   조선의 왕자와 대신을 일본에 볼모로 보낸다.

여섯째	일본은 포로가 된 조선의 두 왕자와 대신을 송환한다.
일곱째	조선의 중신이 일본에 영원한 항복을 서약한다.

도요토미 히데요시의 요구사항은 명나라로서 단 하나도 받아들일 수 없는 내용이었다. 심유경은 난감했다. 이 내용을 고스란히 명나라로 가져갔다가는 자기 목이 날아갈 판이었다.

명나라에서도 심유경에게 재촉을 하고 있었다.

'도요토미 히데요시의 항복 문서를 어서 받아 오라.'

심유경은 결국 도요토미 히데요시의 거짓 항복 문서를 만들어 명나라 황제에게 바쳤다. 그리고 명 황제는 일본 측에 다음과 같이 요구했다.

첫째	조선에서 완전히 철병할 것.
둘째	조선의 두 왕자를 송환할 것.
셋째	도요토미 히데요시는 공식적으로 조선 침략에 대해 사과할 것.

이러한 황제의 요구서를 일본으로 가져갔다가는 고니시 역시 목이 날아갈 판이었다. 답을 찾지 못했던 심유경과 고니시는 서로 시간만 질질 끌었고, 그러다 보니 조선에서의 전쟁은 4년간의 휴전 아닌 휴전이 유지된 것이었다.

시간이 지나 명나라 황제는 자신이 심유경에게 속았다는 사실에 분노했다. 이로 인해 당시 조선에 출병을 주장했던 명나라 병부상서 석성이 감옥에 갇혀 죽었고, 심유경 역시 목이 잘리고 말았다.

도요토미 히데요시 또한 고니시에게 속았다는 것을 알게 됐지만, 위낙 고니시를 아꼈기에 죽이지는 못했다. 도요토미는 명나라와 조선에 화가 잔뜩 났음에도 조선 침략 재개 명령을 내리지 못하였다. 조선 정벌이 생각보다 쉽지 않다는 것을 알았기 때문이었다.

전쟁을 시작하기 전 도요토미 히데요시에게 조선이라는 나라는 안중에도 없었다. 조선 침략 후 조선의 왕을 볼모로 잡고, 이후 조선의 병력을 동원해 함께 명나라를 공격할 생각이었다. 이후 인도까지 진출하겠다는 것이 그의 망상이었다. 그런데 막상 뚜껑을 열어보니 현실은 생각과 달랐다. 일단 조선 점령조차 쉽지 않았다. 가장 큰 이유는 당연히 조선 수군과 이순신이었다.

일본 육군이 한양을 점령해봐야 해상을 통한 보급이 이뤄지지 않는다면 조선의 북쪽 영토까지 완전히 점령하기 힘들다는 것을 도요토미도 알고 있었다. 또한 조선의 병참 기지인 전라도를 점령하지 못한다면 전쟁이 장기화될 수 있음도 알았다.

그러나 도요토미 입장에서는 전쟁을 포기할 수 없었다. 조선 정벌은 전국시대를 통일한 일본 내의 축적된 힘과 내부의 불만을 외부로 돌리고자 일으킨 전쟁이었다. 그리하여 전국의 다이묘들을 회유하고 협박하여 조선으로 출정시켰다. 조선을 점령한 뒤 조선 8도를 참전 다이묘들에게 나누어주겠다는 사탕발림도 해놓은 상태였다. 그리고 많은 일본군들이 조선땅에서 죽었다. 그런데 이제 와서 전쟁을 중단한다면 도요토미 히데요시의 입지가 크게 흔들릴 터였다.

명과 휴전 회담이 실패로 끝나자 도요토미 히데요시는 조선을 상대로 휴전 회담을 제안했다.

"우리가 포로로 잡았던 임해군과 순화군을 돌려보냈으니 조선의 왕자

한 명이 일본에 와서 항복하는 모습을 보여주시오."

선조는 전쟁 초기 한양을 버리고 몽진을 가면서 광해군을 세자로 임명하고 조정을 둘로 나누는 분조를 결정하였다. 이후 광해군은 최전선에서 전쟁을 수행하는 반면 선조는 평양과 의주로 도망치기에 바빴다. 다른 왕자들인 임해군은 함경도로 보냈고, 순화군은 강원도로 파견하여 의병 모집과 민심 안정의 책임을 맡겼다.

그러나 강원도가 일본의 시마즈에게 점령당하자 순화군은 임해군이 있는 함경도로 향했고, 이들은 민심을 다독거리기는커녕 백성을 착취하고 주색잡기에 빠졌다. 참다못한 함경도의 백성들이 조선의 왕자 임해군과 순화군을 잡아서 가토 기요마사에게 넘겼고, 두 왕자는 일본군의 포로가 되었던 것이다.

일본군은 한양을 포기하고 후퇴하면서 임해군과 순화군 두 왕자를 풀어주었으니, 이제는 그 대가로 다른 왕자를 보내 항복의 예를 취할 것을 요구하고 있었다. 조선 입장에서는 받아들일 수 없었다.

"왕자를 보내 항복의 예를 취하라니, 그럴 수 없소."

그러자 일본이 한발 양보했다.

"그렇다면 조선 조정을 대표할 만한 정승이나 판서 중 한 명을 일본에 보내시오."

그러나 조선은 단호했다.

"먼저 남해안의 일본군을 철수시키고 쌓아놓은 왜성을 허무시오."

결국 조선과 일본의 휴전 논의는 아무 소득도 얻지 못한 채 중단되었고, 감정이 상한 도요토미 히데요시는 다시 조선을 침략하기로 마음을 먹었다. 도요토미 히데요시는 더욱 악랄해져 있었다.

칠천량해전

전쟁이 발발했던 임진년, 조선의 육지와 바다에서는 수없이 많은 전투들이 있었다. 이 전투는 1593년 계사년까지 이어졌다.

바다에서는 이순신의 계속된 승리로 서로 간의 실력 차가 증명되었고 일본 수군은 더 이상 조선 수군을 도발하지 못했다. 육지 전투는 1593년 6월 2차 진주성전투 이후 중단되었다. 그러나 선조는 이순신을 그냥 두지 않았고 선제 공격 명령을 내렸기에 이순신은 1594년에 2차 당항포전투와 장문포해전을 치러야 했다.

명과 일본 사이의 휴전 회담이 진행되던 1595년과 1596년은 모든 전쟁이 완전히 중단되었다. 그러나 1597년으로 접어들면서 휴전 상황이 급변하고 있었다.

먼저 이순신이 파직되었다. 이 소식은 휴전 회담을 주도하고 있었던 명나라와 일본에도 속속들이 전달되었다. 이후 명나라와 일본의 휴전 회담은 결렬되었고, 조선과 일본의 휴전 논의마저 결렬되었다.

오히려 조선이 일본에 대한 선제 공격을 구상하고 있었다. 선조는 새롭게 삼도수군통제사가 된 원균에게 출정 명령을 내렸다.

원균은 이순신을 비난하는 장계를 조선 조정에 올려 보냈었다. 마침 선

한산도 제승당(운주당)은 삼도수군통제사 이순신이 기거하며 작전 회의를 했던 곳이다.

조와 원균의 이순신을 향한 마음은 같았기에 원균은 이순신 대신 새롭게 삼도수군통제사가 되었다. 그러나 원균은 이해하기 어려울 만큼 군사 지휘에 재능이 없었다. 그 많은 전투를 이순신과 함께 치르면서 눈으로 보고 귀로 들은 것조차 학습하지 못했던 무능한 무관이었다.

이순신은 그 어떤 전투에서도 조선의 주력선인 판옥선을 단 1척도 잃지 않았다. 그러나 원균은 통제사가 된 후 출정 때마다 판옥선의 손실을 가져왔다. 그로 인한 스트레스와 조정의 압박을 원균은 이겨내지 못했다. 심지어 이순신이 한산도에서 기거하면서 작전 회의를 주로 했던 운주당은 원균에 의해 풍악이 울리는 기생집으로 변해버렸다.

원균은 자기가 사랑하는 첩과 함께 운주당에 거처하면서 울타리로 당의 안팎을 막아버려서 여러 장수들은 그의 얼굴을 보기가 힘들었다. 술을 즐겨 날마다 주정을 부리고, 화를 내어, 형벌에 대한 법도가 없었다.

《징비록》

1597년 6월, 아직까지 전쟁은 휴전 상태였다. 일본군은 거제도에서 거리낌없이 나무를 베고 있었다. 원균은 일본군에게 술과 음식을 보내놓고 안심시킨 후 갑자기 급습을 하였다. 그런데 이러한 원균의 기만적 전술은 오히려 아군의 판옥선을 탈취당하는 사상 초유의 일이 되고 말았다. 이에 원균은 대대적인 반격을 전개하여 판옥선을 탈취한 일본군 47명을 전멸시켰다.

　원균은 자랑스럽게 장계를 올렸고 임금 선조는 크게 기뻐하였다. 그러나 실상은 빼앗겼던 판옥선 1척이 불에 타 소실되었고, 고성 현령 조응도를 비롯한 140여 명의 아군이 전사당한 사건이었다.

　원균의 거짓 장계는 이내 들통이 났고, 선조는 아차 싶었다.

　선조가 화를 억누르며 원균에게 물었다.

　"적의 본진인 부산 공격 준비는 잘 되어가고 있는가?"

　원균이 답했다.

　"육군 30만이 안골포와 가덕도를 먼저 공격하게 해주신다면 제가 수군을 이끌고 부산포를 공격하겠습니다."

　도대체 조선에 육군 30만이 어디 있단 말인가. 선조는 당황스러워하며 생각했다.

　'내가 사람을 잘못 본 것인가.'

　선조와 조선의 조정은 마지막까지 원균을 믿어보기로 했다. 그래서 권율 휘하의 육군 5,000명을 떼어내어 원균의 수군에 합류시켰다.

　이순신이 삼도수군통제사로 있었던 몇 년 동안 조정이 이순신에게 지원해준 것은 전무했다. 이순신은 군사들과 둔전(군량을 충당하기 위한 토지)

을 운영하여 곡식을 충당했고, 물고기를 잡아 말려 식량화하였다. 화약의 원료가 되는 염초조차 이순신은 직접 만들어야 했다. 판옥선을 비롯한 모든 전함 역시 이순신과 수군들이 노동의 역까지 져가며 스스로 만들어내고 있었다. 심지어 수군 소속 관할지에서 육군이 병사를 징발해 가버리는 상황에서도 이순신은 수군 전력을 유지해냈다. 그런데 원균이 대체 뭘 했다고 육군 병력 5,000명을 선물로 준단 말인가?

병력이 증원된 원균은 1597년 7월 7일 부산의 다대포를 공격했다. 이 공격에서 원균은 세키부네 10척을 격침시키는 공을 세웠지만 대신 판옥선을 무려 30여 척이나 잃는 대형 사고를 저질렀다.

원균은 고개를 숙인 채 한산도로 귀환했다. 도원수 권율은 자신의 육군 병력 5,000명을 차출해갔음에도 패해 돌아온 원균에게 크게 분노했다. 그리하여 권율은 원균에게 곤장을 쳤다.

> 권율은 원균이 직접 바다에 내려가지 않고 적을 두려워하여 지체하였다 하여 곤장을 치면서 말하기를,
> "국가에서 너에게 높은 벼슬을 준 것이 어찌 한갓 편안히 부귀를 누리라 한 것이냐? 임금의 은혜를 저버렸으니 너의 죄는 용서받을 수 없는 것이다."
> 이날 밤에 원균이 한산도에 이르러 군사를 있는 대로 거느리고 부산으로 향하였다.
> 《난중잡록》

원균을 변호하고자 하는 사람들이 하는 말은 이렇다. 원균은 일본군에 대한 선제 공격이 불가함을 조정에 알렸지만 조정이 출정을 강하게 명령

했다는 것이다. 출정에 대해 망설이자 도원수 권율이 원균을 불러다 부하들이 보는 앞에서 곤장까지 쳤으니, 원균으로서도 어쩔 수 없이 출정해서 패배했다는 것이다. 그러나 이 말은 변명의 여지가 없다.

첫째, 선제 공격이 불가함을 알면서도 자신이라면 왕이 원하는 작전을 수행할 수 있다고 조정에 장계를 올렸고, 이순신을 파직시키는 데 앞장선 사람이 바로 원균 자신이었다.

둘째, 조선 조정과 권율이 원균의 출정을 독려했던 것은, 일본군의 재침의 야욕이 보이니, 조선 수군이 건재함을 알리고, 적의 보급을 끊으라는 것이었다. 그리고 큰소리치던 원균 네가 왜 단 한 번의 공도 세우지 못하냐는 야단이었지, 결코 조정이나 권율이 원균에게 전군을 끌고 나가 적을 궤멸하라고 압박한 적은 없었다.

> 비변사가 아뢰기를
> 현재의 함대를 배설, 이억기, 최호, 원균이 거느린 선박으로 각각 한 부대를 만들어서 한산도를 굳게 지켜 부대별로 교대로 해상에 가서 관측하게 해야 합니다.
> 《선조실록 1597년 6월 26일》

> 도원수 권율이 장계하기를
> 이런 식으로 계속 번갈아 교대하며 오는 자가 나아가고 앞에 간 자가 돌아오면 그곳의 적들이 의심하고 두려워하여 감히 바다를 건너지 못할 것이고…
> 《선조실록 1597년 6월 28일》

곤장을 맞은 원균은 술을 마셨다. 그리고 제 성질에 못 이겨 휘하 제장들과 상의 한마디 없이 한산도의 전 병력과 모든 함대를 출정시켰다. 어느 누구도 원균에게 건곤일척의 승부를 내라는 명령을 한 적도 없었고, 그런 기대조차 하지 않았지만 원균은 전 병력을 동원했다. 심지어 한산도의 수비 병력조차 남기지 않았다.

1597년 7월 14일 새벽. 통제사 원균, 전라우수사 이억기, 경상우수사 배설, 충청 수사 최호가 이끄는 134척의 판옥선과 수많은 협선들이 한산도를 출발하였다. 거북선 3척 역시 모두 동원되었다. 임진왜란이 발발한 이래 이렇게 많은 조선의 함대가 출정한 적은 처음이었다.

출발 당일 조선 수군은 거의 쉬지 않고 달려 부산 앞바다까지 항해했다. 이에 대해 경험이 많은 이억기 등이 분명히 항의했을 테지만, 원균은 이미 제정신이 아니었다. 원균은 자기 개인의 분노와 치욕, 전공을 향한 욕심과 이순신에 대한 열등의식을 전장에 쏟아붓고 있었다.

총사령관의 이런 비정상적 지휘는 고스란히 휘하 병사들에게 감정적으로 전달되었고, 무리한 항해로 인해 조선의 격군들은 전투가 시작되기도 전에 이미 지쳐버렸다.

이순신은 장거리 출전 시 정박지를 미리 계산해두고 있었고 격군들의 체력을 다른 무엇보다 중요하게 여겼다. 또한 이순신은 주력 함대 사방으로 포작선들을 보내 조선 수군의 감시망을 형성하였다. 그러나 원균은 이순신이 항해 중 했던 모든 것들을 하지 않았다.

바닷가의 웅천왜성을 통해 조선 함대의 출정과 이동 경로가 부산의 일본 수군에도 전해졌다. 도도 다카토라와 구키 요시타카, 그리고 와키자카

칠천량해전 조선 수군 이동 경로(1597. 7. 14 ~ 7. 16)

야스하루. 이들은 모두 이순신에게 패했던 수군의 지휘관들이었다. 이들로서는 이순신이 없다는 것 자체만으로도 한결 가벼운 마음으로 출정을 준비할 수 있었다.

임진년 이후 이순신의 조선 수군에게 처참하리만큼 패배했던 일본의 수군들은 휴전 기간을 통해 조선 수군을 이길 수 있는 방안을 연구했다. 먼저 일본군은 세키부네의 속도를 향상시켰다. 그리고 복잡한 조선의 남해안을 이용하여 숨어 있다가 갑작스러운 기습을 통해 조선군의 장거리 함포 사격을 무력화시키는 복안도 세워놓고 있었다.

그런 일본의 수군에게 이번 전투는 절호의 기회였다. 원균의 조선 수군이 무리하게 항해하여 지쳤다는 것을 일본 수군은 벌써 파악하고 있었다. 일본은 작고 빠른 함선으로 유인 작전을 전개하면서 조선 수군의 힘을 더 빼놓을 생각까지 하고 있었다. 일본 육군의 고니시와 시마즈도 각각 왜성에서 출정을 준비하였다.

하루 만에 한산도에서 부산 앞 절영도까지 도착한 조선 수군의 시야에 일본의 첩보선 몇 척이 보였다. 실은 일본군의 교란 작전이었다. 그러나 전공에 눈이 먼 원균은 전 함대를 휘몰아쳐 이 배들을 뒤쫓았다. 이때 마침 대마도에서 건너오는 일본의 보급선으로 보이는 수송 선단 몇 척도 포착되었다. 원균은 부대를 쪼개 그 보급선까지 쫓으라는 명령을 했다.

그러나 우리 격군들은 이미 어깨의 근육이 파열되었을 정도로 지쳐 있었다. 게다가 그날 부산 앞바다의 파도는 너무 거셌다. 과거 이순신이 부산포해전에서 승전했을 때는 파도가 가장 잔잔한 날을 골라 공격을 시도했지만, 원균은 날씨와 파도에 대한 계산도 없이 공격을 밀어붙이고 있었다. 지친 격군들이 부산 앞바다의 거센 파도를 이겨내지 못했고 끝내 10척의 판옥선이 표류되었다. 10척의 판옥선은 하필 일본군의 본영이라 할 수 있는 부산 근처인 서생포와 두모포로 떠내려갔다. 이 판옥선들은 수십 척의 세키부네에 포위되었고 결국 판옥선에 탑승해 있던 1,500여 명의 조선 수군은 전멸을 면치 못했다. 구축함이 컨테이너선 쫓다가 표류하고 전멸을 당한 셈이었다.

일본의 첩보선과 보급선을 쫓다 실패한 조선군은 간신히 배를 돌려 가덕도에 함대를 정박시켰다. 갈증에 지친 400여 명의 조선군들이 대오를 지키지 않고 물을 찾아 가덕도에 급히 내렸다. 그러나 가덕도에는 벌써 일본군이 매복 중이었다. 놀란 원균은 가덕도에 내린 400여 명의 조선군을 버리고 도망쳤다.

이순신과 모든 게 비교되는 원균이었다. 과거 이순신도 항해 중 가덕도에 물을 뜨기 위해 5명의 수군을 내려 보냈고 그곳에 매복 중이던 일본군에게 한 명이 죽고 4명이 포로로 잡혔던 적이 있었다. 그러나 이순신은 이 4명의 포로를 구출하기 위해 함대로 가덕도를 포위하여 일본군을 압박하였고, 일본은 4명의 조선 수군을 이순신에게 돌려보낼 수밖에 없었다.

4명의 아군을 살리겠다고 전군을 동원하여 섬을 포위하고 무력 시위를 했던 이순신과 달리 먼저 살겠다고 400여 명의 전우를 버린 채 도망가는 원균. 이런 차이가 전투를 함께 수행하던 휘하 장수들과 군사들의 사기에 미치는 영향력은 지대했다. 이 같은 상황을 예상했다는 듯 전라우수사 이억기가 백의종군 중이던 이순신에게 쓴 편지가 의미심장하다.

'수군은 오래지 않아 패할 것입니다. 우리들은 어디서 죽을지 모르겠습니다.'

가덕도를 도망치듯 빠져나온 조선 수군은 그날 밤을 거제도 영등포에서 머물렀다. 말도 안 되게 우스꽝스러웠던 7월 14일이 저물고 다음날인 15일이 밝았다. 병사들은 체력적으로 지쳤고, 물과 식량도 부족하여 보급이 쉽지 않은 상황이었다. 게다가 연이은 패배로 군의 사기도 땅에 떨어졌다.

당연히 조선 수군은 한산도로 회군을 했어야 했다. 그러나 패전과 무능의 책임을 져야 할 처지에 놓인 원균은 한산도로 돌아가고 싶지 않았다. 원균은 거제도와 칠천도 사이의 칠천량 해협에서 하룻밤을 더 보내기로 결정했다.

수군통제사직을 하루 더 연명하고 싶었던 것일까? 원균의 결정은 도저히 이해할 수 없는 결정이었다. 폭풍우 때문에 칠천량에서 하루 더 머물렀다는 것도 변명이 안 된다. 그렇다면 그 폭풍우 속에 일본군은 칠천량 해협에서 조선 수군을 어떻게 포위하고 있었단 말인가. 일본군이 보기에도 이순신이 없는 조선 수군은 나사가 빠진 듯한 모습이었고 분명히 허우적대고 있었다.

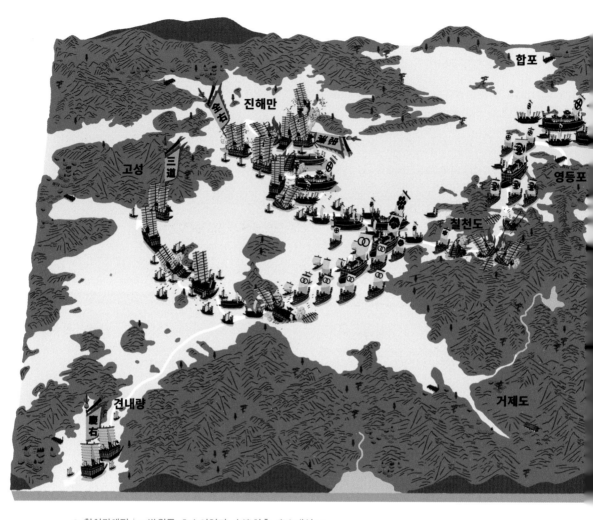

● 칠천량해전 │ 三道원균, 全右이억기, 忠淸최호, 慶右배설 ⇨

⇦ ✿ 구키 요시타카, ♣ 도도 다카토라, ◎ 와키자카 야스하루, ⊕ 시마즈 요시히로

🌸 고니시 유키나가

　　결과적으로 원균의 우유부단함과 패전에 대한 책임 회피가 조선 수군
을 최악의 상황으로 몰고 간 셈이었다.

　　만약 한산도로 회군했더라면 견내량을 틀어막아 일본군의 파상 공세
를 막아내었을 것이다. 과거 한산도에서 큰 패전을 경험한 바 있는 일본
군으로서도 견내량을 쉽게 뚫고 내려오지 못했을 것이다.

그러나 칠천량에서 하룻밤을 더 머무르는 탓에 칠천량 해협 양쪽에서 일본군에게 포위되어버린 것이었다. 그 많은 전투에서 단 한 번도 일본군에게 포위된 적이 없었던 이순신의 작전들을 감안해보면 너무 답답한 상황이었다.

다른 지휘관들 역시 칠천량에서 머무르는 상황이 위험하다는 것을 알고 원균에게 면담을 청했으나 원균은 분노의 술만 들이킬 뿐 소통을 거부했다. 이 상황에 대해 원균에게 항명을 했던 이가 경상우수사 배설이었다. 배설은 칠천량에 진을 치는 상황이 위험하다고 판단했고 한산도로의 회군을 주장했다. 그러나 통제사 원균이 자신의 의견을 들어주지 않자 12척의 판옥선과 함께 칠천량의 조선군 진영을 이탈했다. 배설의 행동은 분명한 항명이었고, 칠천량에 남은 조선 수군의 사기는 바닥을 쳤다.

7월 15일 밤. 원균은 칠천량 해협 양쪽에 척후선을 세웠다. 그러나 척후선의 병사들이 너무 피로에 지친 나머지 모두 잠에 곯아떨어져버렸다. 적진 한복판 전장에서 가장 중요한 군율인 경계 태세조차 지켜지지 않고 있었다. 일본군의 소형 전투선들이 칠천량의 조선군을 정탐했지만 조선 수군은 이를 눈치채지 못했다. 칠천량의 조선군은 소리 없이 일본의 대규모 함대에 의해 양쪽에서 포위되고 있었다.

7월 16일 새벽. 포위망을 갖춘 일본군의 기습이 시작되었다. 조선의 척후선을 쉽게 제압하고 한치 앞을 보기 힘든 어둠을 이용하여 일본군은 입에 칼을 문 채 조용히 노를 저었다. 갑자기 사방에서 달려드는 일본군의 기습을 받은 조선군은 당황했고, 소리 없이 갑판 위로 뛰어올라 오는 일본군들에게 속수무책으로 당할 수밖에 없었다. 조선의 바다에서 단 한 번의 패배도 허락하지 않았던 조선 수군들은 이순신의 부재와 어둠 속에서 당한 적의 기습에 오합지졸로 변해버렸다.

일본군과 싸우기 위해 전투 태세를 갖추기는커녕 도망치느라 정신없었고 판옥선들은 서로 부딪치면서 난파되었다. 일본군들은 몇 년간 조선 수군에게 당했던 패배와 치욕을 씻기라도 하듯이 조선군을 베고 또 베었다. 이순신이 목숨처럼 아끼며 수년간 증강시켜왔던 무적 조선 수군과 전함들이 이렇게 하룻밤 사이에 붕괴되고 있었다.

전라우수사 이억기와 충청 수사 최호는 칠천량 해협을 간신히 빠져나와 진해만으로 도망을 갔다. 그러나 속도가 빠른 세키부네들에게 포위되었고, 이억기와 최호는 백병전을 치른 후 끝내 전사했다. 다만 전사의 형태가 자결이었는지, 바다에 빠져 죽었는지, 적의 칼에 죽었는지도 알 수 없다. 임진년부터 이순신의 든든한 조력자 역할을 했던 전라우수사 이억기가 이렇게 죽었다. 이억기의 시신도 찾을 수 없었다. 이억기는 임진왜란 후 선무 2등 공신에 책정되었다.

통제사 원균은 고성 쪽으로 퇴각을 시도했고 고성의 춘원포까지 살아서 도착할 수 있었다. 원균은 판옥선을 또 버렸다. 그후 고성 춘원포에서 원균은 일본군의 칼에 죽었는지 살았는지 알 수가 없다.

원균은 배를 버리고 언덕으로 기어올라 달아나려고 했으나 몸이 비대하여 소나무 밑에 주저앉고 말았다. 혼자서 도망치던 원균이 왜적에 죽었다고도 하고 도망쳐 죽음을 모면했다고도 하는데 정확한 사실은 알수가 없다.

《징비록》

《정한위략》

　칠천량해전은 육지의 용인전투(1592.6)와 더불어 임진왜란의 최대 패전이었다. 134척의 판옥선 중 122척이 불탔거나 침몰하였다는 기록이 일본의 《정한위략》에 남아 있다. 배설의 판옥선 12척이 살아서 이순신에게 돌아가게 되니 교차 검증이 된 셈이다.

　이렇게 칠천량해전은 최고 지휘관의 역량이 전투 결과에 결정적인 영향을 미친다는 것을 보여주는 우리 역사의 대표적 사례로 남게 되었다. 그런데 칠천량해전의 패전 소식을 들은 선조는 이렇게 말했다.

　"한산을 지키면서 호랑이가 버티는 듯한 형세를 보였어야 했는데…… (중략) 이 일은 어찌 사람의 지혜만 잘못이겠는가. 실로 하늘이 한 일이니 어찌하겠는가."

　'칠천량해전은 원균이 패했던 해전이다. 개전 이후 단 한 번의 패전 없이 강력했던 조선 수군이 궤멸되었던 해전이었다. 그러므로 원균은 확실히 무능하다.'

　이런 식의 해석은 너무 무미건조하고 오히려 원균을 옹호하는 것에 가

칠천량해전 디오라마

깝다. 칠천량해전은 우리 역사상 유례를 찾아보기 힘든 최악의 패전이었다. 우리 전쟁사를 통틀어 칠천량해전보다 더 큰 규모의 패전은 있을지라도, 칠천량해전만큼 지기 어려운 전투에서 패전한 경우는 없었다.

고구려 개마무사 15만 기병이 주필산전투(645)에서 패했지만 상대가 당시 세계 최강이었던 당나라 태종의 군대였기에 이해되는 측면이 있다. 고려가 갈라수전투(1109)에서 여진족에게 패했지만 당시 금나라 건국 직전의 강성했던 여진족이었기에 또 그럴 수 있었다고 본다. 쌍령전투(1637)에서 대규모의 조선 병력이 몇 백의 청나라 군대에게 치욕적인 패배를 당했지만 당시 조선은 패할 만했다.

그러나 임진왜란 당시 조선 수군은 전력의 열세를 극복해내며 여러 차례 승리하면서 차츰 일본 수군이 넘볼 수 없는 최강의 전력이 되어 있었고, 이순신은 단 한 번도 패한 적이 없었다. 패하기는커녕 전쟁교환비(피해 비율)에서 압도적인 격차를 보이며 일본 수군을 거의 갖고 노는 수준의 승리를 했었다. 그런 최강 조선 수군의 전 병력이 멍청한 지휘관 한 명 때문에 어이없이 괴멸되다시피 한 전투가 칠천량해전이었던 것이다.

판옥선만 무려 122척이 소실되었고 1만여 명의 경험 많은 조선 수군들이 죽거나 행방불명되었다. 사령관 중에 경상우수사 배설만이 살았고, 삼도수군통제사 원균과 전라우수사 이억기, 충청 수사 최호가 전사한 전투였다.

칠천량해전(1597. 7. 16)

	조선군	일본군
사령관	三道 원균(사망) 全右 이억기(사망) 忠淸 최호(사망) 慶右 배설(도망)	✽ 구키 요시타카 ⬤ 도도 다카토라 ◎ 와키자카 야스하루 ⊕ 시마즈 요시히로 ✿ 고니시 유키나가
함대 및 병력	판옥선 124여 척, 거북선 3척	세키부네 60여 척, 후속 전선 1,000척
피해 및 사상자	판옥선 112척 침몰, 거북선 3척 전파 사망자 수천	불명

칠천량에서의 패전은 새로운 전쟁을 불러왔다. 정유재란(1597)이 발발한 것이다. 이순신의 조선 수군에 막혀 수륙병진작전이 불가능했던 게 지금껏 일본의 발목을 잡고 있었다. 그러나 조선 수군이 괴멸되고 전라도 바다를 돌아 서해 바다로 들어갈 수 있는 길이 열리자 도요토미 히데요시는 망설이지 않았다.

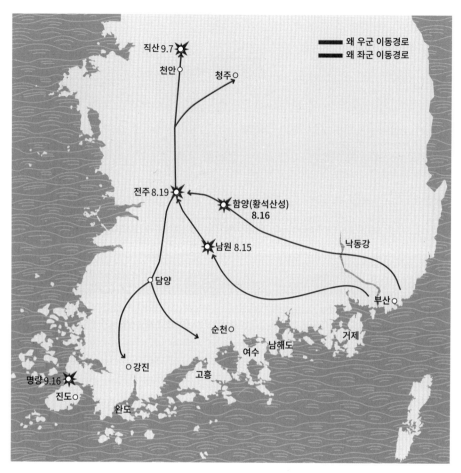

정유재란(1597) 일본군 이동 경로

　　해상 보급에 자신감이 생긴 일본군은 전라도 침공을 본격화했고 남원
성과 전주성을 점령하면서 임진년 이후 5년간 발을 들이지 못했던 호남
을 철저히 유린했다. 도요토미 히데요시는 일본 장수들에게 조선인을 많
이 죽이도록 경쟁을 시키며 조선인의 코를 베라는 명령을 내렸다.

　　일본군은 남원성 등을 점령하고 조선의 백성을 무참히 학살했다. 그리
고 조선인의 코를 베었다. 일본 교토에는 조선인 코 13만 개의 무덤이 도

교토의 귀무덤

요토미 히데요시 신사 앞에 초라하게 묻혀 있다. 지금은 이를 귀무덤이라
한다.

　일본군 승려 케이넨이 쓴 종군 일기를 보라.

　들도 산도 섬도 죄다 불태우고 사람을 쳐 죽인다. 산 사람은 철사줄과
　대나무 통으로 목을 묶어서 끌고 간다. 조선 아이들은 잡아 묶고 그 부
　모는 쳐 죽여 갈라놓는다. 마치 지옥의 귀신이 공격해 온 것과 같았다.
　《조선일일기》

　1592년 임진년 침략 당시 일본은 조선을 발판으로 삼아 명나라를 공격
하려 했던 목적의식이 분명히 있었다. 도요토미 히데요시가 가신들에게

원균기념관 내 원균 연보

조선의 8도를 나누어주겠노라 약속했기에, 조선에 참전했던 다이묘들도 점령지는 자신이 다스릴 영토라는 인식이 있었고, 전쟁 초기에 조선인을 상당히 잘 대우하려는 노력도 보였다(물론 부산성과 동래성에서는 대규모 학살이 있었다). 그래서 조선인들 중 상당수의 순왜자들이 생겨났던 것이다.

그러나 정유재란의 침략 행위는 자존심이 상한 섬나라 권력자의 분노 표출에 불과하였고 전쟁에 지친 군인들의 잔혹성이 드러난 전쟁이었다. 이러한 정유재란이 시작되게 된 계기가 칠천량해전이었다. 칠천량의 패배를 자초하고 조선의 바다와 호남을 지켜내고 있었던 조선 수군을 궤멸시킨 주범은 원균이다. 이는 곧 정유재란의 주범이기에 원균은 정유재란 당시 죽은 원혼들 앞에 석고대죄를 해도 부족한 것이다.

평택시에 위치한 원균 묘

원균이라는 사람은 원래 거칠고 사나운 하나의 무지한 위인으로 당초
이순신과 공로 다툼을 하면서 백방으로 상대를 모함하여 결국 이순신
을 몰아내고 자신이 그 자리에 앉았다. 겉으로는 일격에 적을 섬멸할
듯 큰소리를 쳤으나 지혜가 고갈되어 군사가 패하자 배를 버리고 뭍으
로 올라와 사졸들이 모두 어육이 되게 만들었으니 그때 그 죄를 누가
책임져야 할 것인가. 한산(칠천량)에서 한 번 패하자 뒤이어 호남이 함
몰되었고 호남이 함몰되고서는 나랏일이 다시 어찌할 수 없게 되어버
렸다. 시사를 목도하건대 가슴이 찢어지고 뼈가 녹으려 한다.

《선조실록 1598년 4월 2일. 사관의 논평》

수군을 재건하다

　이순신은 칠천량해전의 패전 소식을 듣고 터져나오는 울음을 참지 못하고 흐느껴 울었다. 자신을 믿지 못해 파직시키고 고초를 주었던 임금, 자신을 시기하여 음해하고 자신의 직을 가로챈 경쟁자, 그 둘이 대패를 당한 모습을 보고 한편으로는 고소해할 수도 있었을 텐데, 이순신은 울음부터 나왔다.

　자신이 몇 년에 걸쳐 만들어냈던 조선의 무적 함대가 사라졌다. 모든 전투 장비가 없어졌고, 철통 방비를 자랑했던 한산도의 군비가 무용지물이 되었다. 수년간 훈련시키고 함께 승리하며 전투 경험을 갖춘 정예병 수천 명이 칠천량 바다에서 억울하게 수장되었다. 어떻게 울지 않을 수 있겠는가.

　놀라 찾아온 도원수 권율에게 이순신은 이렇게 말했다.

　"내 눈으로 직접 확인해야 되겠습니다."

　이순신은 직접 몸을 일으켜 남해 바다 쪽 전장을 향해 움직였다. 임진년부터 자신과 동거동락을 했던 장수들의 생사 여부를 먼저 확인해야 했다. 병사들의 생사 여부도 확인하고 싶었다. 이순신이 직접 전투 현장에 가야만 패잔병들이라도 모을 수 있었다.

　전장 상황을 알아야 했고, 무슨 방책을 세우든지간에 누군가로부터 제대

진주 손경례 가옥
이순신은 백의종군 중 이곳 진주 손경례 가옥에서
1597년 8월 3일 수군통제사직을 제수받았다.

로 된 이야기를 들어야 했다. 이순신은 7월 19일 단성, 20일 진주, 21일 노
량까지 강행군을 했다.

　노량에서 살아남은 거제 현령 안위와 영등포 만호 조계종을 만났다. 이
들은 이순신을 보자마자 대성통곡을 하였다. 그들에게 칠천량 패전에 대
한 이야기를 듣는 와중에도 이순신을 찾아온 군사와 백성들이 울부짖었
다. 이순신은 피난민 행렬을 만나면 말에서 내려 그들을 위로하며 손을
잡아주었다.

　이순신을 만난 우후 이의득이 패전 상황을 보고했다.

　"원균은 뭍으로 달아나고 장수들도 그를 따라 뭍으로 달아나 이 지경
이 되었습니다."

　모두 분노하며 말했다.

"원균의 살점이라도 뜯어먹고 싶습니다."

칠천량에서 도망하여 살아난 경상우수사 배설과도 만났다. 이순신은 배설에게 물었다.

"12척의 판옥선은 어디에 숨겨두었소."

경상우수사 배설이 답했다

"내가 왜 판옥선의 향방을 당신에게 말해야 하오?"

이순신은 진주에 머물던 중 다시 삼도수군통제사로 제수되었다.

임금은 이와 같이 이르노라.

생각하건대 그대의 명성은 일찍이 수사로 임명되던 그날부터 드러났고, 그대의 공로와 업적은 임진년의 큰 승첩이 있은 후부터 크게 떨쳐 변방의 군사들은 마음속으로 그대를 만리장성처럼 든든하게 믿어왔었는데, 지난번에 그대의 직책을 교체시키고 그대로 하여금 죄를 이고 백의종군하도록 했던 것은 역시 나의 모책이 좋지 못하였기 때문에 그렇게 된 것이며, 그 결과 오늘의 이런 패전의 욕됨을 만나게 된 것이니, 더 이상 무슨 말을 하리오! 더 이상 무슨 말을 하리오!

〈삼도수군통제사 임명장〉 중 일부

삼도수군통제사직을 다시 내릴 것이면 기분 좋게 내릴 것이지, 선조는 임명장에 '더 이상 무슨 말을 하리오!' 하고 이순신에 대한 미안함을 표현한 듯했지만 은근히 이순신의 자존심을 또 건드렸다.

이순신은 파직당하기 전에 정2품이었다. 이순신의 벼슬을 가로챈 원균 역시 정2품이었다. 그런데 다시 삼도수군통제사가 되었지만, 이순신의 품계는 정3품이었다.

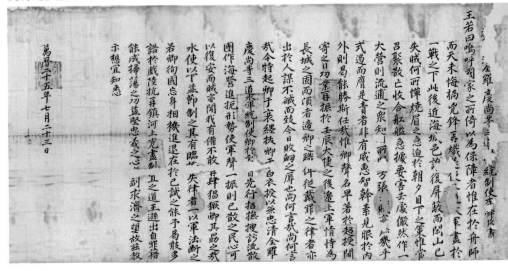

〈기복수직교서〉
상복을 입은 채로 기용하는 임금의 명령서를 뜻한다.
이 명령서를 받고 이순신은 다시 삼도수군통제사가 되었다.

이는 현재로 치자면 4성 장군으로 대장인 해군참모총장을 직위해제했다가, 다시 해군참모총장으로 임명하면서 3성 장군인 중장으로 임명한 것과 같았다. 이렇게 되면 삼도수군통제사가 다른 수사들과 품계가 같아지는 것이었다. 오죽하면 조선 임금 선조의 이러한 조치에 명나라 장수들조차 비아냥거렸을까.

그럼에도 이순신은 아무런 불만을 표하지 않고 삼도수군통제사직을 제수받았다. 이순신은 왜 통제사직을 순순히 받아들였을까? 자신을 죄인으로 만들고 죽음 직전까지 몰고 갔던 왕에 대한 분노와 원망은 없었을까?

조선 수군은 칠천량의 패전으로 완전히 궤멸되었고, 자신과 손발을 맞추었던 장수와 군사들은 거의 죽었다. 전함과 주요 무기들 역시 전무했다. 더군다나 적의 수군은 훨씬 강해져 있었고 사기도 하늘을 찔렀다.

삼도수군통제사직은 허울뿐인 자리였다. 이순신은 왜 죽으러 들어가는 그 자리를 두말없이 받아들였을까?

충忠이었다. 국가에 대한 충이고 백성에 대한 충이었다. 그러나 분명한 것은, 이순신의 충은 더 이상 임금을 향하고 있지는 않았다.

실제로 이순신은 삼도수군통제사직을 다시 임명받은 후 정유재란이 전개되는 동안 임금 선조를 향한 망궐례(지방관이 궁궐을 향해 행하는 의례)를 올리지 않았다. 지방관이면 당연히 보여야 할 충성의 의무를 이순신은 행하지 않았다.

이것은 분명한 일종의 항명이었다. 이순신은 무슨 생각으로 망궐례를 올리지 않았을까? 임금에 대한 미움의 마음이 있었을까? 아니면 어차피 자신은 이 전쟁에 목숨을 걸었고, 승리와 죽음을 바꾸고자 하는 마음으로 싸우기에, 전쟁 이후에 자신의 거처에 대한 계산 따위는 필요 없었던 것일까? 도대체 이순신이 삼도수군통제사가 되어 하고자 했던 것은 무엇이었을까?

진주에서 삼도수군통제사로 제수된 바로 다음날 이순신은 조선 수군을 재건하기 위한 길을 나섰다. 이순신의 옆에는 송대립, 유황, 윤선각 등 군관 9명과 병졸 6명이 전부였다. 수군 재건을 위해 이순신은 전라도로 향했다.

이순신은 민첩하게 움직여야 했다. 흩어진 패잔병들을 다시 불러모아야 했고, 새로운 병사를 선발해야 했다. 그리고 무엇보다도 군량미를 확보해야 했다. 또한 경상우수사 배설이 숨겨놓았던 12척의 판옥선을 찾아야 했다. 이순신 일행은 진주에서 하동으로 갔다가 구례로 들어섰다.

이순신은 구례 현감 이원춘을 만나 밤새 회의를 하였다. 다음날 이순

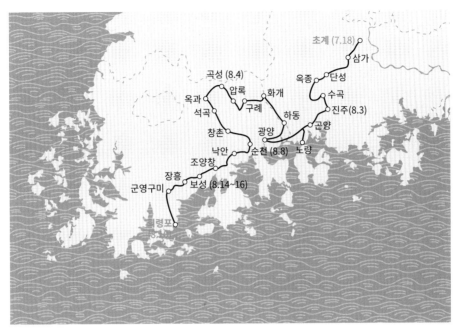

이순신의 수군 재건로
이순신은 30일간 60km의 대장정을 하였다.

신은 구례에서 조선 수군 출정식을 가졌다. 이원춘은 이순신의 합류 제의에 자신은 남원을 지키러 가겠다고 정중히 거절했고 훗날 남원성에서 싸우다 전사하였다.

나중에 알려진 사실이지만, 이순신 일행보다 하루 늦게 5만 6천여 명의 고니시 병력이 구례까지 진격해 왔다. 일본군도 하룻길 앞서 이순신이 움직이고 있다는 것을 몰랐고, 이순신도 일본군이 바로 뒤에 따라온다는 것을 까맣게 모르는 상황이었다. 천만다행이었다.

구례를 떠나 곡성으로 가는 길에 많은 피난민들을 만났다. 피난민들은 이순신을 볼 때마다 길에 엎드려 대성통곡을 했다. 이순신 일행도 함께 울었다. 곡성에서는 칠천량해전에서 죽은 줄로만 알았던 거북선의 돌격대장 이기남을 다시 만났다. 그러나 곡성에서도 군량미를 확보하기는 쉽지 않았다.

이순신은 곡성에서 남쪽으로 방향을 틀어 순천으로 향했다. 당시 순천은 큰 도시였지만 이순신은 여기서도 낭패감을 맛보았다. 칠천량해전 이후 일본군의 침략 방향이 호남으로 결정되자 이 지역에서는 청야 작전(방어 측의 초토화 전술)이 행해진 나머지, 주변에서 곡식 한 바가지도 건지기 어려웠다. 이순신 입장에서 군량을 확보하지 못하면 군대 재건은 물 건너가는 상황이었다. 중앙 정부가 해야 할 역할을 전장의 사령관이 스스로 해내고 있었지만, 이순신은 이러한 말도 안 되는 상황을 담담히 받아들이며 최선을 다하고 있었다.

이순신은 정철총통을 만들었던 정사준을 순천에서 재회했다. 이순신은 화포 제작에 관한 일을 정사준과 정사립 형제에게 맡겼다. 또한 순천에서는 승병장 혜희를 비롯한 승병들이 이순신에게 합류했다. 승병들의 합류는 이순신에게 큰 힘이 되었다.

순천을 떠나 보성으로 들어섰다. 보성 조양창에서 이순신은 상당량의 군량미를 확보했다. 이순신의 기쁨은 이루 말할 수 없었다.

또 칠천량에서 죽은 줄만 알았던 송희립을 다시 만났다. '좌정운 우희립'이란 말이 있듯이 송희립은 항상 이순신의 옆에서 이순신의 수족 역할을 하였던 군관이었다.

그리고 칠천량해전 이후 이순신을 만나 패전의 경위를 설명했던 거제 현령 안위가 보성으로 찾아와 합류하였다. 전라좌수영부터 이순신과 함께 근무했던 이몽구도 이순신을 찾아왔지만 이순신은 이몽구에게 곤장을 쳤다. 이몽구가 전라좌수영 소유였던 군량미를 불태우지도, 그렇다고 챙겨 오지도 못한 범실을 그냥 넘길 수 없었기 때문이었다. 재회의 반가움 속에도 군령에 지엄했던 이순신이었다.

이순신이 보성에서 여러 장수들과 재회의 기쁨을 나누고 있을 때 선조의 교지가 내려왔다. 이순신은 보성의 열선루에서 선조의 교지를 들고 온 선전관을 맞이하였다. 교지의 내용은 이러했다.

'수군의 전력이 약하니 권율의 육군과 합류해 전쟁에 임하라.'

이순신은 억장이 무너졌다. 수군이 육군에 합류하여 무슨 도움을 줄 수 있단 말인가. 왜군이 서해 바다를 돌아 한강을 통해 한양으로 들어간다면 그때는 어쩔 것인가.

최악의 상황을 막아내고자 어떻게든 조선 수군을 재건하려 몸부림치고 있건만, 왕은 도와주지는 못할망정 이토록 맥 빠지는 교지를 내려 보낸 것이다.

이순신은 교지를 받은 다음날 선조에게 장계를 올렸다.

"지금 신에게 아직 12척의 전선이 있습니다 今臣戰船 尙有十二."

"전선의 수는 비록 적으나 미천한 신이 죽지 않았으므로 적들이 감히 우리를 업신여기지 못할 것입니다 戰船雖寡 微臣不死則 不敢侮我矣."

임금의 교지를 받은 후 항명에 가까운 장계를 써 올려 보내야 했던 이순신의 심정은 어떠했을까?

장계를 올려 보낸 직후 이순신은 식음을 전폐하고 몸져누웠다. 반면 이와 같은 이순신의 장계를 받아본 선조도 기막혀 했다.

"이순신 이 자가 또 왕명을 거역하는구나."

이순신이 다시 삼도수군통제사가 되자 경상우수사 배설은 그제서야 이순신에게 숨겨둔 판옥선 12척의 위치를 고했다. 이순신은 배설에게 명령했다.

"장흥 군영구미 쪽으로 판옥선과 함께 오시오."

배설이 답했다.

"제가 뱃멀미 탓에 몸이 힘듭니다."

수군 제독이 뱃멀미 핑계를 대었다.

몸져누워 있던 이순신은 판옥선을 회수하기 위해 몸을 일으켰고 장흥의 군영구미에서 나룻배를 타고 직접 회령포까지 갔다. 그리고 장흥 회령포에 정박해 있는 12척의 판옥선을 만났다.

기적과도 같은 조선 수군 재건이었다. 이순신은 삼도수군통제사에 임명된 후 보름 동안 전라도 해안 일대를 수백 km 돌았다. 많은 장정들이 의병으로 찾아왔고 패잔병들도 수습되었다. 마하수라는 인물은 4명의 아들을 데리고 합류하였다. 수천의 병사가 모였고 군량미가 확보되었다. 비록 12척이지만 판옥선도 수습되었으니, 이제 수군이라 불릴 만했다.

이순신은 회령포에서 여러 장수와 병졸들을 한자리에 모아놓고 임금의 교서를 보이며 삼도수군통제사 취임식을 가졌다.

우리들은 지금 임금의 명령을 다 같이 받들었으니 의리상 같이 죽는 것이 마땅하다. 그렇지만 사태가 이 지경에 이르렀으니 한 번 죽음으로 나라에 보답하는 것이 무엇이 그리 아깝겠는가. 오직 우리에게는 죽음만이 있을 뿐이다.

《이충무공행록》

전라남도 해남군 이진진성

　이순신 일행은 판옥선을 타고 바닷길을 통해 해남의 이진진성으로 향
했다. 이진진성에 머무를 때 이순신은 토사곽란으로 고생했다. 먹지도 못
했고, 대변도 보지 못할 정도로 인사불성이 되어 거의 죽을 지경에 이르
렀다. 몇 년간의 전장 생활, 옥중에서의 고초, 그리고 자신의 어깨를 짓누
르는 책임감이 이순신의 몸을 상하게 하였다. 다행히 이순신을 지극정성
으로 간호한 해남 현감 류형의 도움을 받고 쾌차할 수 있었다. 이순신은
회복되자 다시 해남 내 어란진으로 이동하였다.

　이순신은 일본군과 싸울 수 있는 최적의 장소를 찾아야만 했다.

어란진해전과 벽파진해전

칠천량해전 이후 일본군에게는 그동안 꿈도 꿀 수 없었던 전라도 바닷길이 훤히 열렸다. 아니 일본군은 한산도해전에서 패배한 이후 몇 년간 전라도 바다는커녕 견내량을 통과해본 적도 없었다. 하물며 그 견내량 아래의 한산도는 이순신의 본진이 있는 곳이었기에 생각만으로도 두려운 곳이었다.

그런데 칠천량해전 이후 견내량을 막아서는 조선군은 없었다. 그럼에도 일본군은 바로 견내량을 넘어서지 못했다. 일본군 입장에서도 칠천량해전은 계획에도 없었던 승리였는지라 견내량 너머 조선의 바다로 진격할 준비가 되어 있지 않았기 때문이었다.

며칠이 지나서야 일본의 대규모 함대가 견내량을 조심스레 넘었다. 그리고 조선 수군의 심장이었던 한산도를 점령하였다. 한산도에는 단 한 명의 조선군도 남아 있지 않았다. 일본군은 몇 년간의 분풀이로 한산도를 갈기갈기 찢었다.

일본 수군은 섬진강 하구를 지나 여수를 향해 함대를 움직였다. 전란이 발생했지만 이순신이라는 탁월한 지휘관 밑에서 단 한 번의 침략도 허락지 않았던 전라좌수영의 본영인 여수가 유린되었다. 일본의 함대는 서진

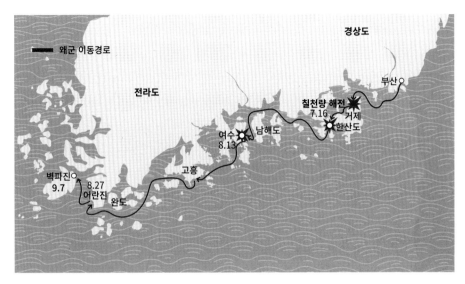

정유재란(1597) 일본군 서진 경로도

을 계속하여 조심스레 고흥 반도까지 들어왔다.

칠천량에서 이겼지만 어디선가 매복하고 있을 판옥선과 조선의 함포가 여전히 두려웠기에 일본 함대의 서진 속도가 더뎠다. 이는 이순신에게 천운이었다. 덕분에 이순신은 조선 수군을 재건해낼 수 있는 시간을 벌었던 것이다.

칠천량에서 패전한 후 조선의 남해 바다는 차차 일본군의 놀이터가 되어가고 있었다. 고흥 반도를 지난 일본의 전함들이 해남의 어란진까지 얼쩡거렸다. 칠천량해전에서 승리한 자신감에 취한 일본군 함대 8척은 오랜만에 만난 조선의 판옥선 12척을 쫓아왔다. 반면에 그 많은 승리의 기억을 잊어버렸는지 칠천량의 패배감에서 헤어나오지 못하는 조선 수군들의 낯빛이 창백해져 있었다.

그러나 적선을 바라본 이순신의 표정은 임진년에 처음으로 해전을 지휘하던 그 모습 그대로였다. 조선의 수군이 패한 것이지, 아직 이순신은 패한 적이 없다. 사령관의 심리 상태가 부하들에게도 고스란히 전해졌다.

이순신은 오히려 선제 공격을 명령했다. 조선 수군이 구호에 맞추어 함포 사격을 개시하자 일본의 함선 8척은 등을 보이며 도망하였다. 어란진 해전은 이순신이 삼도수군통제사로 복귀한 후 해낸 첫 승리였다.

이순신은 적의 대규모 공격을 방어하기에는 불리한 해남 어란진을 떠나 진도 벽파진에 진을 쳤다. 칠천량에서 죽은 이억기를 대신하여 새롭게 임명된 전라우수사 김억추가 판옥선 1척을 이끌고 합류하였다. 조선 수군의 판옥선은 모두 13척이 되었다.

조선 수군이 이순신을 중심으로 진도에 집결해 있다는 소리를 들은 일본군은 기습 선제 공격을 계획했다. 그러나 이순신은 적의 기습에 항상 대비하고 있었다.

아니나 다를까 9월 7일 밤 10시를 전후해서 왜군의 기습 공격이 시작되었다. 공교롭게도 일본군 전함의 숫자 역시 13척이었다. 벽파진에 머물며 경계 태세를 강화해온 조선 수군들이 기다렸다는 듯이 역공을 가했다. 일본군은 상당한 피해를 입으며 물러났다.

이순신은 어란진해전과 벽파진해전에 대한 장계를 선조에게 올리지 않았다. 《난중일기》에만 그 기록이 전해진다.

벽파진에서 일본군의 기습에 잘 대비했던 이순신의 함대는 울돌목을 넘어서 해남에 있는 전라우수영 본영에 도착하였다. 오랜 기간 전라우수사로 있었던 이억기에 대한 그리움이 밀려왔을 것이다. 이순신은 울돌목을 지나며 마음의 결정을 내렸다.

'바로 이곳이다.'

어란진해전(19승, 1597. 8. 27)과 벽파진해전(20승, 1597. 9. 7)

	조선군	일본군
사령관	**三道** 이순신 **全右** 김억추(벽파진해전 참여)	불명
함대 및 병력	어란진: 판옥선 12척 벽파진: 판옥선 13척	어란진: 전함 8척 벽파진: 전함 13척
피해 및 사상자	없음	도망

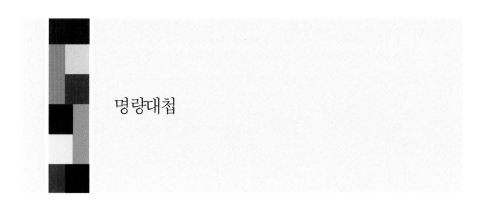

명량대첩

이순신이 해남 어란진에서 진도 벽파진으로 이동하자 일본의 수군은 비어 있는 어란진까지 진격하였고, 이후 해남의 어란진은 일본 수군의 새로운 전진 기지가 되었다. 그리고 어란진에는 수백 척에 달하는 일본의 전함들이 모여들었다.

이순신은 울돌목 앞 벽파진에서 13척의 판옥선을 배치하고 진을 쳤다. 일본군들이 울돌목의 지형과 물살을 조사하는 것을 원천 봉쇄하고자 벽파진에 진을 쳤던 것이다.

진도대교와 울돌목(명량)의 거센 물살

'내가 여기 있으니 잡을 테면 잡아보거라.'
이순신은 자신을 노출하면서 울돌목을 숨기고자 하였다.

울돌목은 서해 바다와 남해 바다가 만나는 곳이다. 물살이 너무 세서
'울면서 돌아가는 길목'이라는 의미의 울돌목이다. 한자어로 울 명 鳴 자
를 써서 '명량'이다. 울돌목은 우리나라 삼면 바다의 해협 중 물살이 가장
센 곳이다. 두 번째로 물살이 센 곳이 강화 해협이다. 몽골이 침략하자 무

신집권자 최우가 고려의 임금 고종과 개경의 백성을 이끌고 강화도로 피난 갔을 때, 몽골군이 무려 38년 동안 강화 해협을 못 넘어온 것은 '염하'라고도 불리는 강화 해협의 거친 물살 때문이었다. 세 번째로 물살이 센 곳이 진도를 끼고 바깥으로 돌아가는 맹골수도다. 그곳에서 세월호가 가라앉았다.

이순신에게 최악의 경우는 일본군이 자신이 막아서고 있는 울돌목이 아닌, 진도를 돌아 맹골수도를 타고 서해 바다로 올라가는 것이었다. 그럴 경우 판옥선보다 빠른 일본의 함선들을 추격하며 싸워야 했다. 그래서 이순신은 울돌목 앞 벽파진에 진을 치면서 일본군이 자신을 향해 오기를 기도했다.

이순신은 자신을 미끼로 내던진 것이었다. 이순신에게 패배의 오명이나 죽음에 대한 공포감 따위는 전혀 없었다. 이순신은 오로지 적의 수군이 서해 바다를 돌아 여러 강을 타고 내륙으로 보급을 할 수 없도록 신명을 다할 뿐이었다.

칠천량해전 직후 조선에는 전라좌수사 겸 삼도수군통제사 이순신과 경상우수사 배설, 그리고 전라우수사 김억추까지 총 3명의 수군 사령관이 있었다. 새로이 전라우수사가 된 김억추는 수군 제독 경험이 전무했다. 그를 전라우수사로 앉힌 자가 당시 좌의정이던 김응남이었다. 김응남은 이순신을 미워하며 계속해서 원균을 편들었던 인물이다. 김억추를 전라우수사로 앉혀서 이순신을 견제하려는 것이 김응남의 의도였다.

이순신은 김억추를 이렇게 평했다.

'김억추는 딱 만호까지만 승진했어야 될 인물이지 절대로 전라우수사 감이 아니다.'

이곳이 명량이다.

경상우수사 배설은 칠천량에서 원균에게 항명을 하며 12척의 판옥선과 함께 칠천량을 빠져나와 살아난 인물이다. 물론 배설 덕분에 12척의 판옥선이 무사할 수 있었다. 그런 경상우수사 배설은 국운을 건 전투를 앞두고 또 다시 탈영을 했다.

영화 〈명량〉을 보면 배설이 배를 타고 달아날 때 거제 현령 안위가 활을 쏘아 죽이는 장면이 나온다. 그러나 실제로 배설은 탈영에 성공했고 왜란이 끝난 뒤 자신의 고향에서 붙잡혀 처형당했다. 경상우수사가 전투를 앞두고 탈영할 정도니, 당시 조선 수군들의 사기가 얼마나 저하되어 있었는지 알 수 있다.

이순신조차도 전투를 앞두고 심란하기는 마찬가지였다. 이순신은 명량해전 전날 중압감으로 여러 징후가 보이는 꿈에 시달렸다.

일본의 전투선들이 해남의 어란진에 모여들었다. 임진년의 부산포처럼 해남의 어란진이 새로이 일본 수군의 전진 기지가 되었다. 어란진의 일본군 함선의 숫자는 수백 척이 넘었다.

일본군들 입장에서는 자신들의 육군이 벌써 천안 근처까지 진출해 명나라와 직산에서 전투를 치르고 대치를 하고 있는 입장이었기에, 이번만큼은 수군이 제때에 발맞추어 육군을 지원해주어야 했다.

이순신이 울돌목 앞을 막고 무슨 꿍꿍이를 부리는지 의심스러웠지만,

그렇다고 진도 바깥으로 돌아 맹골수도를 타고 서해 바다로 올라가기에는 시간도 허비되었고 자존심도 상했다. 칠천량에서 조선의 수군은 거의 붕괴되었고, 이순신의 전함 수도 많아 보이지 않았다. 일본군에게는 오히려 이순신을 잡을 수 있는 절호의 기회였다.

정탐꾼 임준영이 전갈을 전해왔다.

"내일 일본군이 벽파진 쪽으로 싸움을 걸어올 것 같습니다."

자신을 피해 맹골수도로 일본군이 돌아나갈 것을 염려하던 이순신에게는 희소식이었다. 이순신은 벽파진의 판옥선 13척을 명량을 거슬러 전라우수영 본영으로 불러들였다.

이제 일본군이 전라우수영을 공격하려면 울돌목을 지나쳐야만 했다. 이순신이 생각했던 전장은 울돌목, 즉 명량이었다. 역사적인 전투 하루 전인 1597년 9월 15일 밤, 이순신은 전라우수영에 모든 군졸들을 도열시켰다.

"죽으려고 하면 곧 살 것이요必死則生,

살려고 하는 자는 곧 죽을 것이다必生則死."

"능히 길목에서 한 명이 천 명을 막아낼 수 있으니 우리도 그렇게 막아낼 수 있다."

"내일 내 명령을 듣지 않으면 군법을 제대로 적용하리라."

9월 16일 새벽. 300여 척의 일본 함대가 명량으로 들어섰다는 첩보가 전달되었다. 뜬눈으로 밤을 새우던 이순신과 13척의 판옥선은 서둘러 울돌목 앞으로 나아갔다.

이순신의 판옥선이 고작 13척뿐이라는 소식에 일본군들은 몸이 달아올랐다. 이 기회에 이순신을 잡아 죽일 수 있다면, 조선 임금을 잡는 것만큼의 공을 세우는 셈이었다.

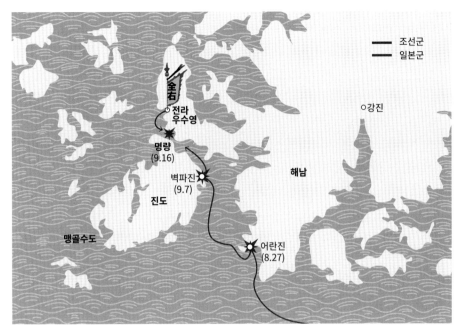

○강진

金右

○ 전라
우수영

해남

명량
(9.16)

벽파진
(9.7)

진도

맹골수도

어란진
(8.27)

명량대첩 위치

　일본 수군의 선봉장은 해군 집안 출신인 구루시마 미치후사였다. 형인 구루시마 미키유키는 당포해전에서 이순신에 의해 죽었다. 구루시마 미치후사는 이순신을 죽여 공을 세움과 동시에 자기 형에 대한 복수도 하겠다는 생각이었다.

　선봉장인 구루시마 미치후사에 이어 중군장으로는 와키자카 야스하루, 총사령관으로는 도도 다카토라가 참전하였다. 와키자카는 한산도에서 이순신에게 패했었고, 도도 다카토라는 사천에서 이순신에게 패했었다. 일본 수군의 사령관들은 아직도 이순신이라는 이름 석 자에 대한 두려움이 있었다. 그러나 이순신과 처음 만나는 선봉장 구루시마는 아직 이순신이 두렵지 않았다. 구루시마는 자신의 직할 함대 133척을 앞세우며 일말의 거리낌 없이 명량으로 들어섰다.

이순신은 13척의 판옥선과 함께 울돌목이 끝나는 지점에 일자진을 쳤다. 육지인 해남과 섬인 진도 사이의 울돌목은 300m 남짓에 불과한 해협이었다. 울돌목은 좁았으니 13척의 판옥선이 일자진을 형성할 수 없었을 것이다. 결론적으로 일자진은 울돌목이 끝나는 지점에 펼쳐졌을 가능성이 크다.

구루시마의 함대가 명량의 거친 물살을 뚫고 이순신의 함대에 가까워지고 있었다. 이순신의 함대도 울돌목을 향해 나아갔다. 그러나 전라우수사 김억추의 판옥선은 오히려 뒤로 물러서고 있었다. 겁을 먹은 김억추가 격군들의 노질을 중단시킨 것이었다. 김억추의 판옥선은 조선 12척 함대의 일자진으로부터 700m 뒤처졌다.

이순신은 동요하지 않고 전군에 명령을 내렸다.

"일자진을 유지한 채 진격하라!"

대장선인 기함에 진격의 깃발이 올랐다. 이순신의 기함은 전속력으로 명량을 향해 나아갔다. 그러나 대장선을 제외한 나머지 11척의 판옥선은 더 이상 앞으로 움직이지 못했다.

명량의 거센 물살도 무섭지만 그 물살을 헤치고 다가오는 일본의 대규모 함대에 공포감을 느낀 것이다. 12척 판옥선의 함장들은 서로 간에 공포감만을 확인할 뿐 대장선의 진격 신호를 외면하고 있었다.

이순신은 휘하 제장들의 불복종에 분노했다. 당장 대장선을 뒤로 돌려 함장들의 목을 쳐서 군율의 지엄함을 보이고 싶었다. 하지만 이순신의 대장선이 등을 보이면 적선들은 더욱 맹렬히 추격해 올 것이고, 후방에 있는 12척의 판옥선들은 일본의 함선보다 이순신의 대장선을 피해 더욱 뒤로 도망갈 게 뻔했다. 그렇게 되면 일본의 선발대 133척이 모두 울돌목을 넘어서게 된다.

이순신의 기함에서는 부관을 비롯한 모든 장병들이 겁에 질린 채 이순신의 얼굴만 쳐다보고 있었다. 그들의 눈빛은 후퇴를 갈망하고 있었다. 일단 살아서 훗날을 도모하자는 애원의 눈빛이었다.

그러나 이순신은 차가웠고 단호하게 그들의 눈빛을 외면했다. 이순신은 거센 물살의 명량을 향해 돌격 명령을 내렸다. 이순신의 명령에 갑판의 모든 장병들은 어안이 벙벙했다.

대장선만으로 100척이 넘는 적선과 싸우자는 것인가? 모두들 창백한 얼굴로 입술만을 앙다물 뿐이었다. 군기를 흐트러뜨리는 행동을 이순신이 용서할 리 없기 때문이었다.

그러나 갑판 아래의 상황은 달랐다. 명령이 하달되자 격군들은 울부짖었다.

"다들 도망간 마당에 우리만 싸우자는 것인가?"

"인제 죽는 일만 남았네, 혼자 남으신 우리 엄니 어찌할까?"

"이래 죽으나 저래 죽으나 한 세상인디, 장군께서 가자 하면 가야제."

"아들아. 아버지 제사는 울돌목에서 지내주거라."

명령은 이순신이 내렸지만, 대장선이 울돌목으로 홀로 나아가려면 격군들의 노질이 있어야만 했다. 그 울돌목은 조선에서 가장 물살이 빠른 해협이기도 했지만, 무려 133척의 적선이 공격해 오고 있는 해협이었다. 그럼에도 대장선의 격군들은 이순신이 내린 명령을 수행했다.

1597년 9월 16일 그 새벽, 밀려드는 공포감을 분연히 떨쳐내고 울돌목을 향해 노를 저어 앞으로 나아갔던 이순신 대장선의 모든 격군들에게 경의를 표하는 바이다.

울돌목에 들어선 133척의 구루시마 함대는 조선군을 바라보며 실소를 금치 못하고 있었다. 판옥선이라고 해봐야 10여 척이 조금 넘어 보이

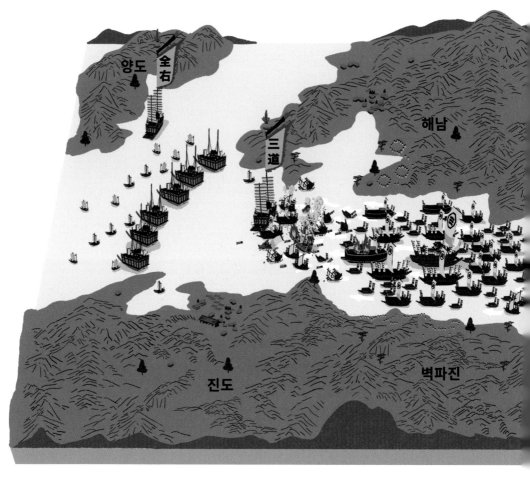

● 명량대첩 │ 三道이순신, 全右김억추(도망) ⇨
⇦ ⊜ 구루시마 미치후사(사망), ● 도도 다카토라, ◎ 와키자카 야스하루

는 수준이었고, 그 뒤에는 고깃배들 수준인 포작선들만이 더 보일 뿐이었
다. 구루시마 함대는 공격을 하면서도 '정말 저게 다인가?' 하는 의구심
으로 울돌목의 순류를 타고 자신있게 노를 저었다. 그런데 조선군과 거리
가 가까워질수록 더 어이가 없었다.

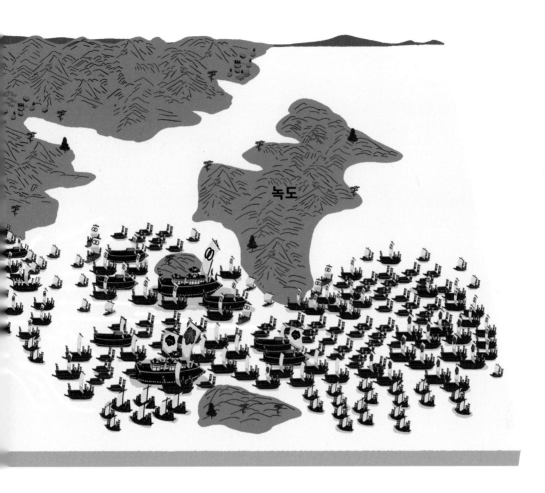

녹도

　10여 척의 판옥선은 울돌목의 입구에서 꼼짝도 하지 않고 있었고, 대
장선으로 보이는 배만 울돌목의 역류를 헤치며 자신들 앞으로 다가오고
있는 것이었다. 저 대장선에 이순신이 타고 있다면 이순신을 잡는 일은
더욱 쉬워졌다. 구루시마는 좁은 울돌목을 계산하여 20여 척씩 조를 나누
어 공격하라는 명령을 내렸다.

　1 대 133의 전설적인 전투가 시작되고 있었다.

이순신은 달려드는 적의 선두 함선을 향해 함포 발사를 명령했다. 왜선 몇 척이 우리 함포에 맞았다. 부서져 가라앉는 세키부네 뒤로 새로운 세키부네들이 몰려들었다. 이순신 기함의 함포 사격을 뚫고 구루시마의 세키부네들이 이순신의 판옥선을 향해 돌진해 왔다.

세키부네들이 어느새 이순신의 기함에 배를 갖다 대었다. 수 척의 세키부네가 단 1척의 판옥선에 등선하기 위해 갈고리를 던지고 사다리를 올려 걸었다. 돛의 기둥까지 판옥선의 갑판을 향해 넘어뜨렸다. 일본군들은 대장선의 갑판을 점령하기 위해 기어오르기 시작하였다.

병사들이 당황하는 모습을 보고 이순신은 소리쳤다.

"동요하지 말라! 적선이 아무리 많더라도 우리 배에 올라타지 못한다. 내 명령에 따라서 움직이되 절대 동요치 말라!"

이순신은 정확히 알고 있었다. 판옥선은 세키부네보다 몸체가 큰 데다 그만큼 높이가 있기에, 일본 수군 입장에서는 판옥선에 기어오르기 쉽지 않았다. 명량의 거센 물살도 한몫했다. 물살이 강하다 보니 가까이 붙은 양국의 전함이 심하게 흔들렸고, 판옥선에 내던진 돛 기둥과 사다리와 갈고리 모두 심하게 흔들렸다. 그로 인해 이순신의 판옥선으로 기어 올라가려던 일본군들은 중심을 잃으며 바다에 빠졌고 명량의 강한 물살에 쓸려 내려갔다.

이순신은 대장선에 가까이 달라붙은 세키부네를 떼어내기 위해 함포의 포신을 아래로 내리고 조준 사격을 명령했다. 세키부네에 포탄이 작렬하고, 그 진동이 이순신의 판옥선에도 전달될 정도였다. 갑판 위의 장병들과 갑판 아래의 격군들이 모두 이리저리 날아가 부딪힐 정도로 큰 충격이었다. 조준 사격을 당해서 구멍이 난 세키부네들은 1척씩 바다에 빠지

〈이순신 십경도〉9경 명량해전

고 있었다. 다시 정신을 차린 조선의 사수들은 활을 쏘았고, 판옥선을 기어 올라오는 적들을 긴 낫으로 내려쳤었다. 또 가까이 붙은 세키부네에 비격진천뢰를 던지고 불화살을 날려 적선들을 불태웠다. 격군들도 각자의 무기를 들고 갑판 위로 뛰어올라 등선을 하려는 일본군을 막아내었다.

지금껏 이순신의 해전사 중 가장 치열하고 난잡한 전투가 이순신의 대장선에서 행해지고 있었다.

이순신의 대장선이 홀로 왜선들을 상대로 고군분투를 이어가고 있음에도 후방에 뒤처진 11척의 판옥선들은 아직도 그 자리에 그대로 있었다. 병사들 역시 죽을 듯 싸우면서도 지켜만 보고 있는 조선의 판옥선들을 애타는 눈길로 한 번씩 쳐다보았다.

"썩을 놈들, 기어오르는 왜놈들보다 저놈들이 더 야속하구만."

"장군님이랑 우리가 죽는 꼴을 그냥 지켜보겠다는 것인디. 저것들이 사람이당가."

대장선의 모든 이들이 아군의 도움을 포기할 즈음 조선의 판옥선 1척이 빠른 속도로 홀로 싸우는 대장선을 향해 다가왔다. 거제 현령 안위의 판옥선이었다.

이순신은 안위에게 호통을 쳤다.

"안위야, 도망간다고 한들 갈 곳이 있겠느냐! 정령 군법에 따라 죽기 싫거든 어서 싸우거라!"

곧이어 또 다른 1척의 판옥선이 이순신의 대장선을 돕기 위해 가까이 다가왔다. 중군장 김응함의 배였다.

"김응함아, 너는 중군장으로서 대장선을 보호해야 할 역할을 저버렸다! 당장 너의 목을 칼로 내려치고 싶으나 지금 전투가 급하니 공을 세울 기회를 주겠다. 싸워라!"

안위와 김응함의 판옥선까지 이제는 3척의 판옥선이 명량을 막아서고 있었다. 이제 3 대 133의 대결이 되었다.

안위의 판옥선이 왜선들에게 에워싸이고 말았다. 이번에는 일본군들이 안위의 판옥선 위로 기어오르는 데 성공했다. 안위의 판옥선에서 육박전이 벌어졌다. 백병전에 밀린 조선의 수군들이 살기 위해 바다로 뛰어내렸다. 이순신과 김응함의 판옥선이 안위의 판옥선 쪽으로 이동하였고 안위의 판옥선 주변에 달라붙은 세키부네들에게 근접하여 함포 사격을 퍼부었다. 안위의 판옥선이 가까스로 위기에서 벗어났다.

정오가 되자 물살이 바뀌었다. 지금까지는 일본군이 순류를 타고 공격을 했고, 조선 수군은 역류에서 맞서며 몇 시간 동안 버티고 있었다. 그러

나 이제 명량의 물살도 이순신의 편이 되었다.

물살이 바뀌면서 난파된 세키부네의 잔해들이 거친 물살을 타고 일본군 진영으로 쏟아져 내려오기 시작했다. 뒤편에서 대기 중이던 일본의 100여 척의 함선들은 떠내려오는 자기 편의 난파선들을 피하기에 급급하였다. 반면 이순신과 안위와 김응함의 판옥선은 순류 물살을 타고 빠르게 전진하면서 함포 사격을 전개하였다.

3척의 판옥선이 승기를 잡자 후방에서 구경하던 9척의 판옥선들이 용기를 얻어 합류하였다. 이제야 12 대 133의 해볼 만한 전투가 시작되었다.

녹도 만호 송여종 등이 지휘하는 9척의 판옥선들이 이순신의 기함을 앞질러 가면서 함포 사격을 하였다. 이대로 전투가 끝나게 되면 명령 불복종 죄로 이순신에게 처형당할 위기에 처해 있었던 9척의 판옥선들은 갑자기 용맹한 야수로 변하여 왜선들을 침몰시켜나갔다. 이때 이순신의 기함에 탔던 항왜 장수 준사가 호들갑을 떨며 바다를 가리켰다.

"마다시! 마다시!"

붉은 비단 군복을 입은 왜장이 죽었는지 기절했는지 바닷물 위를 둥

둥 떠다니고 있었다. 준사가 외친 '마다시'는 바로 일본군 선봉장 구루시마였다.

이순신의 명에 구루시마의 시신이 건져졌고 그 목을 잘라 뱃머리 높이 매달았다. 구루시마의 잘려진 목을 본 일본군들은 혼비백산하며 도망치려 할 뿐 더 이상 저항하지 못했다.

구루시마의 선발대가 불리한 상황임에도 당시 일본군의 중군장이던 와키자카는 위기에 빠진 구루시마를 돕지 않았다. 와키자카는 한산도에서 이순신에게 패했던 공포감이 다시 밀려왔다. 와키자카는 끝내 중군의 후퇴를 명령하였다.

명량에서 살아남아 뒤돌아 나온 구루시마의 함대와 후방의 일본 함대 300여 척이 공포에 질린 채 무질서하게 후퇴를 하였다. 후퇴하면서 난파된 함선이 더 많은 지경이었다. 이 과정에서 총사령관 도도 다카토라는 부상을 입었고 도요토미 히데요시가 파견한 중앙 감찰관 모리 다카마사는 바닷물에 빠져 허우적대다가 익사 직전에 겨우 건져 올려져 목숨만을 구했다. 일본 함대 300여 척의 망신스러운 대패였다.

이순신은 가장 이기기 어려운 전투를 대승으로 마무리 지었다.

울돌목의 양측 언덕에서 손에 땀을 쥐며 전투를 바라보고 응원했던 진도와 해남의 백성들은 함께 얼싸안으며 승리의 함성을 외쳤다.

"이겼다, 우리가 이겼다!"

1597년 9월 16일 명량에서는 일본군 전함 31척이 바다에 수장되었다. 1척에 100명만 탑승했다고 계산해도 도합 3,000여 명의 일본군이 바다에 빠진 셈이었다. 판옥선에 기어오르려다 죽거나 조선의 함포 공격과 활에 맞아 죽은 일본군이 1만여 명으로 추정된다. 여기저기 부서지고 훼손되어 당장 전투가 불가능한 함선도 100여 척이 넘었다.

기적과도 같은 엄청난 승리였다.

정유재란을 일으켜 남원을 점령하고 전주마저 집어삼켰던 일본군은 천안에서 명나라 육군과 대치하면서 수군이 서해 바다로 돌아오기를 학수고대하고 있었다. 그러나 명량해전에서 대패한 일본군은 끝내 서해 바다로 들어서지 못했다. 결국 보급의 차질을 우려한 일본의 육군까지 후퇴하게 되었다. 단 한 번의 해전으로 전쟁의 양상이 180도 바뀐 것이다.

명량해전 이전에도 이순신은 조선의 영웅이었다. 그러나 명량해전 승리 이후 이순신은 성웅이 되었다.

이순신은 명량해전이 끝나고 이렇게 말했다.

"명량해전 승리는 실로 천운이었다."

칠천량의 대패를 보고받은 선조는 이렇게 말했었다.

"이 패배는 하늘의 뜻이다."

명량대첩(21승, 1597. 9. 16)

	조선군	일본군
사령관	三道 이순신 全右 김억추(도망)	⊜ 구루시마 미치후사(사망) ⬤ 도도 다카토라 ⊚ 와키자카 야스하루
함대 및 병력	대장선 1척, 판옥선 11척 대기, 1척 도망	선발대 133척, 전체 전선 333척
피해 및 사상자	11명 전사, 21명 부상	31척 침몰, 92척 난파, 3,000명 사망

아들의 죽음

일본군은 명량에서 패배한 복수를 이순신 가족에게 대신했다. 이순신의 본가와 아산 마을 전체가 일본군에 의해 불태워졌다. 그 과정에 이순신의 셋째 아들 이면이 전사하였다.

정조 때 남인 출신 정승으로 유명한 채제공이 이렇게 말하였다.

"이순신이 통제사 시절에 그 아들 면이 고향집에 있다가 적의 한 부대를 상대하여 적장 셋을 죽이고 본인 또한 죽으니 당시에 총각이라 참으로 충무의 아들이라 할 것입니다."

이순신은 국가를 보호하였건만, 제 가족은 지키지 못하였다. 셋째 아들 이면은 담력이 있고 활을 잘 쏘는 등 무인적 기질이 다분하였다. 이순신으로서는 자신의 뒤를 잇는 무장으로 각별히 기대했던 아들이었다. 이순신은 면의 죽음 소식에 비통함을 일기에 남겼다.

저녁에 천안에서 온 어떤 사람이 집에서 보낸 편지를 전하는데, 봉함을 뜯기도 전에 온몸이 먼저 떨리고 정신이 어지러웠다. 거칠게 겉봉을 뜯고 열이 쓴 글씨를 보니 겉면에 '통곡' 두 글자가 쓰여 있었다.

면이 적과 싸우다 죽었음을 알고, 간담이 떨어져 목 놓아 통곡하였다.

현충사에 있는 이면의 묘

하늘이 어찌 이다지도 어질지 못하는가? 간담이 타고 찢어지는 것 같다. 내가 죽고 네가 사는 것이 이치에 마땅한데, 네가 죽고 내가 살았으니 어쩌다 이처럼 이치에 어긋났는가? 천지가 깜깜하고 해조차도 빛이 변했구나.

슬프다. 내 아들아. 나를 버리고 어디로 갔느냐. 영리하기가 보통을 넘어섰기에 하늘이 이 세상에 머물게 하지 않은 것이냐. 내가 지은 죄 때문에 화가 네 몸에 미친 것이냐.

내 이제 세상에서 누구에게 의지할 것이냐. 너를 따라 죽어서 지하에서 같이 지내고 같이 울고 싶지만 네 형, 네 누이, 네 어미가 의지할 곳이 없으므로 아직은 참고 목숨을 이을 수밖에 없구나. 마음은 죽고 껍데기만

남은 채 울부짖을 따름이다. 하룻밤 지내기가 한해를 지내는 것 같구나.

《난중일기 1597년 10월 14일》

이순신도 한 가정의 아버지였다. 자식을 잃은 아픔이 하룻밤으로 치유될 리 만무했다. 그러나 전쟁으로 사랑하는 가족을 잃은 이가 이순신뿐이었으랴. 이순신은 부하들 앞에서 자식을 잃은 아비의 슬픔을 보이지 않으려 애썼다.

나는 내일이 막내 아들의 죽음을 들은 지 나흘이 되는 날인데도 마음 놓고 울어보지도 못했다.

《난중일기 1597년 10월 16일》

1597년 9월 명량에서 승리한 후 이순신은 서해를 타고 고군산도까지 올라갔다. 명량에서 승리한 이순신은 왜 적을 피하듯 서해 바다로 올라갔을까?

조선 수군은 명량에서 사력을 다했다. 병사들도 지쳤고 화약과 염초도 다시 확보해야 했다. 명량에서 구루시마의 선발대 133척을 격파했지만 아직도 일본군은 수백 척의 함대가 건재하였다. 시간을 벌기 위해 이순신은 서해 바다로 작전상 후퇴를 한 것이었다. 그러나 일본군은 이순신을 쫓아올 엄두를 내지 못했다. 일본 수군에게 있어 명량에서의 패배는 너무 큰 충격으로 남았고, 이들은 이순신이 두려웠다. 일본군은 스스로 수륙병진작전을 포기했다. 그러자 이순신은 다시 영산강 하구 고하도로 남하하였다. 이순신은 고하도에서 108일간 머무르며 판옥선 40여 척을 건조하는 등 군세를 정비하였다. 그 후 전라도 완도의 고금도에 자리를 잡으니 1598년 2월의 일이었다.

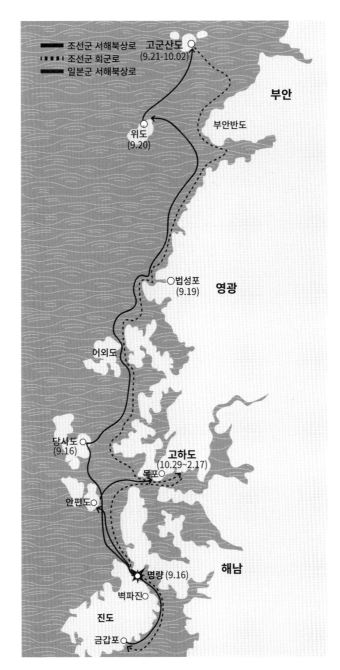

명량해전 후 조선 수군 서해 북상로

삼도수군통제영이 있었던 완도 고금도

1598년 2월 17일, 고금도로 진을 옮겼다. 그 섬은 강진에서 남쪽으로
30여 리쯤 되는 곳에 있어서 산이 첩첩이 둘려 지세가 기이하고 또 그
곁에 농장이 있어서 아주 편리하므로 공은 백성들을 모아 농사를 짓게
하고 거기서 군량 공급을 받았던 것이다. 그리하여 군대의 위세가 이미
강성해져서 남도 백성들이 공을 의지해 사는 자들이 수만 호에 이르렀
고 군대의 장엄함도 한산진보다 10배나 더하였다.

《이충무공행록》

이순신은 고금도에서 피난민들을 받아들였다. 또 해로통행첩을 발행
하고 염전을 운영하며 군량미를 확보하였다. 당시 고금도에 4만여 호가
있었다는 기록을 통해서 한 집에 5인 가족이 살았다 치면 이순신에 의지
하여 사는 백성이 20만 명도 넘었다는 계산이 나온다. 아마 섬이었던 고금

도에 20만 명이나 거주하기는 어려웠을 것이다. 그러나 근처의 약산도와 신지도, 그리고 해안가의 강진과 해남, 진도까지 이순신의 행정력이 미쳤던 것 같다.

고금도에서 조선 수군은 완전히 다시 일어났다. 군세는 한산도 시절을 능가하고도 남았다. 임진왜란 때 한산도가 일본 수군의 서진을 막는 요충지였다면, 정유재란 당시에는 남해 바다의 서쪽 끝인 고금도가 그 역할을 하고 있었다.

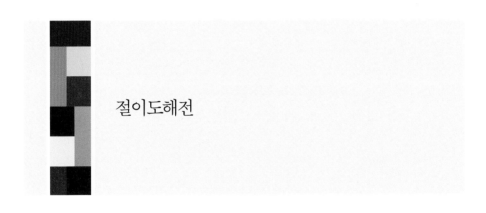

절이도해전

명나라 수군을 이끌고 진린이 조선에 들어왔다. 임진왜란 이후 명나라 수군이 조선에 들어온 것은 처음이었다.

1598년 5월, 한양에 도착한 진린이 선조에게 이렇게 말했다.

"조선의 장수 중에 군율을 어긴 자가 있으면 내 혼쭐을 내겠소이다."

아무리 상국의 장수라지만 일개 장수가 일국의 왕 앞에서 하기에는 꽤나 건방진 소리였다. 그리고 그 소리는 왠지 이순신 들으라고 하는 소리 같았다.

진린은 군량미 조달을 제대로 하지 못했다는 이유로 이를 담당하는 조

진린은 장수로서의 능력은 탁월하되 성질이 고약한 자였다.
명나라에서 여러 전공을 세워 장수로서 지휘 능력은 인정받았지만
탐욕스럽고 포악하여 평이 좋지 못했다.

선 관리의 목에 밧줄을 묶은 채 말을 타고 끌고 다니기도 했다. 보다 못한 영의정 류성룡이 따졌으나 듣는 둥 마는 둥 했다. 이처럼 포악하기 이를 데 없는 진린에 대해 우려하는 목소리들이 커졌다.

'진린과 이순신이 잘 지낼 수 있을까?'

1598년 7월 진린이 고금도에 도착하였다. 이순신은 진린을 정성스럽게 대접했다. 사슴과 멧돼지 고기, 생선과 좋은 술을 내어 5,000여 명의 명나라 수군을 배불리 먹였다. 조선에 와서 제대로 대접을 받기는커녕 군량미 지급조차 되지 않아 화가 머리끝까지 차 있던 진린은 이순신과의 첫 대면부터 이순신에게 호감을 가졌다.

"내가 명나라에 있을 때 장군의 이름을 많이 들었소이다. 환대를 감사히 생각하오."

명나라 수군 5,000여 명이 고금도에 합류했다는 소식은 일본군의 귀에 들어갔다. 명량에서 이순신에게 패한 이후 몇 달 가까이 싸울 엄두를 못 내고 있었던 일본군들 입장에서는 고민이 되었다. 조선 수군과 명나라 수군이 만난 지 얼마 되지 않았으니 지휘 체계는 아직 어수선할 터였다. 남의 나라 전쟁에 투입된 명나라 수군이 어느 정도의 전투력을 가지고 있는지, 싸울 의지가 확실히 있는지도 궁금하였다. 그래서였을까. 명량 이후 도망만 다니던 일본군이 느닷없이 고금도를 기습하였다.

옥포와 명량에서 이순신에게 혼쭐 났던 일본 해군의 총사령관격인 도도 다카토라와 안골포에서 이순신에게 패했던 가토 요시아키가 무려 100여 척의 함대와 병력 1만 6천여 명을 이끌고 고금도를 향해 오고 있다는 보고가 들어왔다.

이순신은 진린을 떠보았다.

"제독, 어떻게 하시렵니까. 명군이 출정하겠습니까? 아니면 조선 수군과 함께 출정하여 합을 맞춰보시겠습니까?"

그러고는 진린이 뭐라 대꾸하기도 전에 다시 덧붙였다.

"아니지. 먼 길을 오시느라 아직 여독도 안 풀리셨을 텐데, 이번에는 조선 수군이 단독으로 전투를 수행해도 괜찮겠습니까?"

진린 입장에선 이순신이 제안한 조선 수군의 단독 출정은 정말 고마운 소리였다. 제아무리 용장이래도 다른 나라에 파병되자마자 싸움터에 나가고 싶을 리 없었다. 조선 남해안의 지형이나 바닷길, 일본군의 전력 등에 대해 아직 파악조차 되지 않은 상태이기도 했다. 진린은 이순신의 단독 출정에 동의하였다.

조선 수군 역시 명량해전 승리 이후 몇 달 만에 나서는 출정이었다.

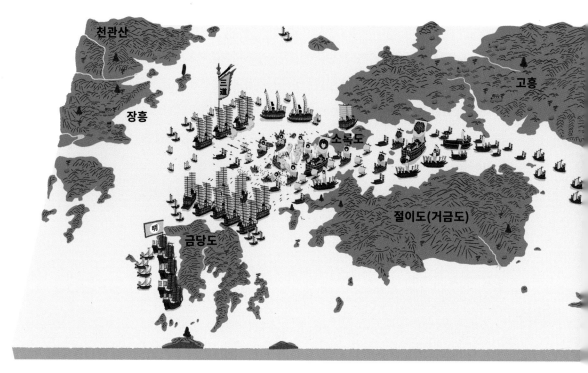

● 절이도해전 | 三道이순신 ⇨⇦ ● 도도 다카토라, ◉ 가토 요시아키, ❀ 구키 요시타카

이순신이 전투 장소로 선택한 곳은 절이도(현재의 거금도) 근방이었다. 그런데 왜군들이 절이도의 바깥(남쪽)으로 돌아 들어올지 안쪽(북쪽) 바닷 길로 공격해 올지가 문제였다.

이에 이순신 특유의 병력 배치 묘수가 다시 등장했다. 이순신은 미리 금당도까지 나아간 후 거금도를 끼고 공격해 올 수 있는 절이도의 북쪽과 남쪽에 각각 조선의 함대를 매복시켰다.

다음날 일본 함대는 절이도의 안쪽(북쪽) 바닷길로 공격해 왔다. 방심 한 일본군이 소록도와 절이도 사이의 좁은 바다를 빠져나오는 순간, 매복 하고 있던 조선의 판옥선들이 일본의 함선을 에워쌌다. 그러고는 사정없 이 함포를 발사했다. 매복에 걸린 일본군은 당황하면서 싸울 엄두도 내지 못하고 뱃머리를 돌려 달아났다. 살아서 돌아가는 배가 절반이었고 격침되어 바다에 빠지는 배가 절반이었다. 소록도 앞바다에는 살기 위해 육지로 헤엄치는 일본군들이 물고기떼만큼 많았고 이들이 간신히 소록도 등의 섬에 다다랐을 때는 이미 지쳐 망둥어가 기듯이 갯벌을 기어갈 뿐이었다. 아무리 백병전에 능한 일본군이라 하더라도 칼을 들 힘조차 없었다. 이들은 섬에 상륙한 조선군에게 쉽게 목이 잘렸다.

이순신은 전투 중에 적의 수급 베는 것을 꺼려 했다. 수급 때문에 1척의 왜선이라도 놓쳐서는 안 된다는 것이 평소 지론이었다. 그랬던 이순신이 유독 이번 절이도해전에서는 부지런히 수급을 챙겼다.

금당도에서 조선군의 전투 모습을 지켜보던 진린은 머릿속이 복잡해졌다. 조선의 수군이 명불허전임도 알았지만 자신은 아무런 전공을 세우지 못하고 구경만 한 꼴이니 이순신과 함께 출정하지 않았음을 후회했다. 그런 진린의 마음을 알았는지, 이순신은 절이도해전에서 얻은 수급 40개를 진린에게 선물로 주었다. 진린은 뛸 듯이 고마워했다.

절이도해전(22승, 1598. 7. 19)

	조선군	일본군
사령관	三道 이순신	❀ 도도 다카토라 ❂ 가토 요시아키 ❀ 구키 요시타카
함대 및 병력	판옥선 85척	전함 100여 척
피해 및 사상자	사상자 30여 명	전선 50여 척 침몰, 50여 척 반파 수천 명 사망

절이도해전은 일본의 전함 50여 척이 바다에 수장되고 일본군 수천 명이 전사했던 역사적 승리였다. 절이도해전은 승리 규모만 놓고 보면 한산도대첩이나 명량대첩에 뒤지지 않은 상당히 큰 승리였지만 의외로 덜 알려진 해전이었다.

절이도해전 이후 이순신은 선조에게 두 종류의 장계를 올렸다.

'조선 수군의 단독 참전이었지만 진린이 공을 시샘하여 안타까워하기에, 우리 군이 거둔 수급 가운데 40개를 건넸다.'

'진린이 열심히 싸운 끝에 왜선을 침몰시키고 수급을 얻었다.'

이순신은 왜 두 종류의 서로 다른 장계를 올렸던 것일까? 진린은 치밀한 이순신의 거미줄에 걸린 셈이었다. 이순신에게 수급을 선물로 받은 진린은 명나라 본국에 자신의 승리라는 거짓 보고를 올렸다. 그러나 절이도해전에서 싸운 것은 이순신과 조선 수군이었다는 소문이 돌았고, 급기야 명나라 감찰관이 사실 여부를 조사하러 조선에 들어왔다. 거짓 보고가 들통 나게 되면 진린은 명나라로 압송되어 목이 달아날 판이었다.

이때 조선 조정은 이순신의 두 가지 장계 중에서 '진린이 열심히 싸운 끝에 왜선을 물리치고 수급을 얻었다'고 기록된 것을 명나라 감찰관에게 보여주었고, 천만다행으로 진린은 죽을 위기를 벗어났다.

이순신의 기지가 진린을 살려주는 한편, 진린의 '목숨줄 하나'를 잡아 쥔 것이었다. 진린으로서는 이순신에게 약점을 잡힌 셈이며 더불어 이순신에게 절을 하고 싶을 만큼 고맙기도 했을 것이다.

또한 이순신은 진린과 명나라 부총병 등자룡에게 판옥선 1척씩을 선물하였다. 엄청난 선물이었다. 사실상 당시 명나라의 수군은 내세울 것 하나 없

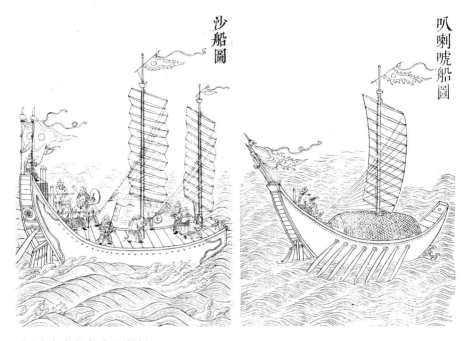

명나라의 사선(좌)과 호선(우)

는 수준이었다. 명나라의 해금 정책(먼 바다로 나가는 것을 금하는 정책) 이후 바닷길이 막히며 해군력의 성장이 멈추고 만 것이다.

실제로 명나라의 주력선인 사선과 호선은 일본의 안택선이나 세키부네만도 못했다. 일본의 안택선과 세키부네는 빠르다는 강점만은 분명했다. 그러나 명나라 주력선인 사선과 호선은 한 공간에서 포를 쏘고 노를 저어야 했기에 함포 위력도 약했고 그렇다고 빠르지도 않았다.

우리 판옥선은 많으면 200명이 승선할 수 있는 대형 함선이었던 반면 명나라의 최고 함선인 사선은 최대 80여 명밖에 태우지 못했다. 그런데 이런 전시 상황에 자신들의 전함보다 훨씬 크고 튼튼한 판옥선을 선물로 받아 대장선으로 사용할 수 있게 되니 진린의 기쁨은 대단했다.

이후 진린이 이순신을 대하는 태도가 180도 달라졌다. 이순신을 작은 나라의 장수로 대하는 것이 아니라 자신과 대등한 전장의 동료이자 전우로서 인정했다. 진린이 이순신과 함께 행차할 시 자신의 가마가 이순신의 가마를 앞서 나가지 못하게 했다. 진린은 이순신을 '이야'나 '노야'로 불렀다. 중국에서 '야' 자는 '어르신'이라는 의미로 완전한 존칭이었다. 진린이 이순신을 얼마나 높게 평가하였는지는 선조에게 이순신을 칭찬하는 글을 보아도 알 수 있다.

통제사는 천하를 다스릴 만한 인재요,
하늘의 어려움을 능히 극복해낼 공이 있다.
진린이 선조에게 올린 글

그러나 조선의 임금 선조는 진린의 글을 받고 흐뭇해하며 자신의 장수를 치하할 만한 그릇이 아니었다. 오히려 이순신을 경계하고 두려워하는 마음만이 더해졌다.

순천왜성전투

도요토미 히데요시는 자신의 가신들 중 믿을 만한 다이묘들과 그들의 군대를 조선에 원정 보냈다. 그들로 하여금 전쟁 경험을 쌓게 하는 동시에 전쟁에서 승리한다면 정복한 조선땅을 영지로 나누어주어 가신들의 힘을 키우려는 목적이었다. 하지만 현실은 도요토미의 뜻대로 되지 않았다. 조선에서의 전쟁은 장기화되었고 자신의 측근 다이묘들은 조선에서 엄청난 병력 손실을 입어야 했다. 반면에 조선에 원정군을 투입하지 않았던 에도 지역의 권력자 도쿠가와 이에야스는 그 힘이 점점 강해지고 있었다.

죽음이 가까이 다가오는 것을 느낀 도요토미 히데요시는 불안했다. 자신의 아들 도요토미 히데요리가 너무 어렸기 때문이었다. 도요토미는 이시다 미쓰나리와 도쿠가와 이에야스에게 자신의 어린 아들을 부탁하며 죽었다. 1598년 8월 18일이었다.

몸이여, 이슬로 왔다가 이슬로 가나니.
나니와(오사카)의 영화여, 꿈 속의 꿈이로다.

도요토미 히데요시의 절명시다. 이 자의 미친 야욕 때문에 조선인은 무참히 죽었다. 총과 칼에 맞아 죽은 사람이 부지기수였고 병에 걸려서, 굶

울지 않는 두견새에게

오다 노부나가(1534〜1582)

"울지 않으면 죽여버린다."

도요토미 히데요시(1537〜1598)

"울지 않으면 어떻게든 울게 만든다."

도쿠가와 이에야스(1543〜1616)

"울지 않으면 울 때까지 기다린다."

일본인들은 전국시대 3대 영웅으로
오다 노부나가, 도요토미 히데요시, 도쿠가와 이에야스를 꼽는다.
특히 제2차 세계대전 중 일본 내에서 도요토미 히데요시 인기가
가장 높았다고 한다.

주려서 아사한 사람까지 조선 전체 인구가 절반 가까이 줄어들 정도로 많은 이들이 죄없이 목숨을 잃었다. 그 비극도 비극이려니와 살아남은 가족들의 슬픔과 고통은 오죽했을 것인가.

도요토미 히데요시가 죽은 뒤, 그의 임종을 지켰던 이시다 미쓰나리와 도쿠가와 이에야스는 당시 조선에 원정 나가 있던 고니시 유키나가와 시마즈 요시히로, 가토 기요마사 등에게 도요토미 히데요시의 죽음을 감추었다. 그러면서 도요토미 히데요시의 글씨로 명령서를 위조하여 조선에 진출해 있는 일본군에 대한 철병 명령을 내렸다.

'싸움에서 우위를 점하고 철병하도록 하라.'

전쟁의 막바지. 명량에서 패하고 직산에서 명군에게 막혀 다시 남해안으로 후퇴했던 일본군들은 왜성에 갇혀 이러지도 저러지도 못하고 있었다. 전쟁이 장기화되면서 일본군도 많이 힘들어하고 있었다. 많은 이들이 바다를 건너와 남의 나라를 침략하다 죽었다. 조선 정벌로 인해 얻을 수 있는 여러 이득에 대한 환상은 사라진 지 오래였다. 모두들 고향으로 돌아가고 싶지만 그러지도 못하고 왜성에서 힘든 하루하루를 버티고 있었다. 이런 일본군에게 철병 명령은 더없는 희소식이었다.

도요토미 히데요시의 죽음은 완벽한 비밀로 지켜지지 못했다. 전쟁 중에 일국의 최고 권력자가 죽었는데 그 사실이 온전히 비밀로 유지될 수 있었겠는가? 실제로 그즈음 조선과 명나라는 일본에 포로로 끌려갔다가 돌아온 사람들을 통해 도요토미 히데요시의 사망 소식을 접했다. 조선에 남은 일본군들 사이에 소문이 안 돌았을 리 없었다.

정유재란과 사로병진작전

정유재란 당시 조선에 파견된 명나라 병력은 10만에 육박하였다. 당시 조선도 3만 명 정도의 정예군을 확보하고 있었다. 히데요시의 죽음 소식이 알려지면서 일본군의 사기는 떨어지고 있었다.

병력과 군사들의 사기에서 우위를 점하고 있었던 조명연합군은 남해

순천왜성(왜교성, 예교성)   사천왜성   울산왜성

안의 왜성들을 공격하기로 결정했다. 조선 남해안에 있는 약 20여 개의
왜성 중 가장 규모가 크고 위협적인 대상은 가토가 지키고 있는 울산왜
성, 시마즈가 지키고 있는 사천왜성, 고니시가 지키고 있는 순천왜교성
등 3곳이었다.

당시 명나라 경리 양호와 병부상서 형개는 13만 병력을 4개로 쪼개어
일시에 왜성 3곳을 타격하기로 결정하였다. 울산왜성은 명나라 장수 마
귀가 조선의 선거이, 김응서와 손을 잡고 공격하였다. 울산왜성을 지켰던
일본의 가토 기요마사는 자결 직전까지 몰리며 고전했지만 끝내 수성에
성공하였다. 사천왜성은 명나라의 동일원과 조선의 정기룡이 함께 공격
하였으나 시마즈를 당해내기는 어려웠다.

1598년 9월과 10월 사이 사로병진책의 일환으로 울산왜성과 사천왜성
을 공격하였지만 실패하였다. 남아 있는 마지막 1곳은 고니시 유키나가가
지키고 있는 순천왜성이었다. 명나라 장수 유정과 조선의 권율이 서로군을

형성하여 육지로 순천왜성을 공격키로 하였고, 명나라 제독 진린과 조선의 이순신이 남로군을 형성하여 바다에서 공격하기로 하였다.

고니시 유키나가는 임진왜란 당시 일본군을 대표하는 인물로 조선 침략 1군의 총사령관으로서 일본군 전체의 선봉장이었다. 가장 먼저 조선에 상륙하여 부산성전투, 동래성전투, 탄금대전투, 한양 점령, 그리고 평양까지 점령하여 전쟁 초기에 조선의 자존심에 상처를 입힌 인물이었다. 또 명나라의 심유경과 전쟁에 대한 휴전을 조율했지만 실패하여 조선땅에서 지옥 같은 전쟁이 다시 일어나게 만든 인물이었다. 조선 조정은 고니시가 있던 순천왜성만큼은 꼭 점령하여 그의 목을 취하고 싶었다.

문제는 순천왜성을 공격하는 명나라 장수 유정이란 자의 태도였다. 임진왜란에 참전했던 명나라 장수 중 가장 용맹한 인물이었지만 조선에 와서는 전투에 소극적이었다. 실제로 순천왜성 공격을 앞두고는 병력 손실을 당하기 싫었는지 고니시에게 슬그머니 휴전 회담을 제안했다. 전쟁이 끝나가는 마당에 더 이상 피를 보고 싶지 않은 것은 고니시도 마찬가지였다. 그리하여 고니시도 자신이 유정과 직접 만나 회담을 하고자 마음먹었다. 함정일 수 있다는 부하들의 만류에도 불구하고 고니시는 유정을 만나러 성을 나섰다.

그런데 이것은 유정이 파놓은 함정이었다. 고니시가 오는 길목에 병사들을 매복시켰으나 총기 오발 사고로 이 작전이 수포로 돌아가버렸다. 계략에 실패한 유정은 권율과 함께 순천왜성 공격에 나섰다.

순천왜성은 예교성이라고도 불린다. 북쪽, 동쪽, 남쪽 삼면은 완전히 바다로 둘러싸여 있어 육지로 공격할 수 있는 경로는 서쪽밖에 없었다. 그래서 조명연합군은 순천왜성의 서쪽을 공격했다. 그러나 일본군 1만 5천 병

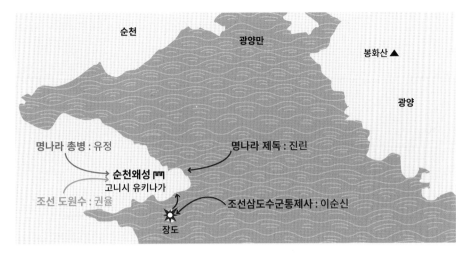

남로군의 순천왜성 공격(1598. 9. 20 ~ 10. 4)

력이 수성하는 순천왜성은 조명연합군 3만 5천 병력이 공격해도 끄떡없었다.

가뜩이나 남의 나라 전쟁에 시큰둥하던 유정은 공격 의지를 상실했고 순천왜성 공격을 은근히 조선의 권율에게 맡기다시피 했다. 권율의 1만 병력으로 1만 5천이 지키고 있는 순천왜성을 공격하라는 것이었다. 어려운 상황이지만 권율로서는 거부할 수도 없는 노릇이었다.

조명연합군은 육군과 더불어 수군까지 함께 가세하여 순천왜성에 대한 공격을 벌였다. 이순신은 순천왜성 앞 장도라는 섬을 먼저 공격하였다. 지금은 간척 사업으로 육지가 되었지만 당시의 장도는 대규모의 일본군 함대가 정박되어 있었고, 순천왜성의 식량창고 역할을 할 정도로 많은 군량미가 비축되어 있었다.

이순신은 장도를 공격하여 군량미 창고를 다 불태워버리고 일본 함대 30척을 격침시켰다. 동시에 일본군 1,000명 이상을 사살하고 왜선 11척

순천왜성 정왜기공도

을 나포했다. 장도전투는 이순신의 여러 승리 중에서도 규모가 큰 편에 속하는 완벽한 승리였다.

　장도를 점령한 이순신은 명나라 제독 진린과 함께 순천왜성 공격에 나섰다. 그러나 바다를 통해 육지의 성을 공격하기는 쉽지 않은 일이었다. 왜성에도 화포가 있을진대, 육지의 높은 지역에서 화포를 놓고 쏘아대니 사정거리와 위력이 판옥선에 못지 않았다. 게다가 순천왜성에 숨어든 왜군들이 본국으로 돌아갈 때를 대비해서 정박시켜둔 왜군 함대가 300척에 가까웠다. 이 함대가 방파제의 보호를 받는 위치에서 대기 중이었기에 상황이 급하면 조선의 수군을 에워싸며 달려들 수도 있는 상황이었다.

　순천왜성을 공격하는 데 또 하나 커다란 골칫거리가 있었으니 이 해안 일대가 썰물 때면 갯벌이 보일 정도로 조석 간만의 차가 크다는 점이었다. 상황이 이렇다 보니 순천왜성을 해상에서 공격할 시간을 확보하기가 쉽지 않았다.

　아니나 다를까 바다에서 순천왜성을 공략하던 명나라 진린의 함대 39척이 썰물에 갇혀버리는 사태가 발생했다. 덩달아 조선의 판옥선 3척도 갯벌에 갇히고 말았다. 이렇게 되기를 기다렸다는 듯이 순천왜성에서 일본군들이 쏟아져 나와 역공을 하였다. 갯벌에 갇혀 있는 상황에서 공격을 당하니 벼랑 끝 상황이 따로 없었다. 명나라 제독 진린의 판옥선에 일본 군들이 기어 올라타고 있었다.

이순신으로서는 명나라 사령관 진린을 구원해야만 했다. 기함의 바닥이 거의 갯벌에 닿을 정도로 진린의 함대에 접근하여 포와 활을 쏘면서 진린을 구해내기 위해 노력하였다.

순천왜성 앞 갯벌에 갇혀 명나라 수군 800명이 죽었다. 일대에는 명나라군의 비명 소리와 살려 달라는 아우성이 가득하였다.

이런 급박한 상황에서도 갯벌에 갇힌 조선의 판옥선 3척은 일본군의 등선육박전술을 잘 막아내고 있었다. 뱃전에서 쉴 새 없이 활을 쏘고 판옥선 위로 기어오르는 왜군들을 베어내며 끝끝내 버텨주었다. 이렇게 조선의 판옥선이 버텨낼 수 있었던 것은 크고 높았던 판옥선에 일본군들이 올라타기 쉽지도 않았거니와 조선 수군이 용맹했기 때문이었다. 진린의 함대 역시 마찬가지로 판옥선이었다. 이순신이 선물해준 판옥선이 아니었다면 진린의 전함에 일본군이 등선하여 괴멸될 수 있는 상황이었던 것이다. 시간이 지나면서 밀물이 차올랐고, 그러기를 학수고대하고 있었던 조선의 함대들이 밀물과 함께 갯벌 가까이 들어가 판옥선 3척과 진린을 구출해서 돌아올 수 있었다.

이처럼 조명연합수군이 맹렬히 순천왜성을 공격하고 있을 때, 육군을 이끌던 유정은 어디서 무엇을 하고 있었을까? 유정의 명나라 육군은 순천왜성을 공격하는 척 하며 함성만 지르고 있었다. 그 소리를 들은 진린과 이순신은 육군이 선전하고 있는 것으로 착각을 했고, 바다 위에서 가열차게 공격하다가 갯벌에 빠지는 수모를 당했던 것이었다.

진린은 분노했다. 이순신 덕분에 자기 한 목숨은 간신히 건졌지만 휘하의 병력 800명이 죽었다. 그래서 진린은 명나라 육군 유정의 진영까지 쫓아가서 유정 사령관의 장군기 깃발을 찢어버렸다. 계급은 유정이 진린보다 조금 더 높았지만 찔리는 게 있었던지라 유정은 부하 장수들의 무능력만을 탓할 뿐이었다.

결과적으로 순천왜성 공격은 실패했다. 그러나 이순신의 조선 수군은 장도를 점령하고 30여 척의 일본 함대를 수장시켰고 위기에 빠진 명나라 군을 구해내었다. 조선 수군의 병력 손실도 거의 없었기에 이를 이순신의 패배라고 보기는 어렵다. 순천왜성에 정박해 있었던 300여 척의 함대가 이순신 만나기를 두려워하며 바다로 출격도 못하고 있는 상황이었기에 그의 참전만으로도 이순신은 충분히 제 역할을 하고 있었다.

사로병진책은 거의 완벽한 실패로 끝났다. 13만 병력을 넷으로 나누는 결정은 어리석었다. 13만 병력을 모아서 가장 먼저 사천왜성을 공격했더라면 능히 공략이 가능했을 것이다. 그랬더라면 고니시를 고립시킬 수 있었고 부산까지 압박을 할 수 있었을 것이다.

물론 명나라군 입장에서는 목숨 걸고 싸우고 싶은 마음이 당연히 없었을 것이다. 어디까지나 명나라의 목표는 조선땅에서 일본군이 물러나는 것이니, 그런 관점에서 볼 때 어쩌면 유정이 현명하게 처신한 것일지도 모르겠다. 반면 이순신에게 매료된 진린으로서는 그만큼 이순신의 심정이 되어 조선인처럼 싸우려고 했던 것일 수도 있다.

도요토미 히데요시도 죽었으니, 이제 고니시로서는 패배자로 집에 돌아갈 시간이 되었다. 그러나 명나라 병사들과 달리 이순신은 고니시를 고이 섬나라로 돌려보낼 생각이 전혀 없었다.

순천왜성전투(2무, 1598. 9. 20~10. 4)

	조명연합군	일본군
사령관	三道 이순신 朝鮮 권율 明軍 진린 明軍 유정	🏵 고니시 유키나가 오야노 다네모토(사망)
함대 및 병력	육군 3만 6천여 명, 수군 1만 5천여 명	1만 4천 명, 전함 100여 척
피해 및 사상자	명나라 전함 39척 침몰 조명연합군 800명 사상	전함 30척 침몰, 11척 나포 3,000명 사망

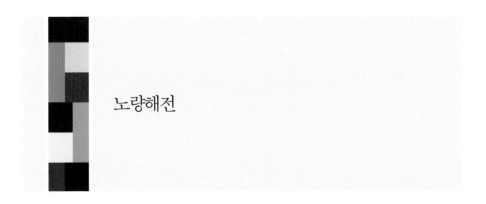

노량해전

우리 역사상 3대 대첩은 을지문덕의 살수대첩(612), 강감찬의 귀주대첩(1019), 이순신의 한산도대첩(1592)이다. 임진왜란 3대 대첩은 이순신의 한산도대첩(1592.7.8)과 권율의 행주대첩(1593.2.12), 김시민의 진주성대첩(1592.10.6)이다. 물론 이치전투(1592.7.8)가 임진왜란 3대 대첩에 포함되어야 한다고 본다.

그리고 이순신 개인사에 있어서 3대 대첩을 꼽는다면 한산도대첩(1592.7.8)과 명량대첩(1597.9.16) 그리고 노량해전(1598.11.19)이다.

이순신의 한산도대첩은 임진왜란의 전쟁 향방을 바꿨다. 명량해전 역시 기적 같은 승리였고 정유재란의 전쟁 양상을 바꿨다. 그러나 노량해전은 승패 여부로 인해 전쟁의 양상이 바뀌지는 않았다. 도요토미 히데요시의 죽음으로 전쟁은 어차피 끝나게 되어 있었다. 엄밀히 말하면 침략 전쟁에서 실패하고 자국으로 돌아가려는 일본군을 이순신이 돌려보내지 않겠다며 길을 막고 벌인 전투가 노량해전이었다.

또한 노량해전은 전투 규모만 따지자면 한산도대첩과 명량대첩을 합친 것보다도 규모가 컸다. 임진왜란사를 뛰어넘어 제1차 세계대전 이전까지, 역사상 최대의 해전이라고 해도 과언이 아니었다.

이순신은 크고 작은 전투에서 승리할 때마다 꼼꼼하고 객관적인 기록을 남겼다. 수하들의 잘잘못을 낱낱이 기록하는 한편 이름 없는 노비 출신이 공을 세워도 이를 빠짐없이 기록했다. 그래서 지금까지 이순신이 싸워왔던 전투들은 이순신이 조선 조정에 올려 보낸 장계와《난중일기》등을 통해 양상을 파악할 수 있었다. 그러나 이순신은 노량해전의 기록을 남기지 않았다. 아니, 남기지 못했다.

도요토미 히데요시의 사망 후 조선에 남아 있던 일본군들을 본국으로 송환시키라는 명령이 하달되었다. 그러나 일본군의 무사 귀향을 용납하지 않았던 조명연합군이 사로병진책으로 일본군을 공격하였으나 실패하였다. 가토 기요마사가 울산왜성, 시마즈 요시히로가 사천왜성, 고니시 유키나가가 순천왜성을 지켜냈다. 이제 일본군들에게는 한시바삐 본국인 일본으로 돌아가는 것이 지상 최대 급선무였다.

가토가 지키는 울산왜성의 일본군들은 조선 수군의 방해를 받지 않고 대마도를 거쳐 일본 본국으로 돌아갈 수 있었다. 시마즈가 지키는 사천왜성의 일본군도 부산을 경유하여 일본으로 충분히 돌아갈 수 있었다. 그러나 부산으로부터 가장 멀리 떨어져 있는 순천왜교성의 고니시는 이순신과 진린의 함대에 의해 바다가 막혀 있었다. 조선군 입장에서 최소한 고니시만큼은 일본으로 무사히 돌려보낼 수 없었다.

고니시는 미치고 환장할 노릇이었다. 자신의 주군이었던 도요토미 히데요시는 이미 죽었고, 새롭게 주군이 될 히데요시의 아들 도요토미 히데요리는 고작 열 살이었다. 야욕을 드러낸 도쿠가와 이에야스로부터 어떻게든 새 주군 도요토미 히데요리를 지켜야 했다. 후계자 문제로 일본의 정국이 복잡해서 자신도 빨리 돌아가 입장을 취해야 할 상황이었다. 그러나 이순신과 진린에 의해 바닷길은 막혔고, 도처에 깔려 있는 조명연합군 때문에 육지를 통해 부산까지 탈출하는 것도 사실상 불가능했다.

고니시는 고심 끝에 명나라 사령관 유정에게 연락을 취했다. 순천왜성 공성전을 앞두고 연락을 주고받았던, 당시 싸울 의지가 별로 없어 보였던 유정을 구워 삶아보기로 한 것이다.

"장군, 우리가 곧 순천왜성을 비우고 일본으로 돌아갈 것인데, 그때 우리의 퇴로를 막거나 뒤에서 공격하지 마시길 청합니다."

"그리해서 내가 얻는 것은 무엇이오."

"순천왜성을 장군에게 고이 내어드리겠습니다. 군량미와 일본의 무기들을 모두 남겨놓을 터이니 전리품으로 취하시면 어떠하겠습니까."

유정 입장에서는 고니시의 제안을 마다할 이유가 없었다. 명군 수천 명이 죽어가면서도 빼앗지 못한 순천왜성을 고스란히 내어준다니, 약속대로만 된다면 고마울 따름이었다.

"대신 명군 측도 우리가 믿을 만한 뭔가를 보여주셨으면 합니다."

그러자 유정이 명나라 군인 40명을 인질로 보냈고 고니시가 그제야 안심을 했다. 신이 난 고니시는 잔치를 벌이고 부하들 모두에게 술자리를 베풀었다.

"마지막을 즐겨라. 내일은 순천을 떠나서 부산으로 갈 것이다."

정확하게는 부산이 아니라 남해도 바로 옆의 창신도라는 섬이 중간 목적지였다. 이곳에 자신의 사위인 대마도 성주 소 요시토시가 주둔하고 있었다. 창신도에서 소 요시토시를 만난 후 사천왜성에서 마중 나올 시마즈 요시히로와 합류하여 함께 부산까지 건너갈 계획이었다.

다음날, 순천왜성에서 출병하려던 고니시는 분노했다. 순천왜성 앞바다에 조명연합군의 함대가 진을 치고 있던 것이다. 화가 난 고니시가 인질로 잡혀 있던 명나라 군인들의 손을 잘라서 유정에게 보냈다.

"장군, 이건 약속이 다르지 않습니까?"

그러자 유정이 변명했다.

"나는 명나라 육군 사령관이오. 명나라 수군 사령관인 진린은 나의 직속 수하가 아니오. 내가 진린에게 이래라 저래라 할 수는 없는 상황입니다."

듣고 보니 유정의 변명이 거짓은 아니었다. 실제로 순천왜성전투 당시, 진린은 육군이던 유정의 부대가 거짓으로 공격했던 것에 분개하여 유정의 진영까지 가서 장군기를 찢어버렸다지 않은가.

고니시는 태세를 바꾸어 유정을 포기하고 진린의 탐욕스러움을 노렸다. 고니시로부터 상당한 수준의 뇌물을 받은 진린은 순천왜성의 포위망을 풀어버렸다. 진린을 믿은 고니시는 300여 척의 함대에 모든 병력을 태우고 순천왜성을 빠져나왔다. 약속대로 명나라 수군들은 보이지 않았다. 일본군들은 신이 나서 노를 저으며 함선의 속도를 높였다.

그러나 이 바다는 조선의 바다였고 이순신의 바다였다. 조선의 함대는 포위망을 풀지 않고 있었고 혹여나 모를 고니시 부대의 도망을 대비하고 있었다. 고니시의 선발대 10여 척은 속도를 높이다 만난 조선의 함대에게 발각되어 몰살당했다. 결국 고니시는 바다에서 저승사자를 만난 듯 도망쳐서 다시 순천왜성으로 돌아와야 했다.

화가 난 고니시가 진린에게 따졌다. 그러자 뇌물을 받아먹을 때는 더없이 흐뭇해하던 진린이 난처한 기색을 표하며 말했다.

"이순신이 내 말을 들을 사람도 아니고 그 사람 하는 일을 내가 말릴 수도 없지 않은가."

열이 받을 대로 받은 고니시는 마지막 싸움을 결심했다. 창신도에서 만나기로 한 자신의 사위였던 소 요시토시와 사천왜성의 시마즈에게 구원을 청했다. 그들과 합세하여 조선 수군을 뚫고 일본으로 돌아갈 계획을 세운 것이다.

고니시가 진린에게 들이민 뇌물의 효과는 분명히 있었다. 소 요시토시와 시마즈에게 구원을 청하러 가는 일본의 첩보선을 명나라 함대가 보고도 못 본 척 길을 터주었다. 고니시와 진린 사이에 사전에 약속된 바 있음이 분명했다.

늦게나마 조선 수군이 일본의 첩보선을 발견하고 사력을 다해 첩보선을 쫓았다. 고니시의 의중이 사천의 시마즈에게 전달되도록 그냥 두고 볼 수는 없었다. 그러나 조선의 함선보다 더 빨랐던 일본의 첩보선은 한산도

까지 간신히 다다랐고, 일본군은 배를 버린 채 한산도로 상륙했다. 열심히 뒤쫓던 조선 수군들로서는 안타깝지만 거기서 추격을 멈추었다. 당시 한산도에는 본국으로 귀환 대기 중인 일본군이 주둔하고 있었기에 어쩔 수 없었다.

한산도에 내린 왜군들이 부리나케 향한 곳은 시마즈가 있는 사천왜성이었다. 그들은 시마즈에게 고니시의 도움 요청 서신을 전달했다.

고니시를 탈출시키기 위해 시마즈와 소 요시토시, 거제도 책임자였던 다치바나 무네시게, 부산의 다카하시 무네마스까지 무려 다섯 사단의 500여 척의 일본 함대가 창신도에 집결하였다. 여기에 더해 순천왜성에서 빠져나올 고니시 함대는 300여 척이었다. 잘못하면 이순신과 진린의 함대가 800척의 일본 함대에 에워싸일 수 있는 위험한 상황이었다. 아닌 게 아니라 고니시가 시마즈에게 보낸 서신에도 이와 같은 내용이 들어 있었다.

'시마즈 그대가 노량 해협을 뚫고 이쪽으로 공격해 오면 나도 동시에 공격하면서 이순신의 함대를 둘러싸고 협공이 가능하다.'

시마즈와 소 요시토시 등이 이끄는 대규모 일본 함대가 노량 쪽으로 건너오고 있다는 정보가 이순신의 귀에 들려왔다. 이순신도 고민했다. 가장 우려되는 것은 800여 척이나 되는 일본의 대규모 함대 사이에서 조선 수군이 에워싸이는 상황이었다. 이순신 입장에서는 고니시를 구하러 오는 시마즈 함대를 먼저 격파해야만 했다.

이순신은 명나라 제독 진린에게 함께 전투에 나설 것을 청했다. 그러나 진린은 머뭇거렸다. 고니시한테 받은 뇌물도 있거니와, 남의 나라의 다 끝난 전쟁에 나서고 싶지 않았다. 화가 난 이순신은 진린을 설득하는 것을 포기하고 조선 수군만의 단독 출정을 결심했다.

진린은 홀로 전투를 준비하는 이순신을 보고 미안한 마음이 들었다. 처음에 고금도에 도착했을 때 이순신이 성대하게 잔치를 베풀어 명나라 말단 군인 한 명에게까지 융숭하게 대접해주었던 일, 이순신이 절이도해전의 공을 양보해주었던 일, 순천왜성전투에서 진린 자신의 판옥선이 갯벌에 갇혀서 위험에 빠졌을 때 이순신이 자신을 살려준 일 등, 진린으로서는 홀로 전장에 나가는 이순신을 나 몰라라 할 수 없는 입장이었다.

전쟁을 끝내고 본국으로 돌아가려는 적을 막아서는 것이 쉽지 않은 일이라는 것을 진린도 잘 알고 있었다. 살아서 돌아가려는 자들의 발악은 충분히 예상 가능했다. 그러나 적이 돌아가도록 내버려두면 끝날 전쟁을 기어이 막아선다는 것은 군인으로서 너무 훌륭한 신념이었다. 나라와 강토를 짓밟은 외적이 살아서 돌아가는 길을 허락하지 않겠다는 국가의 자존심을 건 큰 신념이었다.

진린 입장에서 이순신의 이러한 신념을 외면할 수 없었다. 다른 한편으로 이번 전투에서 이순신이 단독으로 공을 세운다면, 진린 자신은 명나라

노량 해협

본국에 돌아가서도 입장이 난처해질 터였다. 울면서 겨자 먹듯, 진린의 명나라 수군은 이순신의 함대와 함께 참전을 결심하였다.

이순신은 노량해전을 앞두고 하늘에 제사를 지냈다.
"오늘 진실로 죽음을 각오하니, 하늘에 바라옵건대 반드시 이 적을 섬 멸하게 하여 주소서 今日固決死願天必殲此賊."

"이 원수를 갚을 수 있다면 죽어도 여한이 없겠나이다此讎若除 死即無憾."

해전사의 한 획을 긋게 될 노량해전은 그야말로 삼국의 에이스들이 모두 모인 전투였다. 시마즈의 부대는 일본 내에서 가장 용맹하기로 유명한 규슈의 사쓰마번의 군대였고 병력이 1만 명에 달했다. 바로 이 시마즈의 군대에게 원균이 칠천량에서 통한의 패배를 당했다. 일본의 소 요시토시의 부대는 대마도 출신들로 바다와 해전에 능한 특공대들이었다. 한편 진린의 명나라 수군 역시 요동 기병에 비해 전투 수행 능력이 훨씬 더 뛰어났던 절강성의 남병 1만 명 규모였다. 그러나 당시 해전 능력만큼은 세계 최강이라고 자부해도 손색이 없는 이순신의 조선 수군이야말로 분명 최고의 에이스였다.

1598년 11월 19일 새벽 2시. 창신도에 모여 있던 사천의 시마즈 요시히로, 대마도주 소 요시토시, 거제도의 다치바나 무네시게, 부산의 다카하시 무네마스가 무려 500척의 함대를 이끌고 노량 해협으로 들어왔다. 500여 척의 일본군 함대에 탑승한 일본군은 2만 명에 육박했다.

여기에 더해 순천왜교성에서 빠져나올 궁리를 하고 있는 고니시에게는 함대 300척과 1만 5천의 병력이 있었다. 서쪽의 고니시와 동쪽에서 진격해 오는 시마즈 등의 연합군까지 총괄하면 전함 800척과 3만 5천에 달하는 병력이었다.

당시 조선 수군의 함대는 판옥선 80척에 협선까지 더하면 200여 척이었고 병력은 1만 정도였다. 진린이 이끄는 명나라 수군 역시 300척의 함대에 병력은 1만이었다.

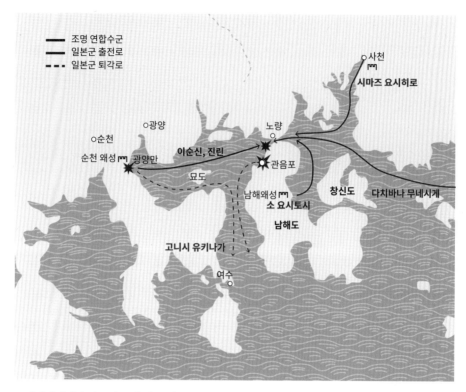

노량해전에서의 삼국 수군의 이동 경로(1598.11.18~11.19)

　　새벽 2시, 시마즈를 앞세운 일본군들이 숨 죽여 노량 해협을 건너려 할 때, 조선의 수군들도 소리 죽여 그 바다를 지키고 있었다.

　　조선 수군은 남해도 왼쪽에 자리를 잡았고 진린의 명나라 수군은 적들이 노량 해협에서 빠져나왔을 때 만나는 위치의 북쪽에 매복 중이었다. 시마즈로서는 비좁은 노량 해협을 어서 빠져나가야 했고 이순신은 노량에서 빠져나오는 일본의 함대를 명나라 함대와 함께 에워싸서 공격하겠다는 계획을 세우고 있었다. 일본군이 노량 해협을 빠져나와도 정면에는 섬들이 병풍처럼 가로막고 있기에 일본군들을 둘러싸기에 좋은 위치였다.

이순신도 마냥 기다리고 있지만은 않았다. 500여 척의 일본 함대에 기죽지 않았음을 보이기 위해 몇 척의 판옥선을 노량 해협으로 보내 시마즈 함대의 선두 전함을 타격했다.

이렇게 양쪽 총합 1,000여 척의 함대가 사투를 벌인 세계 해전사에 기록될 노량해전이 시작되었다.

그 새벽 좁은 노량 해협에서 판옥선과 마주친 시마즈도 크게 놀랐다. 판옥선의 함포가 불을 뿜고 시마즈 함대 몇 척이 격침되었다. 칠천량에서 단 1척의 전함 피해 없이 원균의 조선 수군을 압살했던 시마즈 역시 이순신은 확실히 다르다는 것을 피부로 느꼈다. 그러나 시마즈가 지휘하는 사쓰마번은 일본에서 가장 용맹한 군사들이었다.

시마즈가 조선 판옥선들의 함포 사격 사정거리 안으로 달라붙으라는 진격 명령을 내리자 세키부네 격군들의 함성 소리가 커졌다. 세키부네들이 엄청난 속도로 판옥선에 달라붙었다. 수적으로 밀린 판옥선들이 뱃머리를 돌려 도망을 했다. 판옥선을 쫓아오면서 일본군 500여 척의 대규모 함대가 노량을 빠져나오기 시작했다.

노량 해협을 빠져나온 일본 함대를 먼저 공격했던 것은 명나라 함대였다. 명나라 부총병 등자룡 역시 판옥선을 이끌고 일본 함대를 향해 돌진했다. 시마즈 역시 물러서지 않고 세키부네들로 하여금 속도를 내서 등자룡의 판옥선을 에워싸도록 명령했다. 그런데 이 급박한 상황에 등자룡의 판옥선에서 함포 오발 사고가 발생했다.

일본의 세키부네들이 당황한 등자룡의 판옥선에 바짝 달라붙었고 일본군들은 갈고리와 사다리를 내걸고 등자룡의 판옥선에 올라탔다. 일본군의 등선육박전술에 등자룡은 버텨내지 못했고 끝내 판옥선을 점령당했

다. 그 판옥선에 승선해 있었던 명나라 부총병 등자룡과 명나라 수군들은 일본군의 칼에 비참한 최후를 맞이했다.

기세가 오른 일본의 세키부네들이 이번에는 진린의 판옥선을 향해 달려들었다. 속도라면 자신 있는 세키부네들이 어느새 진린의 판옥선을 포위했다. 따지고 보면 진린이나 등자룡이나 조선과 이순신을 위해 노량해전에 우정 참전을 한 입장이었다. 이순신 입장에서 명나라 제독 진린이 전투 중 전사해서는 안 될 일이었다.

이순신은 진린을 구하기 위해 직접 자신의 기함을 이끌고 나섰다. 이순신의 기함에서는 진린의 판옥선에 들러붙은 세키부네들을 향한 정교한 함포 사격을 시작하였다. 진린을 공격하던 세키부네들이 1척씩 바다에 가라앉았다.

진린의 판옥선은 이순신의 도움으로 큰 위기를 벗어났으며 판옥선에 올라탔던 일본군을 모두 죽였다. 그러나 진린의 아들이 큰 부상을 당하였다. 1,000여 척에 육박하는 세 나라의 함대가 좁디좁은 노량의 바다에서 뒤엉킨 채 백병전이 전개되고 있었다.

분명히 노량해전은 기존에 이순신이 싸워온 방식과는 많이 달랐다. 명량해전 이전의 이순신은 전투 중에도 철저한 아웃복싱을 선호했고, 지형을 이용한 장거리 함포 사격을 통해 대부분 우위를 가져왔다. 다만 명량해전에서는 겁을 먹고 물러서는 아군들에게 보란 듯이 1척의 판옥선으로 수십 척의 일본의 전함들과 맞서서 오전 내내 버티는 모습을 보여주기도 했다.

그러나 노량해전에서는 전투에 임하는 자세가 달랐다. 전투의 승리가 목적이 아닌 우리 강토를 침략했다가 돌아가는 외적을 한 명이라도 더 죽이는 게 목적인 전투였기에, 애초에 우리의 피해를 최소화하려는 작전 따위는 성립되지 않았다. 조선군들 눈에는 살기가 서려 있었다. 일본군도 그것을 느꼈을 것이고 두려웠을 것이다.

일본군 역시 지금껏 이순신 함대를 보기만 하면 도망다니던 때와는 달랐다. 함대 수가 무려 500척에 달하기도 했지만 자신들이 이곳에서 물러서면 고니시의 1만 5천 군이 전멸당할 상황이었고, 이 전투에서 이겨야만 자신들도 무사히 고향으로 돌아갈 수 있기 때문이었다. 바다 위에 생사를 건 처절한 싸움이 전개될 수밖에 없는 이유가 각자 분명했다.

세 나라의 전투선들은 서로 간에 근접 사격을 하고 있었다. 판옥선에서는 일본의 전함을 향해 신기전과 조란탄을 쏘아대었고 비격진천뢰를 집어던졌다. 일본군은 조총을 쏘며 접근하면서 함선끼리 서로 가까워지는 틈을 노려 칼을 꼬나쥐고 판옥선에 뛰어오르려 하였다. 판옥선에 기어오르는 일본군을 향해 조선의 사수들은 죽을 힘을 다해 활을 쏘고 창과 낫으로 내려찍었다. 그러다 보니 판옥선에 올라타지도 못하고 바다에 빠지는 일본군들이 부지기수였다. 바다에 빠진 일본군은 살기 위해 헤엄을 쳤지만 격군들의 노가 그들의 뒤통수를 후려 갈겼다.

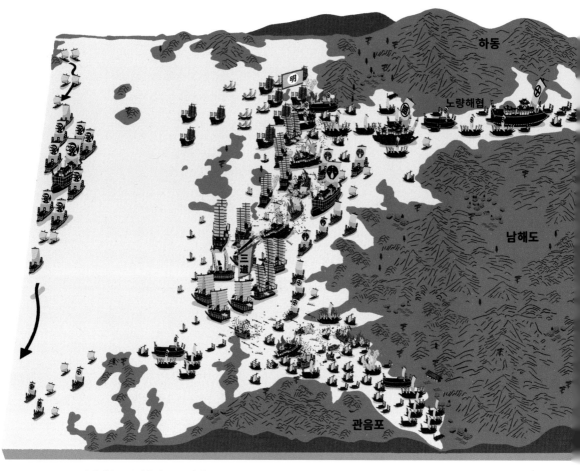

● 노량해전 | 三道이순신, 明軍진린 ⇨
⇦ ⊕ 시마즈 요시히로, 🏵 소 요시토시, ✤ 다치바나 무네시게, 🏵 고니시 유키나가

　　여러 종류의 함포 소리와 조총 소리, 칼 소리와 활 시위 소리, 그리고 삼국의 급박한 언어와 비명들이 난무하며 아비규환의 상황이 전개되고 있었다. 판옥선 밑바닥의 격군들에게도 이런 전투는 난생 처음이었다. 함선끼리 무차별적인 충돌을 하게 되면서 젓던 노가 부러지고 그 충격에 이리저리 부딪혀 온몸이 만신창이가 되었다. 인간이 느낄 수 있는 최악의 공포와 격렬함에 몸부림치면서도 격군들은 자리를 지켰다.

일본군은 판옥선보다 높이가 높았던 안택선에서 판옥선을 내려다보면서 볏짚에 불을 붙여 내던지며 화공을 전개했다. 그러나 이순신은 이러한 상황까지도 계산해놓고 있었다. 당시 계절은 겨울이었고 북서풍이 불고 있었다. 조선 수군은 북서쪽에서 일본 수군을 남해도 쪽으로 밀어붙이고 있었다. 볏짚에 불을 붙여 화공으로 조선의 판옥선을 공격하려다 오히려 일본의 함선들에 불이 붙었다.

시간이 지날수록 일본군의 전함들은 1척씩 바다 밑으로 가라앉고 있었다. 일본군은 조총 사격으로 조선군을 전사시킬 수는 있었지만 조선의 판옥선을 바다에 수장시키기는 어려웠고, 그렇다고 조선의 함선을 빼앗기도 어려웠다. 더군다나 일본군에게 있어 이 전투의 목적은 승리가 아니었다. 이들은 고니시의 탈출 해로를 열어주면서 자신들 역시 부산으로 후퇴하는 것이 목적이었기에, 전황은 이를 악물고 싸워서 일본군을 한 명이라도 더 죽이려는 조선군에게 유리해지고 있었다.

서쪽에서 함께 협공해줄 것으로 기대했던 고니시의 함대는 보이지도 않았고, 일본군들이 할 수 있는 것은 남해도를 돌아 도망치는 것뿐이었다. 새벽 2시에 시작된 전투가 새벽 5시가 넘도록 계속되고 있었다.

이 지옥 같은 전장인 노량 앞바다를 간신히 벗어난 일본의 전함들은 남해도를 돌아 나간다고 생각하고 전속력으로 배를 몰았다. 그러나 일본군이 다다른 곳은 남해도 깊숙이 위치한 관음포였다. 지금 이곳은 간척된 상태지만 당시에는 만의 형태로, 바닷길이 깊숙하게 패인 지형이었다. 어둠을 헤치며 정신없이 도망가는 일본군 눈에는 영락없이 바닷길로 보였을 것이다.

당황한 일부 왜군들은 살아남기 위해서 함선을 버리고 남해도 육지로 기어올라갔다. 미리 언급하지만 전투선을 이탈하여 남해도로 도망간 일본군들은 섬에 갇힌 채 훗날 조선과 명나라군에 의해 처참한 토벌을 당했다. 그런가 하면 일부는 남해도에 내리는 것을 포기하고 다시 배를 돌려 조선 수군에게 돌격해 오기도 했다. 남해도 섬에 갇혀 있어봐야 나중에 구해주러 올 아군도 없을 테니 죽기 살기로 조선 함대를 뚫고 바다로 돌아 나가야 한다는 판단이었다.

이순신으로서는 하늘이 내린 기회였다. 이순신의 명령에 따라 전 함대가 힘차게 북을 치고 포를 쏘면서 일본군이 몰려들어 밀집해 있는 관음포 쪽으로 달려나갔다.

막다른 골목에 몰린 일본의 함대도 거칠게 저항했다. 일본군들은 관음포에서 빠져나오며 자신들을 향해 선두에서 공격해 오는 조선의 기함을 향해 수십 발의 조총을 발사했다.

조준 사격이었다.

이순신의 기함을 향해 수십 발의 총탄이 날아들었다. 항상 이순신의 옆을 지키던 송희립이 먼저 총탄에 맞고 쓰러졌다.

"희립아!"

"탕"

이순신도 총에 맞았다.

아들 이회가 지휘대로 달려와 아버지 이순신을 끌어안았다. 조카 이완역시 이순신에게 달려왔다. 아들과 조카가 오열했다.

이순신은 이들에게 마지막 말을 남겼다.

"싸움이 급하니 부디 내 죽음을 말하지 말라戰方急 愼勿言我死."

1598년 11월 19일 새벽 2시부터 시작된 노량에서의 전투는 날이 밝고도 계속되었다. 오후가 되어서야 바다가 고요해졌다. 도망갈 수 있는 일본

〈이순신 십경도〉 10경 노량해전

군은 도망갔고, 그러지 못한 일본군은 모두 죽었다. 바다에는 조선과 명나라의 함선뿐이었다. 일본군 500여 척의 연합 함대는 바닷속으로 침몰했거나, 비어 있거나 부서진 채로 관음포에 정박 중이었다.

노량에서 시마즈 요시히로를 집요하게 공격한 조선 수군은 적선 200여 척을 불태우고 100여 척을 나포했다. 일본군의 피해는 너무 컸다. 고니시를 구하기 위해 출전했던 일본의 연합 함대 500여 척 중 부산으로 살아 도망간 함선은 50여 척에 불과했다.

조선군의 대승이었다.

조명연합군은 노량에서 일본의 연합 함대를 상대로 엄청난 승리를 거두었다. 그럼에도 노량해전을 노량대첩이라 하지 않는다. 이유는 노량해전에서 이순신이 전사했기 때문이다. 노량해전에서 전사한 이는 이순신만이 아니었다. 나주 목사 남유, 낙안 군수 방덕룡, 가리포 첨사 이영남, 통제영 우후 이몽구, 흥양 현감 고득장, 초계 군수 이언량 등이 목숨을 잃었다. 또 송희립과 나대용 등은 큰 부상을 당했다.

노량해전(23승, 1598. 11. 19)

	조명연합군	일본군
사령관	三道 이순신(사망) 明軍 진린 明軍 등자룡(사망)	✛ 시마즈 요시히로 ⬣ 소 요시토시 ✤ 다치바나 무네시게 ❀ 고니시 유키나가
함대 및 병력	조선 판옥선 83척, 병력 1만 명 명 호선 61척, 병력 1만 명	전함 500척(고니시 300척 제외) 병력 2만 명(고니시 1만 5천 명 제외)
피해 및 사상자	조선 판옥선 4척 침몰 명군 전함 29척 격침 조선 300여 명 전사 명군 2,800여 명 전사	전함 200여 척 침몰 150여 척 반파 100여 척 나포 1만 명 사망

노량에서 고금도로 돌아오면서 조선군 어느 누구도 승리의 함성을 지르지 못했다. 너무 치열한 전투였기에 장수건 병졸이건 할 것 없이 모두 넋이 나갔다. 한쪽은 죽이고자 했던 전투였고, 한쪽은 살고자 도망가려고 했던 전투였다. 인간성의 상실과 삶과 죽음에 대한 무감각이 온몸을 지배하는 상태로 본영인 고금도에 돌아왔다. 살아 돌아왔다는 안도감도 없었고, 전쟁이 끝났다는 희망찬 미래 따위를 생각하지도 못했다.

그리고 들려오는 소식.

'삼도수군통제사 이순신의 전사.'

'대장선이 멀쩡한데 어찌 사령관이 전사했단 말인가?'

믿기지 않았다. 누군가 울기 시작했다. 울음은 전염성이 있다. 피와 땀으로 범벅이 된 판옥선의 갑판에서 엎드려 울었고 갯벌에서 무릎을 꿇은 채 울었다.

7년간 조선인들을 몸서리치게 했던 지옥 같은 전쟁이 비로소 끝났는데, 그는 죽어버렸다. 나라를 구했고 백성을 살려놓은 이가 죽어버린 것이다. 묘한 감정에 북받쳐 울었다.

이순신의 전사 소식은 입에서 입으로 전해졌고 고금도를 비롯한 인근 완도의 여러 섬 주민들은 대성통곡했다. 소문은 삽시간에 퍼져 근방의 강진과 해남, 진도의 주민들까지 하늘을 원망하며 울었다.

진린 역시 이순신이 전사했다는 소식에 땅바닥을 뒹굴며 곡을 하였다.

"어른께서 오셔서 나를 구해준 것으로 알았는데 이 무슨 일이란 말입니까?"

명나라 군사들도 함께 소리 내어 울었다.

이순신의 시신은 판옥선에서 내려졌다. 진린이나 이순신의 측근 제장들은 시신으로 누워 있는 이순신의 모습을 확인했을 것이다.

그건 상식이다. 보지 않고는 믿기 어려웠을 것이기에, 그리고 역사에 남을 영웅의 마지막을 확인하지도 않은 채 죽음을 인정하고 받아들인다는 것은 말도 안 된다.

이순신의 영구는 마지막 삼도수군통제영이 있었던 고금도에 묻혔다.

완도 고금도의 월송대는 이순신의 시신이 처음 묻혔던 곳이다.

이순신의 사망 소식에 남도 백성들은 모두들 흰옷을 입었고 입에 고기를 대지 않았다.

이순신의 시신은 20여 일 후 가족들이 있는 아산으로 옮겨졌다. 전라도 완도의 고금도에서 충청도 아산에 이르기까지 운구 행렬이 움직이는 곳마다 백성들의 통곡이 이어졌고, 수많은 백성들이 수레를 붙잡고 울어 행렬이 앞으로 나아가지 못하였다.

이순신이 죽었다는 소식을 들은 우리 군사와 명나라 군사들은 각 진영에서 통곡을 그치지 않았는데, 마치 자기 부모가 세상을 떠난 듯 슬퍼했다. 그의 영구 행렬이 지나는 곳에서는 모든 백성이 길가에 나와 제사를 지내면서 울부짖었다.

"공께서 우리를 살려주셨는데, 이제 우리를 버리고 어디로 가시나이까?"

수많은 백성이 영구를 붙들고 울어 길이 막히고 행렬은 더 이상 나아가지 못할 지경이었다.

《징비록》

아무것도 모르는 늙은이나 어린이들까지도 많이 나와 울었으니, 백성들에게 이와 같은 동정을 얻는 것이 어찌 우연한 일이었을까.

〈이덕형의 장계〉

아산으로 옮겨진 다음날 이순신의 장례가 치러졌다. 장례 역시 수많은 백성들이 함께했다. 유생들은 글을 지어 그를 추모했고, 승려들은 재를 올리며 죽어 돌아온 영웅의 극락왕생을 빌었다.

이순신의 운구 행렬을 따라 함께 아산까지 올라온 진린은 이순신의 큰아들 이회를 만나 두 손을 붙잡고 울면서 위로했다. 진린은 조선 원정에 함께 따라온 지관 두사충에게 이순신의 묫자리를 당부했다.

이순신의 유해는 두사충이 정해준 아산의 금성산 아래 묻혔다. 그러나 15년 후, 이순신의 묘는 아산 어라산으로 가족들에 의해 이장되었고 지금까지 그곳에 묻혀 있다.

아산 이순신 장군 묘소

이순신 장군 묘소에 가본 적이 있는가?
갈 때마다 항상 혼자였다.

이순신을 모시는 현충사

일본의 야스쿠니 신사에는 평일에도 사람이 북적거린다.

그러나 현충사는 한적함이 좋다.

그게 서글프다.

五

죽음 그 이후 그리고 평가

사직의 위엄과 영험에 힘입어

겨우 조그마한 공로를 세웠는데,

임금의 총애와 영광이 너무 커서 분에 넘쳤다.

장수의 자리에 있으면서

티끌만한 공로도 바치지 못했으니,

입으로는 교서를 외고 있으나,

얼굴에는 군사들에 대한 부끄러움만이 있을 뿐이다.

이순신은 정말 노량해전에서 죽었나

전사설

이순신이 노량해전 중에 실제로 전사하였다는 전사설은, 수많은 기록들에 의해 정설로 받아들여지고 있다.

이순신이 적의 탄환에 가슴을 맞고 배 위에 쓰러졌다. 손문욱이 아들 이회가 울지 못하게 하고 옷으로 시체를 가린 뒤 북을 울리면서 나가 싸웠다.

《선조실록》

순신이 적의 탄환에 가슴을 맞았다. 순신의 조카 완이 싸움을 재촉하니 군중에서는 순신의 죽음을 알지 못하였다.

《선조수정실록》

날아오던 총알이 그의 가슴에 맞아 등 뒤로 빠져나갔다.
이순신의 형의 아들 이완이 독려하였다.

《징비록》

총알이 희립의 갑옷과 투구에 맞았다. 이순신이 크게 놀라 일어서는 찰나 겨드랑이 밑에 총알을 맞았다. 아들 회가 통곡하려 함으로 희립이 회의 입을 막고 통곡을 못 하게 하였다. 그리고 공의 갑옷과 투구를 벗기고 대신 기와 북을 잡고 독전하여 적을 몰아내었다.
《은봉야사별록》

논란이라면 이순신이 신체 어느 부위에 총을 맞았냐는 부분과 이순신이 전사한 직후 누가 기함을 지휘했는가의 내용이 기록마다 다르다는 점이다.

《징비록》에는 총알이 이순신의 가슴을 관통했다고 했고, 《난중잡록》에는 총알이 이순신의 왼쪽 겨드랑이로 날아들었다고 기록했다. 《선조수정실록》에는 적의 탄환에 가슴을 맞았다는 기록만이 있을 뿐이다. 의병장이었던 안방준의 《은봉야사별록》를 보면 송희립이 갑옷과 투구에 총알을 맞으며 먼저 기절하고, 이에 놀란 이순신이 일어서는 찰나 겨드랑이 밑에 총알을 맞았다는 것이다.

지휘에 대한 기록도 제각각이다. 이분이 썼던 《이충무공행록》에는 이순신이 사망하자 조카 이완과 아들 이회가 대장선을 지휘했다고 나온다. 반면 《선조실록》에는 손문욱이라는 이가 옷으로 이순신의 시체를 가린 뒤 북을 울리며 싸움을 지휘했다고 한다. 손문욱은 의문의 인물로 일본에 포로로 잡혀 있다 조선으로 돌아온 사람이었다. 손문욱을 이순신에게 보낸 사람이 선조였고, 그래서 손문욱이 이순신을 죽였다는 '선조의 이순신 암살설' 주장도 있다.

이처럼 노량해전에서 이순신이 전사한 당일의 기록이 제각각인 것이 자살설이나 은둔설이 대두될 수 있는 원인을 제공했다.

자살설

이순신의 죽음을 기리는 명나라 수군 제독 진린의 〈제이통제문〉을 보면, 마치 이순신이 마지막 순간에 스스로 죽음을 선택하지 않았나 싶어지는 문장을 확인할 수 있다.

평시에 사람을 대하면 '나라를 욕되게 한 사람이라, 오직 한 번 죽는 것만 남았노라' 하시더니 이제 왜선 강토를 이미 찾았고 큰 원수를 갚았거늘 무엇 때문에 오히려 평소의 맹세를 실천해야 하시던고, 어허 통제여!

이처럼 이순신이 노량에서 스스로 죽음을 선택했음을 암시하는 기록들이 적지 않다.

이순신의 부하로 총애를 받았고, 훗날 삼도수군통제사가 되었던 류형은 생전에 이순신이 했던 말을 기록하였다.

자고로 대장이 자기의 공로를 인정받으려 한다면 생명을 보전하기 어렵다. 따라서 나는 적이 퇴각하는 날에 죽어 유감될 일을 없애겠다.

그런가 하면 숙종 때 대제학까지 지냈던 이민서는 이렇게 말했다.

의병장 김덕령이 옥사하자 제장과 모든 사람들은 스스로 목숨을 보전할 수 없다고 생각했다. 곽재우는 드디어 군직을 떠나 생식을 하며 당화를 했고, 이순신은 싸움이 한창일 때 스스로 갑옷과 투구를 벗고 적탄에 맞아 죽었다.

끝으로 숙종 때 영의정 이여의 말을 들어본다.

세상 사람들이 말하기를 이순신은 얼마든지 죽음을 면할 수 있었으나 스스로 큰 공이 용납되기 어려움을 알고 드디어 싸움터에 이르러서 그 몸을 죽었다고 했다. 장군의 죽음은 미리 결정된 것이다. 오호, 슬프도다.

과연 이순신은 노량에서 스스로 죽을 생각이었을까. 스스로 죽음을 선택한 자살설이 정녕 사실이라면, 어떤 이유로 그런 최후를 선택하고 또한 실행에 옮긴 것일까?

이순신은 분명 구국의 영웅이었다. 그러나 임금과 조정 관료들에 의해 파직당했고 옥에 갇혀 고초를 겪었으며 결국 백의종군을 당했던 경험이 있다.

이순신은 전쟁이 끝난 후 임금이 자신을 그냥 두지 않으리라는 것을 알고 있었다. 이순신은 지방관으로 충성을 맹세하는 망궐례를 올리지 않았고, 자신이 임금을 섬기지 않는 마음을 굳이 숨기지도 않았다. 충분히 역모죄로 옭아매일 수 있었다.

죽는 것은 두렵지 않았다. 하지만 이순신의 가족 친지들, 전장에서 피를 나누며 함께 싸웠던 휘하 제장들이 자신으로 인해 반역죄로 함께 몰릴 수 있었다. 이는 이순신의 가장 큰 고민이었다. 그러하니 이순신이 스스로 죽고자 했다는 것이다.

은둔설

이순신의 은둔설을 믿고 싶은 이들도 많다. 《이충무공전서》는 이순신

의 조카 이분이 쓴《이충무공행록》을 바탕으로 정조 때 편찬된 이순신의
총서이다.

이순신이 탄환에 맞았다. 이순신의 맏아들 회와 조카 완이 시체를 안고
방 안으로 들어갔기 때문에 이순신을 모시던 종 김이까지 세 사람만이
알았을 뿐 부하 송희립 등도 알지 못했다. 그대로 기를 휘두르면서 독
전하기를 계속하였다.

《이충무공전서》

당시 이순신이 타고 있던 대장선에는 많은 휘하 제장들이 이순신과 함
께하고 있었다. 어찌 이순신의 전사를 아들과 조카, 경호원 김이까지 3명
밖에 몰랐단 말인가. 어쩌면 여기에 거짓이 숨어 있지 않을까. 죽음으로
자신을 숨긴 이순신이 외딴곳에 몸을 숨기고 살아갈 수 있도록, 조카가
거짓 기록을 남긴 것은 아닐까.

이순신의 사망과 운구 이동, 장례와 이장에 대한 날짜 기록들에도 뭔가
미심쩍은 부분이 있다.

사망   1598년 11월 19일 (고금도 월송대에 묻힘)
이동   1598년 12월 10일 (아산으로 옮겨짐)
장례   1599년 2월 11일
이장   1614년 (사망 15년 후)

일단 시신이 고금도에 그렇게나 오래 안치되어 있었다는 것이 쉽게 납
득이 가지 않는다. 어떤 기록에는 고금도 월송대에 무려 83일이나 안치되
어 있었다는 이야기도 나온다. 실록에서처럼 20여 일 만에 아산으로 이동

했다 쳐도, 이후 두 달이나 지나서 장례가 치러졌다는 것 역시 고개를 갸웃거리게 하는 대목이다.

가장 의구심이 드는 것은 이장에 관한 부분이다. 이순신의 가족들은 왜 15년 후에 갑작스러운 이장을 선택했을까? 혹시 이순신이 그때까지 생존해 있었던 것은 아닐까? 다시 말해 노량해전이 끝나고 은둔 중이던 이순신이 15년 후 실제로 사망했고, 몰래 장례를 거행하면서 이장하는 척 속였던 것은 아닐까?

노량해전에서 승기를 잡았다고 판단한 이순신이 몰래 판옥선에서 작은 포작선으로 옮겨 타고 어디론가 가서 여생을 편히 살았던 것은 아닐까? 그리고 노량해전 때 전사한 것으로 기록되었지만 실제로는 죽지 않은 조선의 제장들과 함께 남해의 외딴 섬에 숨어들어 평온하게 여생을 보내지 않았을까?

역사가뿐만 아니라 일반인들로서도 귀가 솔깃해지는 이야기일 것이다.

이순신은 자신의 삶과 죽음을 온전히 나라에 바친 인물이었다. 그로써 나라를 구하고 민족을 구한 대인격의 완성체였다. 하지만 개인의 삶이 얼마나 고통스러웠을지 우리는 짐작조차 하기 어렵다.

그런데 그토록 고통스러웠던 7년간의 전쟁이 끝나는 마지막 전투에서 허망하게 죽는다?

이는 너무 비극이다. 말년이라도 편하고 행복하게 살아야 했다. 그럴 자격이 충분한 이순신이었다.

이순신의 삶이 조금이라도 행복하게 마무리되기를 바라는 마음들이 모이며 은둔설이 널리 퍼지게 된 것 아닌가 하는 생각도 해본다.

반박

이순신이 스스로 죽기를 결심하고 갑옷을 벗고 나서서 적의 총탄을 맞았다는 것은 가능한 이야기가 아니다.

임진왜란 당시 일본 조총의 사정거리는 50m였고 정유재란 때는 그 거리가 100m까지 늘었다. 이순신이 적의 총탄에 의도적으로 맞기 위해서는 적의 사정거리 100m 안에서 자신의 몸을 무방비 상태로 드러내야 했다. 이순신이 자신을 허술하게 노출할 경우, 일본군들은 이순신을 향해 집중 사격을 가할 것이고, 일본의 함선들이 이순신을 사로잡기 위해 대장선으로 돌진해 올 수도 있다. 그렇게 되면 이순신 대장선의 모든 병사들이 위험해진다.

혹여나 이순신을 향한 집중 사격이 빗나갈 경우 죽지 않고 부상만 당할 수도 있다. 또 일본군의 집중 사격으로 인해 이순신 옆에 있는 아들 이회나 조카 이완이 위험해진다. 더구나 이회나 이완, 그리고 송희립 등은 이순신에게 날아올 총탄을 대신 맞고도 남을 사람들이었다. 이런 상황이 연출될 수 있다는 것을 알면서도 이순신이 개인적인 계산 때문에 조선 수군을 위기에 몰아넣을 사람이란 말인가? 사랑하는 아들과 조카, 전장을 함께 누빈 부하들의 생명을 위험 속에 빠뜨릴 사람이던가?

이순신이 스스로 죽기를 바랐다면 굳이 일본군의 총탄을 빌리지 않고 조용히 바다에 빠질 수도 있었다. 그러나 관음포에 적들을 가두어놓고, 즉 꿈에도 원하는 상황을 만들어놓고 스스로 죽거나 어딘가로 은둔할 생각을 했을 것 같은가? 일본을 향한 이순신의 적개심은 노량해전에 임하는 자세에서 엿볼 수 있다. 자신의 막내 아들을 죽인 일본군은 불구대천의 원수였다.

은둔설 역시 너무 허술한 희망사항일 뿐이다. 장례가 늦어졌다는 사실은 은둔설을 뒷받침하는 이유가 되곤 한다. 그러나 실제로 당시 사대부가의 장례는 90일 동안 치르기도 했다. 게다가 이순신의 장례가 늦어진 이유가 분명히 있다. 조정의 관료들이 속히 이순신의 장례를 치르자고 주장하자 선조가 이렇게 답했다.

"명나라 부총관 등자룡의 장례를 먼저 치르는 것이 명에 대한 예의 아니겠느냐."

선조가 임금이었던 나라 조선에서 이순신의 은둔이 과연 가능했을까? 선조가 이순신의 죽음을 제대로 확인하지 않았을 리가 없다. 당시 많은 백성들이 이순신의 운구 행렬을 지켜보았다. 이순신이 나라 전체를 속이는 행동을 했을 리 없다. 진린 역시도 친애하는 이순신의 시신을 봤을 것이다.

진린은 한양으로 올라가던 중 직접 아산까지 찾아와 상주인 큰 아들 이회의 손을 잡고 눈물을 흘리기도 했다. 더불어 이회에게 조정 진출을 돕겠다는 나름의 성의를 보이기도 했다. 진린은 명나라 최고의 지관 두사충에게 이순신의 묫자리를 당부했고, 두사충은 명당을 잡아 이순신의 묘를 썼다.

또한 실록이건 야사건 어디에서도, 이순신이 숨어살았다거나 누군가 이순신을 봤다는 기록을 찾아볼 수 없다. 이는 원균의 경우와 비교된다. 칠천량에서 죽었다고 알려진 원균이지만, 원균을 어디서 봤다거나 만나서 어떤 이야기를 나누었다는 등의 기록이 존재한다. 원균이 살아 있다는 소리를 들은 선조가 원균을 잡아오라고 명령을 내린 기록도 존재한다.

이순신이 적의 총탄에 의지해 죽었다는 자살설과 은둔설이 불가능하다고 주장하는 또 다른 이유가 있다. 이순신이 명나라 황제로부터 면사첩(죽음을 면해주겠다는 황제의 밀지)을 받았다는 것이다. 결과적으로 조선의 임금도 이순신을 쉽게 죽일 수 있는 입장이 아니었다는 것이다. 그럼에도 이순신은 소인배들은 감히 이해할 수 없는 국가와 백성이라는 더 큰 가치에 신명을 다 바치고 있었기에 이순신의 애국심을 훼손하지 말라는 주장이다.

비가 내렸다.
경리 양호의 차관이 초유문과 면사첩을 가지고 왔다.
《난중일기 1597년 11월 17일》

명나라가 이순신에게 전달하였으니 이순신의 면사첩이 확실하다는 주장도 있다. 그러나 이는 당시 친일했던 순왜자들을 회유하기 위해 초유문(용서하겠다)과 순왜자들의 면사첩(죽이지 않겠다)을 이순신에게 건네주었다는 해석이 강하다.

노량해전은 사지에서 어떻게 해서든지 살아 나가려고 기를 쓰는 일본군과 조선땅을 침략한 이상 살려서 돌려보내지 않겠다고 막아선 이순신의 싸움이었다. 그토록 치열했던 싸움 와중에 이순신이 자살을 선택하거나 죽음을 가장하고 몸을 피해서 몰래 숨어살았다는 주장들은 이순신의 업적과 노고를 폄훼하는 생각일 수 있다. 온전히 나라와 민족에 자신을 바친 이순신의 성스러운 희생을 훼손해서는 안 된다.

그래도 자살설과 은둔설에 대한 미련이 버려지지 않은가?
생각해보라.

임진왜란의 마지막 전투가 노량해전인 이유가 무엇인가?

바로 이순신이 노량에서 전사했기 때문인 것이다.

그렇지 않았더라면, 전쟁은 끝나지 않았을 수도 있었다.

이순신이 바꾼 역사

이순신이 나라와 백성을 구해낸 것은 두말하면 잔소리다. 이순신이 없었으면 430년 전 조선은 일본에게 멸망당했을 것이고, 우리는 300년 더일찍 일본의 식민지배를 경험해야만 했을 것이다. 분명 400년 전의 조선은 치욕의 역사로 기억되고 있었을 것이다.

그렇다고 400년 전 일본의 조선에 대한 식민지배가 장기화되기는 어려웠을 것이다.

전쟁 초기 일본군 편을 들었던 순왜자들조차 전쟁이 끝나기도 전에 일본군에게서 돌아섰다. 조선 왕조에 대한 불만 계층이었을지라도, 동네 꼬마도 아는 천자문 수준의 한자조차 읽지 못하는 소위 일본의 영주라 하는 무식쟁이들에게 지배를 받을 조선인들이 아니었다.

조세수취 역시 그렇다. 이중 삼중으로 부과하는 조선의 세금도 두려웠지만, 그래도 조선은 자영농에게 토지 생산량의 10분의 1을 세금으로 내게 했다. 그러나 일본 농민들은 농노와 같은 삶을 살면서 토지 생산량의 절반을 다이묘들에게 착취당했다. 임진왜란에 참전했던 일본의 다이묘들이 자신의 점령지에서 일본에서처럼 생산량의 절반을 세금으로 거두려 해서 조선 농민들의 저항에 부딪히곤 했다. 우리 농민들이 이런 말도 안 되는 세금을 내면서까지 일본군에게 억눌려 살았을 리 만무하다.

전쟁 중 무능함을 드러냈던 조선의 지배층인 사대부들은 여전히 성리학적 가치관, 즉 중국 중심의 세계관에서 벗어나지 못했다. 아이러니하게도 이런 중국에 대한 사대주의가 오히려 섬나라 일본의 한반도 지배를 실패로 끝나게 했을 확률이 높다.

이순신은 나라를 잃고 이민족에게 지배당할 뻔한 역사적 수치스러움을 개인의 능력과 헌신으로 막아내었다. 이순신은 분명 조선을 살린 것이 맞다. 그렇지만 이순신은 조선의 미래까지 바꾸지는 못하였다. 못난 위정자들이 자기 반성을 하기는커녕, 흔들리는 지배질서를 공고히 하기 위해 관념적인 성리학을 더욱 절대시하면서 세계사적 흐름에 뒤처지는 조선으로 만들어버렸다.

조선의 사대부들은 전쟁을 도와준 명나라를 더욱 숭상하게 되었고, '재조지은再造之恩'(명나라가 나라를 되살려줌)의 감사함을 잊지 않으려는 명분론에 치우치다가 정묘호란(1627)과 병자호란(1636)을 당했다. 죽은 이순신이 어찌할 수 없는 일이었다.

이순신은 일본 역사에도 영향을 끼쳤다. 이순신과 진린의 조명연합군이 시마즈 등 일본의 연합 함대와 노량 바다에서 뒤엉켜 치열하게 싸우고 있을 때 순천왜성의 고니시는 몰래 도망을 쳤다. 이는 자신을 구해주러 온 아군을 배신하는 행위였다. 이로 인해 고니시는 훗날 일본에서 상당한 비판을 받게 되었다. 고니시의 휘하 장수들조차 실망했을 정도니 고니시를 따르는 세력의 이탈이 상당했다. 노량에서 이순신에게 된통 걸린 시마즈는 간신히 살아남았지만 피해가 막심했다.

당시 일본은 도요토미 히데요시가 죽고 그 아들 히데요리를 받들었던 이시다 미쓰나리, 고니시 유키나가, 시마즈 요시히로 등의 서군과 도쿠가와 이에야스를 지지했던 동군이 일본의 패권을 두고 싸웠던 세키가하라 전투(1600)가 한창이었다. 이 전투에서 도쿠가와 이에야스의 동군이 승리하면서 에도 막부가 들어서게 된다.

세키가하라전투에서 서군이 패한 여러 가지 이유 중 하나는 고니시와 시마즈군의 세력 약화였다. 가장 용맹하다는 시마즈군의 병력 중 겨우 2,000명만 가담할 정도로 세키가하라전투에서 역할이 미미했다. 이순신과 노량에서 격돌하며 엄청난 병력 손실을 당했으니 도리가 없었다.

소수의 시마즈군 병력이 다수의 동군을 돌파해 자신들의 근거지인 규슈 서남부의 사쓰마번까지 후퇴한 시마즈의 퇴각은 지금도 일본 영화나 드라마에서 자주 다룬다. 에도 막부가 시마즈를 끝까지 공격했지만 시마즈는 끝내 그 공격을 버텼고, 에도 막부도 시마즈 가문을 인정할 수밖에 없었다.

이후 에도 막부는 임진왜란 당시 반침략 세력이었음을 내세우며 조선과 통상을 원했다. 조선은 일본의 에도 막부가 원할 때 통신사를 파견하였고, 광해군은 기유약조(1609)를 체결해주어 부산포에 왜관을 설치하고 일본과의 통교를 허락하였다. 이렇게 조선과 일본은 전쟁의 상흔을 서로 간에 씻어가고 있었다.

〈조선 통신사 행렬도〉

　　그러나 훗날 시마즈 가문의 사쓰마번이 조슈번과 연계하여 에도 막부를 타도하면서 메이지 유신을 이끌어내었고, 그들이 정한론(한반도 정벌과 대륙 진출)의 선두주자가 되어 강화도조약(1876)을 체결하며 조선을 또다시 침략했던 중심 세력이 되었으니, 역사가 참 아이러니하다고 할 수 있겠다. 지금까지도 이들은 일본 내 가장 극우적 성향을 보이고 있다.

　　명나라는 임진왜란 때 조선을 돕게 되면서 재정의 곤란을 겪었다. 만력제(명나라 신종)가 문제였다. 오죽하면 고려 천자라고 불리었을까?
　　만력제는 꿈에 관우가 나타나서 이렇게 말했다고 한다.
　　"유비 형님, 조선의 임금이 형님의 아우 장비인데, 도와주셔야죠."
　　억만금 재산을 쌓아놓고도 명나라 백성을 구휼하지 않았던 만력제는 아낌없이 자신의 재산을 조선에 희사했다. 만력제로 인해 많은 조선인들이 굶주림을 면했다.
　　조선은 송시열의 주도로 충북 괴산의 화양서원에 만동묘(만력제의 가묘)

명나라 만력제(신종)은 고려 천자로 불릴 정도로
임진왜란 당시 조선을 적극적으로 도와주었다.

를 세우고 그를 추모했다. 반면에 중국인들은 이에 대한 분노를 기억하고
있다가 문화대혁명(1966~1976) 당시 만력제의 무덤을 파헤쳐버렸다. 명
나라는 쇠약해졌고 떠오르는 누르하치의 여진족을 이겨내지 못했다. 훗날
명나라는 여진족의 청나라에 멸망당한다.

조선에 명나라 제독으로 참전하여 이순신과 깊은 전우애를 맺고 돌아
간 진린의 자손들은 청나라 오랑캐의 지배를 받을 수 없다 하여 대거 조
선으로 이주해 들어왔다. 그들이 이순신과 진린이 함께 있었던 고금도까
지 왔고, 그 옆 해남에 터를 잡고 살아가니 이들이 광동 진씨이다. 지금도
해남에는 광동 진씨 집성촌이 있다.

만약 조선에 이순신이 없었다면 임진년에 일본은 조선 정벌을 끝내고,
직후 만주와 명나라를 공격했을 것이다.

만약 그랬다면 어떤 역사가 전개되었을까?

최소한 우리가 알고 있는 역사는 아니었을 것이다.

이처럼 한 인물의 존재로 인해 한 나라 역사의 큰 줄기뿐 아니라 주변 여러 국가의 역사까지 바뀐 사례는 많지 않다.

평가

시대에 따라, 후손이 누구냐에 따라, 어느 국가나 어느 지역 출신이냐에 따라, 혹은 누군가 관심을 갖고 대중들에게 어떤 바람을 일으켰냐에 따라 역사적 인물에 대한 관심은 천차만별로 달라진다.

어떤 역사 속 인물일지라도 후대의 역사가가 어떤 해석을 하느냐에 따라 평가 역시 완전히 달라지기도 한다.

그러나 그 예외, 즉 시대와 세태를 뛰어넘어 일관적인 평가와 찬양을 받는 인물도 있다.

우리 역사에는 세종과 이순신이 그러하다. 우리는 어릴 적부터 가장 훌륭한 왕은 세종대왕이고, 국난극복의 최고 영웅은 이순신이라는 이야기를 늘상 듣고 자라왔다.

역사를 들여다보고 공부를 하면 할수록 세종과 이순신은 그런 평가를 받는 것이 마땅했고, 선배 역사가들이 그렇게 관심을 갖고 연구할 만하다는 생각을 하게 된다.

박정희의 이순신 찬양에 대한 반감으로, 또 이순신의 흠결을 찾아내려는 원균 옹호자들로 인해, 이순신은 한때 인색하게 평가되었다. 그러나 이순신을 들여다볼수록 되레 그들 스스로가 부끄러움을 느꼈을 정도로 이순신의 삶은 흠결이 없었다.

이순신 관련 모든 역사서들 중 이순신에게 가장 비판적인 기록물은 이순신이 직접 썼던 《난중일기》였다. 이순신은 다른 누구보다 자신에게 가장 엄격한 잣대를 먼저 적용했었다.

이순신과 같은 시대에 살았고 그를 알았던 사람들.
역사를 통해 그를 접한 사람들.
그를 아는 모든 이들은 그를 칭송했다.

이순신에 대한 역사적 평가들을 확인해보자.

이순신은 스스로를 너무 겸손하게 평가했다. 스스로 자신의 공을 티끌만도 못하다 했고, 병사들에게 부끄럽다고 했다.

사직의 위엄과 영험에 힘입어 겨우 조그마한 공로를 세웠는데, 임금의 총애와 영광이 너무 커서 분에 넘쳤다. 장수의 자리에 있으면서 티끌만한 공로도 바치지 못했으니, 입으로는 교서를 외고 있으나, 얼굴에는 군사들에 대한 부끄러움만이 있을 뿐이다.
《난중일기 1595년 5월 29일》

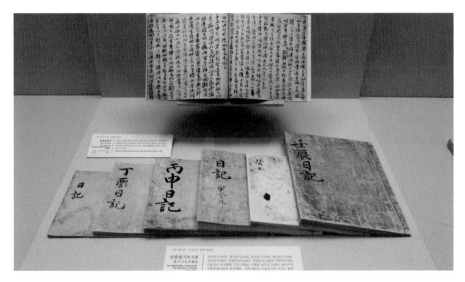

《난중일기》
1591년 이순신은 전라좌수영의 수사로 발령받았다.
그리고 전쟁이 발발하는 1592년인 임진년부터 일기를 쓰기 시작했다.
이순신의 일기는 전쟁이 끝나는 1598년까지 매일의 날씨와 업무,
그날 만났던 사람에 대한 기록과 개인의 감정까지 썼던 기록물이다.
7년 동안의 일기 중 전투가 한창일 때와 파직되어 구금되었을 때 외에는 쉬지 않고 일기를 썼다.
이순신의 열성 팬이었던 정조가 왕명으로 《이충무공전서》를 간행했고
여기에 실린 기록물을 후대에 《난중일기》라 이름 붙여 지금에 이르고 있다.
《난중일기》는 국보 제76호로 아산 현충사에 보관되어 있고 세계기록유산으로 지정되었다.

　　류성룡의 이순신에 대한 평가는 전체적으로 매우 후하다. 선조가 이순신을 죽이려는 마음을 먹었을 때 임금의 마음을 돌리지 못함을 알고 이순신과 선을 그으려는 부분은 아쉬웠지만, 이순신을 등용하고, 이순신이 뜻을 펼 수 있게 만든 인물이 류성룡이기도 하다.

　　순신의 사람됨은 말과 웃음이 적고, 얼굴은 단정해 몸을 닦고 언행을 삼가는 선비와 같았으나 그의 뱃속에는 담기가 있었다.

뛰어난 재주에도 불구하고 운이 부족해 백 가지 경륜을 하나도 제대로 펴보지 못한 채 죽고 말았으니 참 애석한 일이다.

《징비록》

대제학 이민서는 명량대첩비에 이순신에 대한 기록을 남겼다.

공은 평소에는 차분해서 단아한 인품이 마치 선비와 같았다.

조선의 왕들도 예외는 아니었다. 북벌을 꿈꾸었던 효종은 이순신 같은 장수를 얼마나 그리워했을까?

아침에 이순신의 비문을 보았는데, 죽을 힘을 다하여 싸우다가 순절한 일에 이르러서는 눈물이 줄줄 흘렸다. 이는 하늘이 우리나라를 중흥시키기 위하여 이런 훌륭한 장수를 탄생시킨 것이다. 원균의 패배가 있었으나 그 뒤 순신이 대적을 격파하였으니, 참으로 쉽게 얻을 수 없는 인재이다.

《효종실록 1659년 윤 3월 30일》

장희빈과 인현왕후로 유명한 숙종 역시 이순신을 존경하였다.

절개에 죽는다는 말은 예부터 있지만, 제 몸 죽고 나라 살린 것은 이 분에게서 처음 보네.

숙종이 쓴 〈현충사 제문〉 중에서

특히 정조는 이순신을 과하다 싶을 정도로 존경했다. 정조는 이순신을

숙종이 1707년 하사한 현충사 편액

의정부 영의정에 증직했고, 이순신의 후손을 중용했다. 이순신의 신도비를 세우고 자신이 직접 신도비의 비명을 지었다.

그런 정조가 자신의 일기에 이순신에 대해 이런 글을 남겼다.

이순신의 경우는 참으로 천고 이래의 충신이요 명장이다. 그가 만약 중국에 태어났더라면 한나라의 제갈공명과 자웅을 겨룬다 하더라도 과연 누가 우세할지 장담할 수 없을 것이다. 그의 명성과 의열은 아직도 사람에게 흠모하는 마음을 일으키게 한다.

《홍재전서》

조선 후기 천재 실학자 정약용은 이순신을 이렇게 평했다.

우리나라의 장재로서 예전에는 김종서를 칭하고 근세에는 이순신을 칭하는데 종서는 충신이고 순신은 효자였다.

《경세유표》

《임진장초》

《이충무공전서》

정조는 이순신의 일기와 장계, 여러 서류 기록인 서간첩,
그리고 이순신의 군무 보고 사항 기록인《임진장초》와
이순신의 조카 이분이 썼던《이충무공행록》까지 통합하여
1795년《이충무공전서》를 간행하였다.

이순신이 조정으로부터 받은 하사품인 요대

일본의 사토 테츠타로는 이순신과 영국의 넬슨을 이렇게 비교했다.

역사상 최고의 제독은 동방의 이순신과 서방의 호레이쇼 넬슨이다. 거
기에 넬슨은 인간적, 도덕적인 면에선 이순신에 떨어진다. 조선에서 태
어났다는 불행 덕분에 서방에 잘 알려져 있지 못하다.
《제국국방사론》

일본의 도고 헤이하치로는 러일전쟁 승리 직후 축사를 듣고 나서 이렇
게 말했다.

나를 넬슨에 비하는 것은 가하나 이순신에게 비하는 것은 감당할 수 없
는 일이다.
《일본 조선사 연구소》

제2차 세계 대전의 영웅이었던 영국의 버나드 몽고메리 역시 조선의 이순신을 알고 있었다.

조선에는 이순신이라는 뛰어난 장군이 있었다. 이순신 장군은 전략가, 전술가이며 탁월한 자질을 지닌 지도자였을 뿐만 아니라, 기계 제작에도 뛰어난 재능을 지니고 있었다.
《전쟁의 역사》

해전사 전문가이자 해군 제독이었던 영국의 조지 알렉산더 발라드 제독은 이순신과 넬슨을 비교했다.

영국인의 자존심은 그 누구도 넬슨 제독과 비교하길 거부하지만, 유일하게 인정할 만한 인물을 꼽자면, 한반도의 이순신으로, 처음부터 끝까지 실수가 없었으며, 그야말로 모든 면에서 완벽해 흠잡을 점이 전혀 없을 정도다.

세계 전쟁사에 회자되고 감탄사를 연발케 하는 이순신이다. 외국인들이 우리 이순신을 극찬한 것은 고마운 일이다. 그러나 그들이 우리만큼 이순신을 알까? 우리가 이순신에 대해 느끼는 감정을 그들이 헤아릴 수 있을까?

나는 오히려 국권 피탈 무렵의 애국계몽사학자였던 신채호가《이순신전》에 남긴 글이 더 폐부를 찌른다.

나는 제2의 이순신을 기다리노라.

대한민국 구축함 1호 충무공 이순신함

　또한 이순신에 대한 그 어떤 평가나 기록보다도 우리의 가슴을 가장 뜨겁게 하는 것은 우리 대한민국 해군의 다짐이다.

　"해군의 다짐. 우리는 영예로운 충무공의 후예이다."

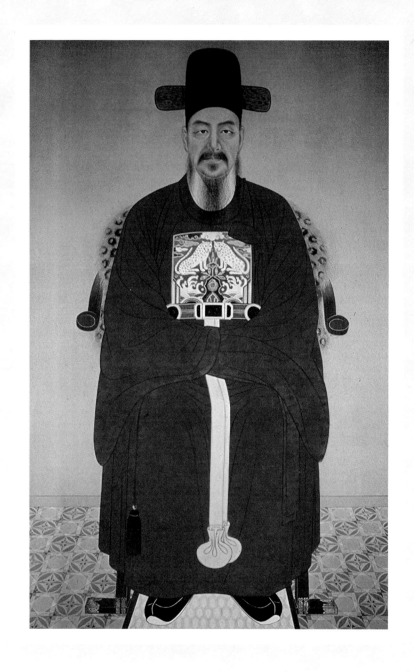

生 1545 　　　　　　　　　　　　　　　　卒 1598

우리는 이순신의 삶을 통해

이순신을 배우고

이순신의 용기를 얻을 자격이 있는

이순신의 후손이다.

이순신은

지금 우리들의 이순신이고,

우리 후손들의 이순신일 것이다.

이순신 연보

1545년	1세	3월 8일	서울 건천동에서 이정의 셋째 아들로 태어나다.
1565년	21세	8월	보성 군수 방진의 딸과 결혼하다.
1572년	28세	8월	무과에 응시했으나 시험 도중 말에서 떨어져 실격하다.
1576년	32세	2월	식년 무과에 합격하다. 함경도 권관(종9품)으로 근무하다.
1579년	35세	2월	한성에서 훈련원 봉사(종8품)로 근무하다.
		10월	충청도 병마절도사 군관으로 근무하다.
1580년	36세	7월	전라도 고흥의 발포 만호(종4품)로 승진해서 근무하다.
1582년	38세	1월	서익이 고발하여 만호(종4품)직에서 파직되다.
		5월	한성에서 훈련원 봉사(종8품)로 재임용되어 근무하다.
1583년	39세	7월	함경도 병마절도사인 이용 휘하의 군관(종8품)이 되어 근무하다.
		11월	여진족 토벌에 공을 세우고 함경도 건원보 참군(정7품)으로 승진하다.
		11월	아버지 이정의 사망으로 충청도 아산에서 3년상을 치르다.

1586년	42세	1월	한성에서 궁중의 말과 목장을 관리하는 사복시 주부(종6품)에 임명되다.
			함경도 경흥군의 조산보 만호(종4품)로 천거되어 근무하다.
1587년	43세	8월	조산보 만호직과 더불어 녹둔도 둔전관을 겸하다.
			녹둔도전투에서 적을 격퇴하였으나 이일의 무고로 파직되다.
1588년	44세	1월	백의종군하여 이일의 휘하에서 여진족을 토벌하다.
		6월	충청도 아산으로 낙향하다.
1589년	45세	2월	전라도 감사 이광의 조방장(군관)으로 근무하다.
		12월	전라도 정읍 현감(종6품)이 되어 태인 현감직까지 겸하다.
1591년	47세	2월	진도 군수(종4품)로 임명되었으나 부임 전에 신안군 가리포 수군첨절제사 (종3품)로 재임명되었고, 임지로 향하던 중 전라좌수사(정3품)로 부임하다.

1592년	48세	4월	임진왜란이 발발하자 경상도로 출정을 고민하다.
		5월 7일	옥포에서 도도 다카토라의 함대 26척을 침몰시키다.
			합포에서 적선 5척을 침몰시키다.
		5월 8일	적진포에서 적선 11척을 침몰시키다.
		5월 29일	사천에서 거북선을 처음 출격시키고 적선 13척을 침몰시키다.
		6월 2일	당포에서 21척을 침몰시키고 구루시마 미치유키를 죽이다.
		6월	이억기와 만나 연합 함대를 구성하다.
		6월 5일	당항포에서 적선 26척을 침몰시키고 모리 무라하루를 죽이다.
		6월 7일	율포에서 적선 7척을 전파하였다.
		7월 8일	한산도에서 와키자카 야스하루의 함대 47척을 침몰시키고 12척을 나포하다.
		7월 10일	안골포에서 구키 요시타카의 함대 20여 척을 침몰시키다.
		8월 29일	장림포에서 적선 6척을 침몰시키다.

1592년	48세	9월 1일	화준구미에서 적선 5척을 침몰시키다.
			다대포에서 적선 8척을 침몰시키다.
			서평포에서 적선 9척을 침몰시키다.
			절영도에서 적선 2척을 침몰시키다.
			초량목에서 적선 4척을 침몰시키다.
			부산포에서 적선 128척을 침몰시키다.
1593년	49세	2월 10일~3월 6일	웅천왜성을 공격하여 적선 51척을 침몰시키다.
		7월	본영을 여수에서 한산도로 옮기다.
		8월	삼도수군통제사로 임명되다.
1594년	50세	3월 4일~5일	2차 당항포해전에서 적선 31척을 침몰시키다.
		10월 1일	곽재우, 김덕령과 함께 장문포왜성을 공격하여 적선 2척을 침몰시키다.
1595년	51세	8월	이원익과 만나 병사들에게 잔치를 베풀다.
		9월	충청 수사 선거이와 이별의 술잔을 나누다.
1596년	52세	3월	둔전에서 수확을 거두다.
		5월	전염병으로 죽은 병사들을 위해 제사를 지내다.

1597년	53세	1월	삼도수군통제사직에서 파직되다.
		2월	서울로 압송되다.
		3월	투옥되어 고문을 당하다.
		4월	백의종군을 시작하다.
		4월	어머니의 사망 소식에 통곡하다.
		7월	칠천량의 패배 소식을 듣고 통곡하다.
		8월	삼도수군통제사로 재임명되다.
		8월 27일	어란진에서 적선 8척을 쫓아내다.
		9월 7일	벽파진에서 적선 13척을 쫓아내다.
		9월 16일	명량에서 적선 31척을 침몰시키고 적장 구루시마 미치후사를 죽이다.
		9월	셋째 아들 이면의 전사 소식에 통곡하다.
			부안 반도의 고군산도까지 서해로 북상하다.
		10월	목포 옆 고하도에서 넉 달을 머무르며 판옥선 40여 척을 건조하다.

1598년	54세	2월	삼도수군통제영을 전라도 완도의 고금도로 옮기다.
		7월	명나라 수군 제독 진린이 고금도로 합류하다.
		7월 19일	절이도에서 적선 50여 척을 침몰시키다.
		9월 20일~10월 4일	순천왜성 공격 중 장도에서 적선 30척을 전파하고 11척을 나포하다.
		11월 19일	노량에서 적선 500척 중 200여 척을 침몰하고 150여 척을 반파시키고 100여 척을 나포하다.
			노량에서 전사하다.
1599년		2월	충청도 아산 금성산에 안장되다.
1604년		10월	선무공신 1등에 녹훈되고, 좌의정에 추증되다.
1614년			충청도 아산 어라산으로 이장되다.

이순신의 바다
그 바다는 무엇을 삼켰나

1판 1쇄 발행	2021년 12월 16일
1판 23쇄 발행	2024년 1월 16일
지은이	황현필
발행인	공정범
발행처	역바연
주소	경기도 용인시 수지구 수지로421, 503호
전화	031-896-7698
등록	2021년 11월 26일. 제 2021-000150호
ISBN	979-11-976930-0-7 03910

ⓒ 역바연

이 책을 만든 사람들

기획·편집	공지영
일러스트	비주얼스토리텔러 권동현
본문 디자인	지노디자인 이승욱
표지 디자인	페이퍼컷 장상호